Mobile Marketing
FOR
DUMMIES®

移动营销

【美】迈克尔·贝克（Michael Becker）

【美】约翰·阿诺德（John Arnold） 著

胡杨涓 译

人民邮电出版社

北　京

图书在版编目（CIP）数据

移动营销 / （美）贝克（Becker,M.），（美）阿诺德
（Arnold,J.）著；胡杨涓译. -- 北京：人民邮电出版
社，2015.7
（互联网时代商业新模式与新技能丛书）
ISBN 978-7-115-39286-2

Ⅰ.①移… Ⅱ.①贝… ②阿… ③胡… Ⅲ.①网络营
销—研究 Ⅳ.①F713.36

中国版本图书馆CIP数据核字(2015)第107255号

内容提要

移动互联网时代，如果你还在传统营销的道路上缓步前行，那么你很快就会被甩在后面。为了步入新营销时代的快车道，你需要整合线上资源，实现精准营销。本书由美国移动营销行业的领军人物撰写，深入剖析了移动互联网时代的特征，告诉你如何利用今天的移动技术"淘金"，以及有哪些机会和策略可以快速、有效地到达移动端的消费者，吸引他们参与互动。

本书系统介绍了短信、彩信、移动电子邮件、移动APP、移动网站、互动式语音应答、移动社交媒体、移动广告以及定位互动等主要移动营销方式，并重点介绍了每一种方式的技术特点、营销方法和基于企业需求的应用特点。在每种方式的介绍中，均包含了作者丰富的经验与认知，可以说本书是一本系统、全面、实用性强的移动营销指南性图书。

本书适合所有企业的营销人员、品牌经理、广告策划人员、产品经理、移动营销开发部门经理，以及企业的决策者阅读。翻开本书，你会看到很多新颖的例证、移动营销技巧和专家建议。这本书将会为你提供绝佳的移动营销指导，带你挖掘出互联网时代潜在的巨大市场与商机。

◆ 著 【美】迈克尔·贝克（Michael Becker）
　　　　【美】约翰·阿诺德（John Arnold）
　　译 胡杨涓
　　责任编辑 陈斯雯
　　执行编辑 付微微
　　责任印制 焦志炜

◆ 人民邮电出版社出版发行　　北京市丰台区成寿寺路 11 号
　　邮编 100164　　电子邮件 315@ptpress.com.cn
　　网址 http://www.ptpress.com.cn
　　三河市潮河印业有限公司印刷

◆ 开本：800×1000　1/16
　　印张：18.5　　　　　　　　　　　　2015 年 7 月第 1 版
　　字数：285 千字　　　　　　　　　2015 年 7 月河北第 1 次印刷
　　著作权合同登记号　图字：01-2015-1894 号

定　价：69.00 元
读者服务热线：(010)81055656　印装质量热线：(010)81055316
反盗版热线：(010)81055315
广告经营许可证：京崇工商广字第 0021 号

如何阅读本书

營銷人員總是試圖讓他們的信息傳播更加個性化、更加精准、與受眾更加相關，而移動營銷可能就是目前最具個性化、最精准、最相關的營銷手段。

移動設備讓使用者能夠隨時隨地和親朋好友交流、獲取定位信息、獲得各種工具、參與娛樂活動以及享受所有互聯網服務。如果你是一名營銷人員，你最重要的一項工作就是確保你的營銷活動能夠進入移動營銷網絡。

本書將教你：

如何利用今天的移動技術進行營銷；

如何有效到達移動端的消費者、吸引他們參與互動；

如何通過手機短信、彩信、電子郵件進行營銷；

如何獲取客戶的許可，向（潛在）客戶發送移動信息；

如何打造適合移動設備的網站、APP、廣告以及社交媒體；

如何進行語音營銷；

如何讓消費者通過手機在移動商務平台和銷售終端完成購買；

如何保證不違反職業准則，輕松打通營銷活動中的各個環節；

如何獲取消費者位置信息在內的各種寶貴數據；

如何利用移動營銷監測報告和分析來改善你的營銷策略、提高銷量；

……

隨著移動技術的不斷發展，營銷手段也隨之更新。開展移動營銷的最佳時機就在今天。你准備好了嗎？讓我們開始吧！

关于本书

写作本书是为了解答有关移动营销的各种问题，针对如何策划一个成功的移动营销活动提出一些可操作的意见和建议。

本书不是面向技术精英的，而是面向繁忙的营销人员和企业家。我们在书中标出了很多重点，用简洁的语言提出一些能够立即执行的意见。

书中每一章的内容都是独立的，因此你不需要按顺序阅读所有章节。你可以把它当作一本涵盖各种移动营销主题的"字典"，扫一眼目录，然后挑选感兴趣的内容阅读，或者带着某个目的有针对性地阅读。当然，你也可以在开展移动营销活动前系统地学习本书所介绍的所有移动营销知识。

另外，书中加入了一些小栏目，用以补充典型、有趣的移动营销案例。这些案例可以帮助你理解与消化移动营销的执行要点。

本书体例

为了方便阅读，本书使用了以下编辑体例：

粗体字表示关键词或中心意思；

代码中的占位符用斜体表示，如 <a href=http://www.*yourwebsite*.com/page/html#anchorname> 中的 *yourwebsite* 部分应该用网站的实际站名代替。

本书前提假设

很难想象会有完全不接触手机的人。在写作本书时，我们假设你已经：

- ✔ 熟悉手机的基本功能；
- ✔ 负责一家公司或一个组织的营销活动（或者即将负责）；
- ✔ 知道如何使用计算机和鼠标；
- ✔ 拥有一家网站或者一个现实地址（或者即将拥有）；
- ✔ 经营一种人们需要的产品或服务，或者有这方面的点子。

本书内容结构

根据移动营销活动的各种类型，本书分为 5 个部分。

第 1 部分：移动营销快速入门

第 1 部分主要解释了移动营销是如何融入整个营销组合的，以及移动设备作为营销工具的优点和局限。我们会给你很多建议，包括如何理解法律法规和行业规定、如何制定移动营销战略、如何选择合作伙伴帮你执行，等等。

第 2 部分：直接移动营销活动

第 2 部分为你开展短信、彩信、电子邮件营销提供了指导，告诉你如何获取公共短码、如何获得手机用户的参与许可，以及说明筹备各种移动营销活动、针对手机屏幕设计电子邮件的关键点，等等。

第 3 部分：移动媒体与广告

第 3 部分解释了如何开发和推广移动网站、移动 APP，以及如何利用移动广告进行营销宣传。同时，向你展示社交媒体和语音服务移动化后的强大功能，教你合理布局和设计移动网站，让你的移动网站适合通过移动设备使用。本部分还会告诉你如何利用手机最常用却也是最容易被忽视的功能——语音——开展营销。不管手机有多少花哨的功能，它的本质还是电话。

第 4 部分：移动商务与营销分析

第 4 部分的内容能让你的移动营销战略持续下去。本部分解释了如何通过移动设备完成交易，如通过移动互联网、销售终端扫描、手机钱包购物；同时告诉你如何进行移动营销分析，对活动进行有效监测，以及查看战略实施的效果。

第 5 部分：总结

最后，我们总结了十种重要的移动营销手段，通过这些手段，你的产品与服务信息可以快速到达使用移动设备的消费者。另外，在词汇表中，我们集中列出了移动营销术语的定义，方便你查找。

书中的图标

能帮你节省时间或者免去麻烦的建议、点子、捷径和策略。

提示你记住这些信息，便于以后参考。

提示你注意一些重要细节，这些细节可能会导致你的整个战略受挫或者失败。

在这里你会找到一些技术性的知识。

阅读建议

如果你对移动营销不熟悉，或者对移动设备不了解，你可以从第 1 部分开始，按顺序阅读每一章。如果你是一位有经验、懂技术的营销者，对于你的移动营销已经有了一些点子和方向，那么你可以看一眼目录，阅读自己感兴趣的内容。

现在，是时候通过移动营销加强你与客户的互动了！

目　录

第 2 部分　直接移动营销活动 61

第5部分 总结 267

第 1 部分

移动营销快速入门

由第五波（www.5thwave.com）的里奇·坦南特（Rich Tennant）绘制

"这款手机有一个特别实用的功能，它有一个
虚拟按键，能够用来终止冗长的通话。"

让一切变得更简单！

几乎所有传统营销的方式都能够通过移动设备完成。然而，移动营销并不简单。移动设备的新标准和实践案例在不断涌现，消费者行为和法规也在不断变化。为此你需要不断调整移动营销战略。

第1章，将给你一个关于移动营销的总体介绍，以便你对移动营销形成宏观的了解，并从中发现机遇。

第2章，将帮助你制定移动营销战略，教会你预估移动营销的到达率，让你能够带着明确的目标开展移动营销。

第3章，介绍相关法律、行业准则和有价值的实战案例，让你的移动营销活动既符合规定，又能吸引消费者的关注。

第1章 移动营销的潜力

本章要点

▶ 移动营销及其构成要素

▶ 各种移动设备和网络

▶ 移动营销的三种基本形式

▶ 移动营销的潜力

如今，世界变得移动化，几乎人人都有手机或其他移动设备。这些移动设备让人们在任何地方都能相互联络、获取信息、完成交易。除了接打电话，人们越来越多地使用手机及其他移动设备收发短信、上网、下载应用程序、浏览信息、接收广告以及消费，这些行为都为用户本身和营销行业带来了巨大的价值。

移动设备正逐渐成为移动社会的基石。事实上，对于很多人来说，移动设备已经成为他们交流和消费的重要工具。营销活动必须跟上世界"移动化"的步伐。本书正是要教你如何跟上这种步伐，如何利用新的移动营销方式，通过移动设备吸引消费者。

本章将引导你入门，告诉你移动营销的详细定义和关键要素。由于移动设备是移动营销的基础，我们还将详细介绍三类移动设备及相关网络，以及八种支撑移动营销的移动媒体渠道。读完本章，你就掌握了学习移动营销的基础。

营销行业迈向移动营销

2010年6月，美国移动营销协会（Mobile Marketing Association）联合数据公司Chief Marketer、Advertising Database Express和Kinesis调查公司发布了一项题为《麦迪逊大道①年度观察》(Second Annual View from Madison Avenue)的报告。报告指出：2010年美国广告业的媒体总支出（营销人员投入电视、广播、报纸、户外广告牌以及包括移动媒体在内的各种媒体渠道的支出）约为1280亿美元。据该报告估计，移动媒体支出约占媒体总支出的1.8%，也就是23亿美元；该报告还估计，到2011年，美国广告业的媒体总支出将增长至1350亿美元，其中移动媒体支出将增长至55亿美元，占媒体总支出的4%。也就是说，移动媒体支出将增长124%。这还只是美国广告业的媒体支出数据。世界范围内的移动营销数据都在增长。阅读本书后续内容你会发现，移动营销不仅在移动媒体上投钱，它还用各种方式让大众参与进来，传播价值。可以说，移动营销的影响力是十分惊人的！

移动营销的定义

根据美国移动营销协会给出的定义，移动营销就是"组织通过移动设备或网络，以互动的、贴近的方式与消费者沟通，吸引消费者参与的一系列实践活动"。这短短的定义包含了深刻的涵义。

在接下来的部分，我们将讨论移动营销到底意味着什么，你应该如何利用它吸引你的消费者，让你及你的事业、你的客户和潜在客户共同受益。

移动营销的五要素

回顾移动营销的定义，可以从中提取出以下五个关键要素。

- **组织**。移动营销适用于各行各业。组织就是各种商业实体，可以是品牌、代理机构、营销组织、非营利性组织、企事业单位（或者个人）等，它们都有某些产品或服务推向市场。换句话说，组织就是指你和你的公司。
- **实践**。实践包括各种层面的市场行为、机构流程、行业合作、标准制定、广告和媒体投放、反馈管理、促销、关系管理、客户服务、客户忠诚度管理以

---

① 麦迪逊大道为美国广告公司总部聚集地，是美国广告业的代名词。——译者注

及社交媒体管理。换句话说，此处所说的实践包括你为了吸引消费者所进行的一切活动，而所有的营销实践都适用于移动营销。

✓ **参与度**。营销是你和消费者双向互动的过程，通过双向对话，双方开始建立认知、进行交易、相互支持、相互培养。移动营销是吸引消费者参与的最佳营销方式之一，它是通过移动设备这种对消费者来说十分私人化的设备完成的。

✓ **贴近性**。移动营销具有高度贴近性，通过移动设备与消费者互动能为你带来各种信息（如用户的位置、使用时间、使用行为等）。通过这些信息，你能够掌握消费者目前处于怎样的情境中，并据此调整你的营销策略，营造一种贴近消费者目前所处情境的消费体验。举个例子来说，如果身处纽约的某个消费者正在用手机搜索比萨的信息，你就要向他展示他附近的比萨店，而不是远在俄亥俄州莱马的比萨店。

✓ **移动设备和网络**。它是指任何支持无线网络的设备，不管这个设备的规格如何、使用的是什么网络。尽管有些移动设备具有局限性，但还是有一些营销活动能兼容于各种移动设备。

了解移动消费者

尽管互联网和计算机给我们这个社会和世界带来了巨大影响，但全球人口中仅有 25% 的人使用互联网，个人计算机的拥有量也仅有 10 亿台左右。

对比一下移动设备的潜在影响力：全世界有 46 亿移动用户，这一数字到 2010 年可能增长至 55 亿。全球有 68 亿人口，也就是说，几乎人人都使用移动设备（虽然还有约 20 亿人没有移动设备，但 50 亿人已经是一个巨大的市场）。

根据数据分析公司 comScore（www.comscore.com）的报告，美国约有 2.34 亿手机用户。事实上，手机已成为人们接打电话的首选设备。根据美国疾控中心的数据，约 25% 的美国人都已经关停了固定电话，只使用手机（另有 15% 的美国人保留固定电话但基本不用）。很多人同时拥有多台移动设备，全美移动设备的使用量已超过 2.8 亿（包括无线网卡、电子阅读器等）。

移动设备的普及率惊人。通过移动设备，你可以快速定位消费者。而在发展中国家，移动设备还可能是你连接消费者的唯一数字化渠道。

　　消费者在移动化，你也应该移动化。全世界的消费者每年要发送万亿条短信、用移动设备浏览数十亿个网页、下载数十亿个应用程序，并且越来越多的消费者不仅将移动设备用于人际沟通，还将它用于休闲、娱乐、工作及购物。

　　消费者能否被一个移动应用程序打动，受很多因素的影响，包括消费者的年龄、性别、种族、位置、移动设备型号、职业状况以及受教育程度等。在此我们不展开讨论，不过应该记住的是：移动媒体并不仅仅是年轻人的沟通渠道，几乎每个人都在使用某种类型的移动媒体。事实上，根据微软移动消费者使用调查，移动设备在所有媒介中使用率排名第三，仅次于电视和计算机。

了解移动设备

　　提起移动营销，大部分人首先想到的是手机。人们很容易低估手机的潜力，也很容易认为除手机之外的其他移动设备（如苹果 iPad、苹果 iTouch、PSP、电子书、GPS 设备）与移动营销无关。

　　如今，手机已不仅仅是一部通话设备，其通话功能只是冰山一角。今天的手机及其他移动设备同时也是报纸、地图、照相机、广播、商店、游戏机、音视频播放器、计算器、日历、联络簿、音响、电视、电影院及音乐厅等。

　　为了更好地理解本书内容、开展移动营销，你应该熟悉以下三类移动设备。

✔ **功能型手机**。功能型手机是市场上最为普遍的手机。截至 2010 年 6 月，美国约 75% 的人所使用的手机都是功能型手机。这些手机带有实时操作系统（RTOS），这种操作系统是闭合的，你不能给手机添加功能或者改变手机的使用体验。实时操作系统主要有两类，一类是美国本土手机制造商研发的 Nucleus OS，另一类是高通（Qualcomm）的 Brew（该系统被美国 Verizon Wireless 公司[2] 广泛使用）。了解功能型手机的性能很重要，因为要吸引使用这种手机的消费者方法比较局限，只能通过短信、彩信、语音和有限的手机网络进行营销。功能型手机示例如图 1-1 所示。

---

② Verizon Wireless 公司是美国无线通信巨头。——译者注

**图 1-1
功能型手
机示例**

✔ **智能手机**。智能手机是将传统手机功能和某些计算机的典型功能结合在一起的移动设备。智能手机的市场占有率约为 25%，它比功能型手机拥有更多功能。所谓计算机的典型功能，包括互联网、应用程序、电子邮件、娱乐和丰富的媒体服务。越来越多的智能手机配备了位置感应、动作感应等感应器以及触屏和全键盘。智能手机依据其使用的操作系统分类。主要的智能手机操作系统有苹果 iPhone 系统、谷歌安卓、微软 Windows Phone 系统、黑莓系统、惠普 Palm、三星 Baba、诺基亚塞班以及诺基亚高端机使用的基于 Linux 的操作系统，如 MeeGo。智能手机占据了美国近 25% 的手机市场。尼尔森数据公司估计截至 2011 年底，50% 的消费者都将使用智能手机。越来越多的人将拥有智能手机，并用它上网、收发邮件、下载应用程序。但事实是，截至 2011 年底仍然有一大部分的消费者使用功能型手机，因此在营销时，也需要照顾到这部分消费者的需求和他们的手机性能。智能手机示例如图 1-2 所示。

　　营销不要局限于某一特定类型的手机。例如，虽然苹果 iPhone 备受关注，但它在美国市场的占有率仅有 5%。美国智能手机市场占有率如表 1-1 所示。

记住比较好

**图 1-2
智能手机
示例**

表 1-1   美国智能手机市场占有率

智能手机品种	智能手机市场占有率（%）	总市场占有率（%）	用户（百万）
黑莓	42	8	9
苹果	25	5	11
微软	15	3	7
惠普 Palm	5	1	2
谷歌	9	2	4

注：数据来源于 comScore，2010 年。

✔ **联网设备**。联网设备泛指除手机外的其他移动设备。换句话说，这些设备能够连接移动网络，却不是手机。这些设备包括平板电脑（苹果 iPad、思科 Cius、惠普 Slate）、电子阅读器（亚马逊 Kindle、Barnes & Noble[③]的 Nook）以及便携式游戏机（PSP）等。

记住比较好

本书中交替提到的手机、移动设备、电话等词汇，不管用哪个词，意思都包含各种类别的相关设备。

了解移动网络

移动营销的基本前提就是通过移动网络来吸引消费者。移动网络主要有以下三种。

✔ **移动运营商网络**。移动运营商网络由一系列收发手机无线电信号的基站（也称蜂窝塔）组成。这其中涉及很多技术，如 CMDA、TDMA、GSM、LTE、EDGE 等，但你没有必要了解这些。你可能听说过 2G、3G、4G，数字越大代表通过网络传输数据的速度越快。4G 网络的速度接近于宽带速度（这种速度让人们通过手机进行视频会议和社交成为可能）。你也没必要十分了解这些，你只要知道 4G 网络在美国刚刚起步，3G 用户也只有 30% ~ 40% 就可以了。目前大部分消费者还是使用 2G 网络。用 2G 网络收发信息的人很多，而用 4G 网络在线观看视频直播的人很少。当你读完本书接下来的章节，了解你可以用移动营销做什么后，就更能理解这些事实了。

---

③ Barnes & Noble 是美国大型实体书店及网络书店，一直占据着美国图书销售市场。——译者注

✔ Wi-Fi 和 WiMAX。Wi-Fi 或者说无线保真技术（wireless fidelity）通常指本地无线网络，它由一个接入互联网的小型终端支持。事实上，Wi-Fi 应用已十分普遍，其在家庭内部、咖啡店及机场比较常见。WiMAX 就是加强版的 Wi-Fi。普通 Wi-Fi 的覆盖范围通常只有几百英尺，而 WiMAX 的覆盖范围达数英里。为什么你要了解这些呢？因为大部分新手机和联网设备都能通过 Wi-Fi 或 WiMAX 接入互联网。事实上，如果你要用苹果 iPhone 之类的设备下载大文件，如应用程序或视频，设备都会要求你连接 Wi-Fi 或计算机后再下载，并会限制通过运营商网络下载大文件。大量的移动营销（广告、应用程序下载、浏览移动网页）都是通过 Wi-Fi 或 WiMAX 完成的。

✔ **本地频率**。一些低频频率也可以用来供移动设备交换数据，如蓝牙、射频识别（RFID）和近距离无线通信技术（NFC）。蓝牙是一种低带宽频段，根据设备功率不同能够覆盖约 1 ~109 码的距离。RFID 和 NFC 与蓝牙的概念相似，都是短距离无线通信系统，但是它们有独特的识别功能和商业潜力。

掌握移动营销的三种基本形式

你可以通过以下三种基本形式把移动营销整合进你的营销战略（更多关于如何制定营销战略的内容参见第 2 章）：

✔ 直接移动营销；
✔ 传统营销和数字媒体营销移动化；
✔ 产品和服务移动化。

你应认真了解这三种基本形式，从而决定哪种移动营销方式最适合你。

直接移动营销

移动营销的一大特点就是为你提供了一个和消费者直接互动的机会，它不同于投递传单或者电视营销，移动设备对于每一个个体来说都是十分私人化的东西。

直接移动营销包括直接将信息发送给消费者，或者直接从消费者那里收取信息。这两种方式都没有中间人。

✔ **营销者发起交流。**营销者发起交流是指营销者主动发出信息吸引消费者，例如，给消费者发短信、打电话、在应用程序上推送提醒。这种方式有时也被称为推式营销（push marketing）。

✔ **消费者发起交流。**消费者发起交流是指消费者主动与营销方联系，例如，用移动设备访问营销方的网站、给营销方打电话、下载应用程序等。这种方式有时也被称为拉式营销（pull marketing）。

移动营销是一种极为有效的直接营销方式。营销者发起的交流一般能获得 8%~14% 的响应率（大多数直接营销渠道的响应率不到 1%）。

不管是何种方式的直接移动营销，在给消费者发短信、打电话或者发起交流前，必须获得消费者的明确许可。为了获得许可，你必须将直接移动营销与其他营销方式相结合。有关如何获得消费者许可，请参见第 3 章和第 4 章。

传统营销和数字媒体营销移动化

所谓传统营销和数字媒体营销移动化，就是指利用移动方式助力传统营销和新媒体营销（电视、广播、印刷媒介、户外媒介、互联网、电子邮件以及语音等），将移动营销策略和其他营销策略整合在一起，邀请你的受众拿出手机或者其他移动设备响应移动营销，如图 1-3 所示。

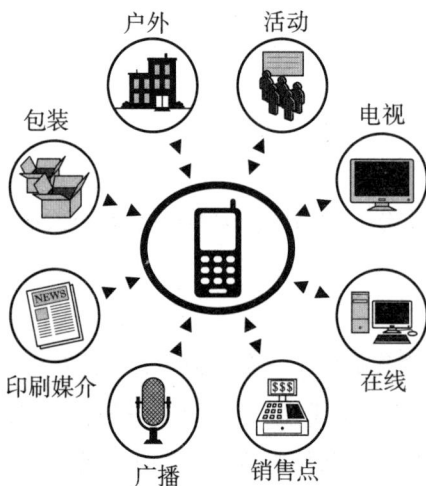

图 1-3
整合移动营销和其他营销策略

例如，你可以在电视上呼吁观众发送短信投票，或者邀请他们在网上填写电话号码等信息以参加相关活动。有关在传统营销策略中加入移动营销的内容参见第2 章。

产品和服务移动化

越来越多的公司开始通过移动设备和网络向消费者提供产品和服务。例如，银行推出移动网站和客户端，方便客户登录银行账户查看收支状况、转账以及寻找最近的 ATM 机。像 CNN、ESPN 等传媒公司则把移动媒体当作他们传播内容的新媒介。

很多公司正在整合短信等移动服务，把它们当作提高用户体验的一种手段。例如，孩之宝游戏公司在游戏"线索（Clue）"新版中加入了短信，玩家在玩游戏时可以通过短信接收影响游戏走向的线索。本书的第 2 部分和第 3 部分将进一步介绍产品和服务的移动化。

最大限度利用移动设备

今天，你应该越来越多地了解移动设备的新功能。接下来介绍的这些功能将帮助你掌握用户所处情境，即了解用户的地理位置以及其如何与你的营销互动，以便于你调整营销策略，获得更好的营销效果。

不是所有移动设备都有以下功能，也不是所有操作系统都允许你使用这些功能。想要了解不同的移动设备都有哪些功能，你可以访问 DeviceAtlas（www.deviceatlas.com）。

拨号与按键

拨号与按键利用的是电话的语音功能，例如，你可以鼓励他人拨打某一号码试听电影片段或者游戏。

你不必亲自接听电话，你可以利用互动式语音应答系统（IVR），该系统能自动接听客户电话，常用于客户服务。当有人打入电话时，IVR 会自动应答，并要求对方选择按键，如"获取铃声请按 1""查看最近 5 笔交易请按 2""将电影排片表发

送至手机请按 3"等。要想了解 IVR 的背景信息，知道其如何做到人性化，请参见第 11 章。

条形码和手机摄像头

手机摄像头可以与手机应用程序结合使用。在日本，手机操作系统中内置条形码（或 QR 码）识别功能，它能让使用者扫描 QR 码。QR 码又称二维码，有很多不同类别，我们在第 5 章会进一步谈到。举个例子，当消费者扫描杂志上的条形码时，手机会自动识别这个条形码，触发预设的某个命令。这个命令将指示手机执行一系列的动作，例如，打开手机浏览器，进入某个餐厅的移动页面，显示该餐厅还有多少空位。同时可能还有更多功能，如允许用户通过手机预订座位等。

短 信

这里我们主要讲收发短信。你可以通过传统媒体、新媒体或移动媒体向消费者发送信息，如"发送手机短信'胜利'到 12345 进行抽奖"，从而调动消费者参与的积极性。你也可以通过短信获得手机用户的许可，允许你向他们发送营销信息。有关获得许可的详细内容参见第 3 章的法规、第 4 章的营销起步和第 5 章的案例。

利用短信进行移动营销必须使用公共短码（CSC）来管理短信流量。有关公共短码的详细内容参见第 4 章。

拍照和扫描

手机摄像头是与消费者互动的完美工具。你可以邀请消费者拍下某一物体或图形的照片，通过电子邮件或者手机彩信发送给你。你的移动营销程序收到照片后会自动读取并将发信人纳入该营销项目。这个过程还可以配合二维码完成。有关这一新兴技术详见第 5 章。

该领域有两家领先的公司，一家是加州帕罗奥图的 SnapTell，另一家是洛杉矶的 LinkMeMobile。

提交表单

邀请消费者参与移动营销项目的另一个好办法是让他在网页、移动页面或应用程序中填写并提交表单。消费者可以通过这种方式选择接收营销信息。

利用＊键和＃键

利用手机按键可以实现一键互动。Zoove（www.zoove.com）和 Singletouch（www.singletouch.com）这两家公司正在开发这种技术。举例说明，一位 Sprint[④]的手机用户在他的手机上按下"＊＊267"——代表"＊＊AOL[⑤]"——然后按下通话键（绿色按键），美国在线的促销移动网站就会自动发送到该用户的手机上。第 5 章会详细介绍这方面的内容。目前，这两家公司的服务都在向无线运营商网络发展。

利用定位信息

手机定位是一项非常强大的功能，也是移动营销的特点之一。出门在外，手机用户有时会不清楚自己的具体位置，而手机定位可以解决这一问题。定位信息能让你的移动营销更加贴近用户所处情境。

以下几种方式可以获得用户的定位信息。

- **用户提供信息**。消费者可能主动向你提供其当前所在地的邮编、地址或电话号码。如果他提供的是有线电话号码，你可以在公开的数据库中查到他的地址。
- **基站定位**。手机基站的位置是固定的（巨大的蜂窝塔不会经常移动），每一个蜂窝塔都有一个编号，通常被称为蜂窝塔号。如果你知道一部手机处于哪些蜂窝塔信号的覆盖范围内，就可以利用三角定位精准地找出这部手机的位置。谷歌地图也利用了同样的原理。苹果 iPhone、黑莓、诺基亚和微软的智能手机都能向应用程序提供手机连接上的蜂窝塔编号，应用程序开发者可以在公开的数据库（如 OpenCellID，www.opencellid.org）中查出这些蜂窝塔的位置。

---

④　Sprint 是美国一家通信公司。——译者注

⑤　AOL 为美国在线，美国网络服务商。——译者注

- GPS 定位。GPS 定位依靠围绕地球的卫星完成。具有 GPS 功能的手机不管在地球上的哪个角落，都可以被精确定位，误差不超过几米。在获得许可后，应用程序开发者可以访问手机的 GPS 数据，从而提升服务。
- 辅助 GPS 定位。有些手机还有辅助 GPS（A-GPS）功能，该功能结合了 GPS 定位、基站定位以及其他网络功能，从而使定位更加精准。
- 本地连接定位。低带宽的信号收发（如蓝牙、Wi-Fi）也能被用于定位，因为信号收发装置的位置是固定的。当一部手机连接上特定的信号收发装置，你就能大概估计这部手机的位置。
- Fem2Cells。这是刚刚兴起的微蜂窝基站技术，目前还没有投入实际应用。但是相信随着技术的发展，很快就会应用于移动营销。

利用定位信息，可以让你的营销更加贴近消费者所处的情境。消费者选择接受你的营销信息后，你就可以向他发送附近商家的广告或者优惠券，避免了可用优惠券的商家与消费者所在地相隔万里的情况。

目前，包括雅虎在内的很多公司都会利用用户的搜索词和连网数据定位用户所在位置。这种定位主要服务于广告。

尽管基于位置信息提供服务是一个好主意，但目前位置服务在普通消费者中仍然不够普及。

很多营销者都试图把位置信息作为主要价值点来提供定位服务，但位置信息本身是没有多少价值的，它的价值体现在其可以为地图、搜索、广告等其他服务增值。

利用 NFC 和 RFID 进行支付和识别

尽管技术还不成熟，有些手机已经装备了 RFID 和 NFC 芯片[6]。这让手机具备了很多很酷的功能，如设备追踪和远程支付。

例如，在德国具有 NFC 功能的手机可以用来购买火车票。用户只需要拿着手机在 NFC 读取器前刷一下，读取器就会自动从手机关联的银行卡或信用卡中扣除票款。

---

⑥ NFC 指近距离无线通信技术，RFID 指射频识别技术。——译者注

RFID 还未投入商业应用。但是，RFID 芯片可以用来进行目标识别，甚至当你走过某个标识牌时，这个标识牌能在识别出你的身份后根据你的特征变得更加个性化。在电影《少数派报告》（*Minority Report*）中有这样一个场景，主演汤姆·克鲁斯（Tom Cruise）走过一个标识牌，这个标识牌开始跟他说话。这利用的就是我们此处所说的目标识别技术。

发现移动路径和潜能

营销路径（Marketing Paths）指的是用来传播信息、到达消费者的工具、技术和媒介的总和。例如，在公示牌上做广告通常被称为户外广告，这就是一种营销路径。移动营销包含了很多能够到达消费者的营销路径，如图 1-4 所示。

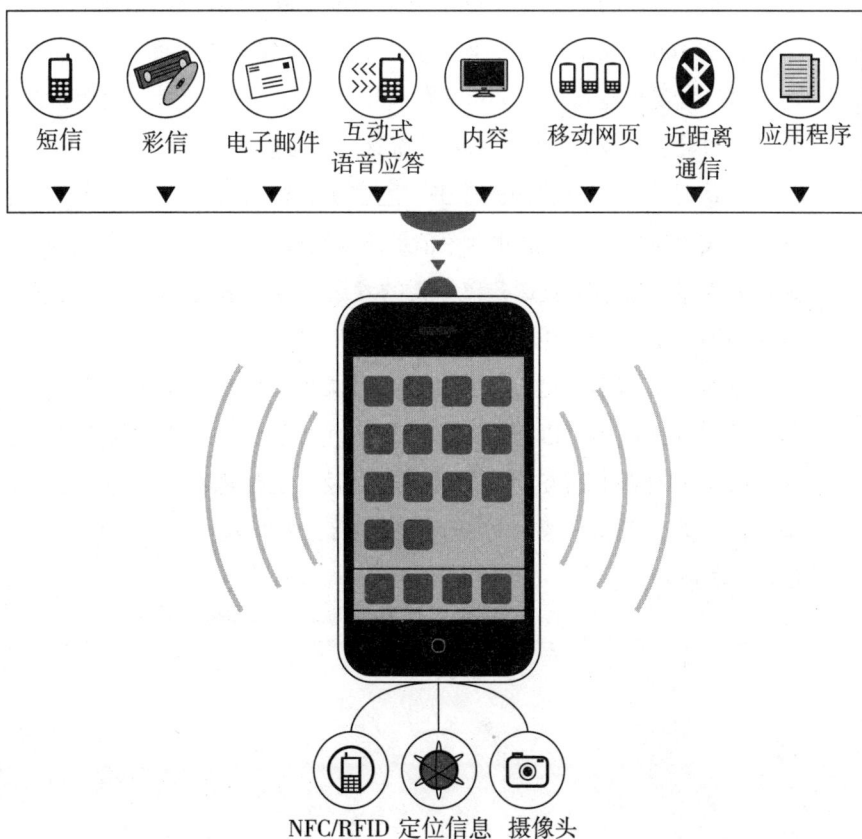

图 1-4
移动营销
路径

接下来的内容将带你一览不同的营销路径，帮助你熟悉通过移动营销吸引消费者的所有方式。

尽管每一种移动营销路径都能够独立运行，但将路径组合使用则更加有效。例如，一条短信可以发送一个移动网页链接，点击这个链接后可能出现一个电话号码，点击这个电话号码就会拨号，而接听电话的用户可能会根据提示做出按键选择，如果用户按了"1"，某个应用程序或者内容就可能开始下载。当然，这一连串的链接带来的用户体验也许是十分糟糕的，但这个例子基本包含了我们可以结合的所有移动营销路径。

了解短信

几乎地球上的所有手机都能收到短信，短信是一种用途十分广泛的营销路径。一条短信中可以包含160个英文字母、数字和符号[⑦]，能够在手机之间收发。

短信160个字的限制包含空格。要想尽可能多地利用一条短信的空间传递丰富的信息，就要创造性地使用缩写。流行文化中总是不乏简短有力的表达，但你要弄清楚你的受众在多大程度上能够理解这些缩略表达。

短信是一种十分普遍的服务，它在美国的流行始于电视节目要求观众通过短信投票或者参与抽奖。由此，短信最终发展成为一种通用的交流媒介。在美国，每天都有大量的短信被发送，仅一天的发送量就可达到20亿条。事实上，短信已经成为一种主要的移动沟通渠道。

如今，短信不仅是人际交流的一种渠道，同时也是移动营销的基石。除了短信投票以外，你还可以通过短信开展一些小型活动、提供搜索功能、发送短信提醒、鼓励消费者电话互动、传播内容以及发送优惠券等，甚至是对人们通过手机消费的内容与服务收费（如铃声和电视订阅服务等）。短信优惠券促销方式示例如图1-5所示。

---

⑦ 国内短信限制为70个汉字，140个字节。——译者注

图 1-5
短信优惠
券促销方
式示例

利用短信进行移动营销的具体方式参见第 4 章和第 5 章。

短信还可以作为一种支付凭证，当用户使用手机消费（如玩游戏，下载应用程序、铃声、图片等）或者进行慈善捐赠时，可扣除用户手机中的话费，为这些消费与捐赠买单。这种短信被称为"增值短信（PSMS）"，相关内容参见第 13 章。

领先的短信应用服务商包括 iLoop Mobile（www.iloopmobile.com）、Waterfall Mobile（www.waterfallmobile.com）、Vibes Media（www.vibes.com）、Velti（www.velti.com）、2ergo（www.2ergo.com）以及 Mobile Interactive Group（www.migcan.com）等。

利用彩信让信息更丰富

彩信与仅包含文字的短信不同，通常附带图片或视频。彩信和短信的发送方式相同，但可以包含多媒体内容（图片、声音、视频或丰富的文字），通常以幻灯片的形式呈现，也就是说，彩信中的多媒体项目是根据发送者编排的时间顺序播放的。彩信的内容超越了文本，一图胜千言，使用彩信你可以：

- 用吸引人的图片、声音、视频讲一个故事，取悦、告知、吸引你的目标人群；
- 植入一个网页链接，将你的目标受众导向互动式语音应答服务或是应用程序商店，向你的目标人群传递更多信息；
- 用图片、声音、视频提供一个吸引人的优惠券。

你需要借助专业彩信营销服务商来为你的彩信增色。第 6 章会向你介绍一系列利用彩信进行移动营销的方式。

电子邮件移动化

任何标准的电子邮件系统或者移动运营商网络都能够用来收发邮件。电子邮件是向手机和其他移动终端传递信息的一种有效方式。用手机浏览器或者电子邮件应用都可以读取电子邮件。

移动电子邮件在智能手机上最为流行，现有的智能手机品种包括黑莓、苹果 iPhone 以及搭载谷歌安卓、塞班或微软操作系统的手机。电子邮件很少专用于移动营销，要控制用户体验比较难，很多技术和法律上的障碍还有待克服。更多有关移动电子邮件营销的内容参见第 7 章。

专注于电子邮件营销服务的公司有 ConstantContact（www.constantcontact.com）、mobileStorm（www.mobilestorm.com）、CheetahMail、Trumpia 和 Silverpop（www.silverpop.com）。

用语音让你的信息更加人性化

语音通话是手机的标准功能。除了真人通话以外还有另一个选择，那就是本章之前提到的互动式语音应答系统（IVR），该系统通常用于自动客户服务。如今，你致电一家公司，大部分情况下都会被转接到互动式语音应答系统，告诉你要转接某处请按"1"，转接另一处请按"2"。

除了被用于客户服务外，互动式语音应答系统也是一种强有力的营销手段。利用语音进行移动营销的一种方式就是通过语音频道播放声音。美国国家公共广播（NPR）就在手机的语音频道上播放直播或录播节目。你可以拨打一个免费号码，然后通过手机收听 NPR 的节目。你还可以发一条短信到指定号码或是点击一个网页链接，然后你的手机就会响起来，电话接通后你会听到直播或录播的广播节目。更多利用语音吸引消费者的内容参见第 11 章。

留出足够的时间测试你的互动式语音应答系统。被迫和电脑交流而得不到需要的解答，这会让你的客户无比失望。互动式语音应答系统如果做得好，会大大提高工作效率；如果做得不好，则会让你损失大量客户。

领先的互动式语音应答系统服务商包括 Angel.com（www.angel.com）、CommerceTel（www.commercetel.com）和 SmartReply。

利用移动网页

移动设备的网络即可用于浏览网页，也可用于开发移动应用程序（见第 9 章）。本书中提到移动网络的地方主要指浏览网页。

利用移动网页，你可以制造出集文字、色彩、图像于一体的丰富的移动体验。你不需要为了移动营销打造一整个移动网站，而只需要制作一个微网站或者着陆页，它们都是微型的移动网站。微网站和普通移动网站的区别在于，普通移动网站是为了长久运营而设计的，微网站和着陆页则一般是为了某个特定的营销活动而设计。这种网站可能持续运营几个月，当营销活动结束后，营销者就会将网站关掉。微网站和普通移动网站的另一个区别在于，微网站包含的页面一般比较少，内容也局限于特定的营销活动。移动微网站主要用于短期营销项目，相关示例如图 1-6 所示。

图 1-6
移动微网
站示例

领先的移动网站服务商包括 iLoop Mobile、Starcut（www.starcut.com）、MAXX Wireless、Netbiscuits（www.netbiscuits.com）、Velti、Madmobile（www.madmobile.com）、July Systems（www.julysystems.com）、iconmobile（www.iconmobile.com）、Wapple、2ergo、Mobile Interactive Group、Siteminis（www.siteminis.com）以及 UNITY Mobile（www.unitymobile.com）等。

如果你要找服务商帮你设计移动网站或微网站，一定要确保他们能够应对手机浏览界面中包含的挑战。这些挑战包括滚屏、控件导航、提升页面视觉效果，而不是使用 Adobe Flash（在传统网页中植入视频的主流工具）这样的移动浏览器杀手或是格式糟糕的视频。

利用应用程序吸引消费者

手机制造商和服务商会在手机中预置很多应用程序，包括游戏、社交网络、新闻和天气、导航、银行、娱乐、信息（短信、彩信、电子邮件、即时通信工具和图片信息）、音视频播放器以及浏览器。除此之外，手机用户也可以通过移动网站、短信中的链接、应用程序商店或者一种叫作侧加载的方式（指将手机连接到电脑，由电脑传送应用程序到手机）自行下载安装应用程序。

应用程序可以超越移动浏览器的限制，为用户提供丰富的互动体验。某些应用程序可以安装到手机上，用来在线观看音视频、提供社交网络服务以及很多其他服务。

不是所有手机都支持应用程序安装，还有些手机运营商虽然允许安装应用程序，却阻止应用程序联网。不过，随着越来越多的人开始使用智能手机，这种情况将会改变。应用程序是移动营销市场中不断增长的一大组成部分。

移动应用程序通常被称为 APP，其正在呈指数级增长。这一趋势会带来竞争。如果你希望消费者下载你的 APP，那么就要确保你的 APP 具备很多实用功能，并且和消费者的需求密切相关。开发 APP 的成本可能很高，因此在开发前一定要搞清楚消费者的兴趣所在。消费者有成千上万种 APP 可以选择，很多 APP 花费了高额的成本被开发出来消费者却不买账，原因在于它们没有提供任何对消费者来说必不可少的东西。

利用蓝牙和 Wi-Fi 进行连接

蓝牙和 Wi-Fi 等短程连接方式可用于所谓的短距离营销，即在较短的距离内将内容发送到移动设备上。

手机上的小小蓝色图标就代表蓝牙功能。当你使用蓝牙时，多半是将手机与其他设备配对，比如无线耳机、免提车载套件等。你可能还会用蓝牙将手机和笔记本电脑同步，或者从手机向打印机传送图片。Wi-Fi 就是一种通过 Wi-Fi 连接点将手机接入网络的渠道。

除了与其他设备配对，蓝牙和 Wi-Fi 还可以用来进行移动营销，也就是所谓的蓝牙推广。营销者在公共场所（比如机场小型休息室、公交车站及电影院等）或者活动现场设置一个蓝牙连接点和一个蓝牙信号发射器，当消费者经过连接点时，如

果他的手机设置是自动接收蓝牙信号，那么他的手机就会响，提示他是否接受来自蓝牙连接点的配对请求。如果接受请求，蓝牙连接点就会向他的手机发送图片、铃声、游戏或者其他信息。

领先的蓝牙推广服务商包括 BLIP Systems（www.blipsystems.com）、Ace Marketing（www.acemarketing.net）、AURA（www.aura.net.au/）和 Proximity Media（www.proximitymedia.com）等。

推送营销信息前，你要确保从消费者那里获得了蓝牙推广许可。在未获得消费者许可的情况下向消费者的手机推送内容是一种不礼貌的行为，被称为"蓝牙劫持（Bluejacking）"。同时，你还要确保在进行蓝牙推广时遵守行业标准和道德准则，保证是在帮助消费者而不是惹恼他们。另外，绝对不要有"蓝牙攻击（Bluesnarfing）"行为，即在未获得授权的情况下通过蓝牙连接从无线设备上获取信息。"蓝牙攻击"在很多国家都是违法的，因为在未获得授权的情况下获取联系人、日历等个人信息涉嫌侵犯隐私。

管理入口

当你探索利用移动渠道来吸引消费者的各种方法时，你可能会遇到运营商渠道（on-deck）、非运营商渠道（off-deck）、运营商入口等词汇。运营商渠道和运营商入口是一个意思：它们是移动运营商预置在手机上的移动网页或者 APP 入口。运营商入口是吸引消费者的黄金入口，目前从各大移动运营商入口下载的 APP 总数超过从苹果 iTunes 这样热门的应用程序商店下载的 APP 总数。

诸如苹果 iTunes、Getjar（www.getjar.com）这样的非运营商应用程序就是所谓的非运营商渠道。非运营商渠道可以指任何不受移动运营商控制的移动应用。如今，越来越多的消费者开始使用智能手机，下载的 APP 达数十亿，消费者在变得越来越移动化，流量也逐渐从运营商渠道转向更大的市场。

小屏广告

移动广告虽算不上一种独特的营销路径，但它是一种吸引潜在消费者的有效手段。移动广告就是在诸多移动路径上植入赞助商信息或者促销信息。利用移动广告，你可以：

- 构建品牌；
- 赢得新客户，提高销量；
- 让你的移动路径和入口变现。

移动广告可以给你带来很多收获，详情参见第 8 章。领先的移动广告公司包括被谷歌收购的 AdMob、Millennial Media（www.millennialmedia.com）、Crisp Wireless（www.crispwireless.com）、JumpTap（www.jumptap.com）、Smaato（www.smaato.com）以及微软广告（http://advertising.microsoft.com）等。

如果你不知道如何抓住移动消费者，那么就要在移动消费者聚集的地方下功夫，把移动广告投放在你的目标人群经常访问的移动网站或者 APP 上，利用热门网站为你聚集消费者资源。

移动商务

根据美国移动营销协会的定义，移动商务是指移动消费者利用接入无线网络的电子设备（如手机）完成的单向或双向的价值交换。这个定义听起来有些复杂，其实很简单。它的意思就是说每天有数十亿美元的交易额通过本章讨论过的移动设备完成。人们利用移动设备购买内容（应用程序、铃声、图片）、实物产品和服务，完成捐款，甚至购买虚拟产品（如为网络家园购买虚拟家具、为游戏角色购买服装等）。更多有关移动商务的内容参见第 13 章。

第 2 章　制定移动营销战略

本章要点

▶ 了解如何将移动营销融入营销计划

▶ 认识几大移动营销服务商，为移动营销战略助力

▶ 估算移动营销成本

▶ 依据潜在到达率制定目标

　　虽然制定移动营销战略并不难，但是你要为此查阅很多数据，在诸多移动营销特有的目标、技术和渠道中进行筛选。然后，你还要将这些细节融入你的整体营销战略。要制定并执行一个有效的移动营销战略，你需要时间、精力以及对市场、你所从事的行业乃至整个移动行业的全面了解。

　　制定移动营销战略的过程既可以很繁复也可以很简单，需要记住的是，制定移动营销战略是一个反复尝试、学习、再尝试的过程。放轻松，世界各地大大小小的公司都在制定、执行移动营销战略，并从中获取回报，你也能做到！

　　本章主要为你介绍制定移动营销战略的步骤，教你如何设定目标，带你认识移动营销行业的领头羊，以便于你向他们咨询。本章还会教你如何计算移动营销的成本、估算到达率，帮助你锁定目标人群并掌握目标人群的规模。

将移动营销融入整体营销战略

营销的核心是沟通和参与。作为一个营销者，你的工作就是与客户沟通、吸引客户参与。也就是说，你要向你的受众（消费者、客户、合作伙伴以及整个社会）传达关于产品、服务和相关活动的信息和新闻，以便于他们了解你的组织和你所提供的产品。

移动营销是与消费者沟通、吸引消费者参与的一种十分强大的手段，它包括了各种互动的、富有成效的营销方式。

当你计划开展移动营销时，在思考具体策略和执行细节之前应该先从高层次的目标开始。你首先要考虑的是如何将移动营销融入你的整体营销战略之中。换句话说，在整合营销战略的各个部分时，要时刻记得你的整体目标（公司和产品品牌，消费者接受，记忆和关系管理，客户支持与关心，社交媒体参与）。你的整体目标可能有以下几个。

- ✔ **提高品牌认知和记忆（公司和产品品牌）：**让更多的潜在消费者认识你的品牌，让更多报道和博客提到你的品牌，提高移动网站的点击率，让更多消费者记得你的营销、广告和品牌。

- ✔ **发现潜在消费者（消费者接受）：**这个目标主要是让更多消费者选择接受你的营销，构建潜在消费者数据库，以便于你了解哪些人对你感兴趣，以后可以对他们进行营销。

- ✔ **获得新客户（消费者接受）：**鼓励消费者完成第一次购买，或者吸引消费者第一次前往你的店面、参加你的活动。

- ✔ **从既有客户中获取更高利润（记忆和关系管理）：**在可持续的利润水准上鼓励老客户重复购买新老产品。

- ✔ **提高既有客户的忠诚度和活跃度（记忆和关系管理）：**例如，提高客户积分回报，鼓励客户帮你建立口碑，吸引客户参与活动、前往店面、访问网站等。

- ✔ **改善客户咨询／投诉时的响应（客户支持与关心）：**当客户向你提出问题或者投诉时，让你的响应更加及时、高效、友善。

- ✔ **刺激客户在社交媒体上为你做口碑（社交媒体参与）：**让客户帮你树立好口碑，把你及你的产品、服务推向市场。

以上这些不只是移动营销的目标，也是整个营销的目标。移动营销只是帮助你向消费者传递价值、达成公司目标的一种工具。

下面将介绍制定移动营销战略的关键资源。

利用信息和经验

要制定一个成功的移动营销战略，你可以利用以下资源。

- **行业经验**。行业经验既包括你自己的经验，也包括你的同行（如同行零售商）以及移动营销合作伙伴的经验。你也可以通过加入商业协会和行业协会（如零售业的 Shop.org）来交换经验。
- **历史消费者数据、趋势和预测**。你要尽可能多地收集资料，包括研究报告、本行业和其他行业的案例分析、顾客交易历史数据等。你可以从公司数据库、行业新闻报道、行业协会、行业分析报告、网站等渠道找到这些资料。提供相关资料的网站包括 Marketing Charts（www.marketingcharts.com）、皮尤网络研究等。数据无处不在，相关内容参见本章后面的"消费者分析"部分。
- **竞争对手分析**。你应该分析和评估竞争对手的状况，掌握他们在做什么、思考他们会做什么、考虑他们的行动会给你和市场带来什么影响。你必须成为一名棋手，提前想好接下来的几步棋。你可以通过各种方式获取竞争对手的信息并进行分析，例如，访问他们的网站、阅读他们发布的新闻消息、注意他们在新闻发布会上的发言，等等。
- **行业惯例和规定**。参见第 3 章，确保你了解行业惯例和规定。

收集以上资料需要时间，筛选资料、深入思考也需要时间。所以，不要再等了，马上开始行动吧，一段时间后你就会成为这方面的专家！

移动营销战略的七大关键要素

你应该把营销目标和搜集的资料都写下来，制订一份全面的移动营销战略计划书。移动营销战略计划书包括以下七大关键要素。

- **目标人群**。移动营销战略计划书应该明确列出你想要到达的人群——你预期的用户、合作伙伴以及社会目标等。

- **产品（服务）**。移动营销战略计划书应该详细列出你所提供的产品（服务）以及消费者能从中获取什么价值。换句话说，就是要写明你的产品（服务）能怎样满足消费者的需求。另外，还要考虑你的产品（服务）如何随着客户旅程的推进而变化。客户旅程（customer journey）是一个营销概念，指的是客户与公司互动过程中的各个阶段。具体内容参见下一小节"客户旅程管理"。

- **高质量的目标**。移动营销战略计划书应该详细列出你希望达成的目标，如提高品牌知名度、将某个地区的销售额提高 X 个百分点、在 Y 年之内将市场占有率提高 Z 个百分点，从而成为市场占有率第一的公司。

- **资源**。移动营销战略计划书应该详细列出达成目标所需的所有资源，如合作伙伴、资本、技术、服务等。

- **传播**。移动营销战略计划书应该非常详细地列出你想向市场传播的信息、传播渠道（包括移动渠道），以及你的信息和传播如何随着客户生命周期的变化而变化。

- **渠道**。移动营销战略计划书应该详细说明你要通过什么渠道将你的产品（服务）推向市场。

- **交易**。最后，移动营销战略计划书还要详细说明你的商业模式，即你如何与消费者进行交易。

客户旅程管理

为了成功地进行营销，你必须了解客户旅程。从客户第一次考虑购买某个产品（如房子）开始到行为结束，客户经历的其实是一次旅程。要想改善客户旅程中的体验，你既要考虑客户的生命周期（客户与你互动过程中的各个阶段），又要考虑客户购买某一产品时的具体想法。了解了客户的想法，你就知道如何在移动营销的过程中利用本书提到的各种手段和技术改善客户旅程体验。

客户生命周期是你与客户互动时要利用的一个概念。在图 2-1 展示的客户生命周期中，所有客户都会通过以下几个"窗口"与你互动。

- **交易窗口**。交易窗口指你第一次针对产品或服务与客户进行交流或互动。交易窗口的目标是要"获得"客户，即让客户购买或使用你的产品或服务。

✔ **关系窗口**。当你成功获得一个客户时，你就与这个客户建立了关系。通过关系窗口，你要培养与客户的关系，争取让他从你这里购买更多产品或服务。

✔ **售后窗口**。当你和客户的关系或交易出现问题（如客户不会使用你的产品或产品在运输过程中有损坏）时，客户可能会联系你寻求帮助，这时他就进入了售后窗口。该窗口的目标就是高效地解决客户的问题，让客户满意，并再次进入关系窗口。

✔ **口碑窗口**。口碑窗口指利用 Facebook、Twitter 和 Foursquare 等社交媒体鼓励客户在他们的个人关系网中分享对你的产品和服务的正面评价。

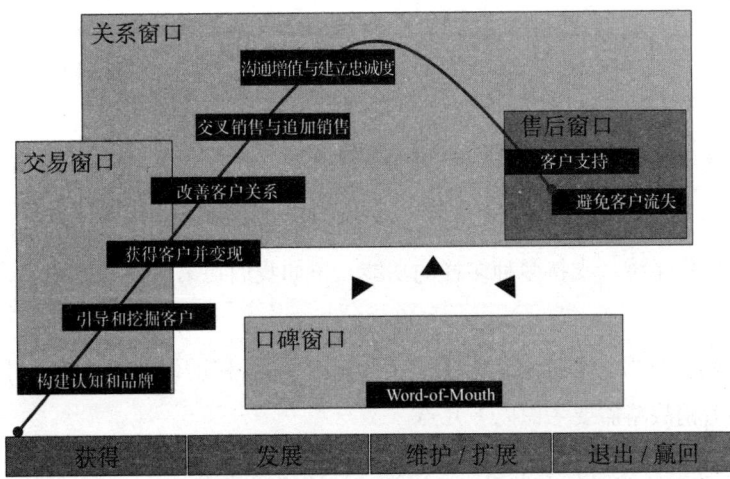

图 2-1
客户生命
周期

直销协会（Direct Marketing Association）授权使用，有修改。

你应该尽量周详、长远地考虑你与客户在生命周期中的一连串互动，这些互动可能发生在以上任何一个窗口中。这也称为客户旅程分析。客户旅程分析能够帮助你掌握利用移动营销改善客户体验的方法。客户旅程包含客户从开始考虑购买某种产品（如房子）到行为结束（买或不买）这一过程中的所有行为。

图 2-2 是移动营销业内知名公司 Dark Matter 的 Angel Evan 提供的一个客户旅程分析案例。这个案例列举了一位消费者买房的过程。从移动营销的角度来看，客户旅程中的每一个阶段都提供了很多可以进行移动营销的机会。例如，当一位消费者决定买房时，他可能会先访问相关网站并注册，允许网站在出现合适房源时发短信提醒他。更多有关短信提醒的内容参见第 5 章。

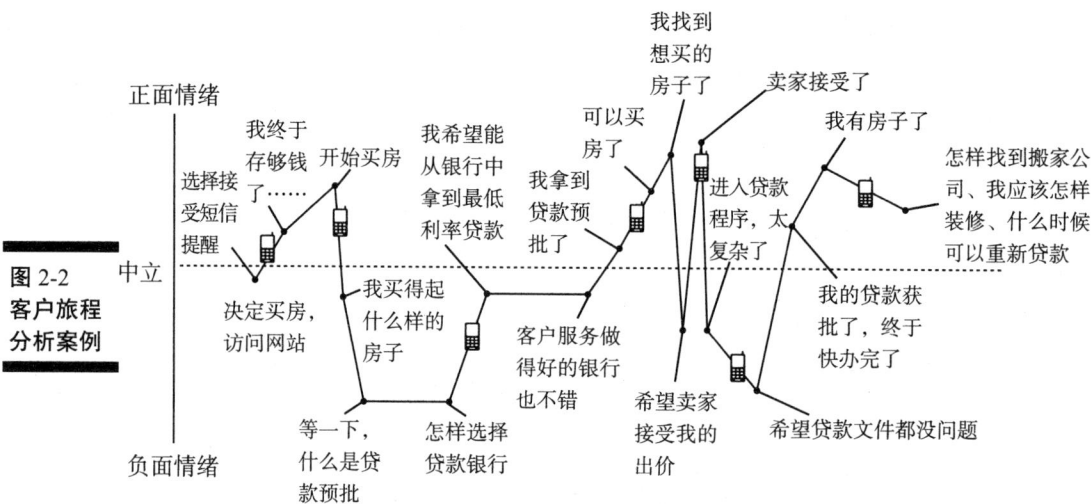

图 2-2
客户旅程
分析案例

资料来源：Dark Matter

基于设备特征设计移动营销战略

今天的移动设备不限于手机，它包括的设备在形状上千差万别、使用不同的网络和操作系统、支持多种多样的功能。正如我们在第 1 章中提到的，移动设备不等于手机。

要为你的客户创造最佳使用体验，首先要从移动设备的性能入手。一个有效的移动营销战略需要考虑以下几点。

- 移动设备的屏幕大小不一，通常比计算机屏幕小。
- 移动设备的操作局限于设备本身，键盘和计算机不同，没有鼠标，滚屏和翻页的形式不一。由于大部分移动设备的键盘有限，因此不要让你的客户打很多字。例如，手机键盘（见图 2-3）就很有限。
- 移动设备一般不连接打印机。
- 目前移动设备的带宽有限，不过随着智能手机和最新网络技术的普及，这个问题会逐渐解决。
- 用移动设备下载数据通常是需要付费的（有时费用很高）。

图 2-3
手机键盘

尽管移动设备普遍存在以上问题，但也不要灰心，新型智能手机带来的机会远大于挑战。你的移动营销战略有很多实现手段。以下是移动设备的部分优点：

- 便于拍摄、展示和分享照片；
- 便于拍摄、播放和分享视频；
- 便于录制、播放和分享音乐；
- 便于发送短信、彩信、电子邮件；
- 定位功能（基于 GPS）；
- 能够实现移动商务（具备完成交易的性能）；
- 能够上网；
- 能打电话。

选择移动营销战略的执行方案

移动营销战略有以下四种执行方案。

- **自主进行**。你可以独自完成移动营销，包括独自制定战略、独自执行、自主引进技术手段。自主进行涉及大量的工作和投资，在选择这种方案前需要想清楚。
- **委托代理商**。你可以和一家或多家营销公司、移动营销公司签订合同，将一切问题委托他们办理。
- **利用平台**。在这种执行方案下，你需要自己制定移动营销战略、创意和策略，然后利用移动运营商的应用程序或者平台来执行。

✔ **混合方案**。你可以从以上方案中任意选择搭配。例如，你可以自己制定战略，将创意工作外包给代理商，引进运营商平台用于活动中的一部分。

选择哪种移动营销战略执行方案，取决于你愿意自己承担多少移动营销工作，以及你认为哪些方案能体现出你的竞争优势和核心业务。

移动营销服务方

移动营销不适合完全自主完成。为了完成移动营销，你需要借助移动营销服务方的力量。

移动营销服务方可以是个人，也可以是组织，他们是移动营销能够顺利开展的专业技术保障。移动营销服务方能帮助你利用移动渠道吸引客户，他们是整个移动营销生态圈的一部分，如图 2-4 所示。

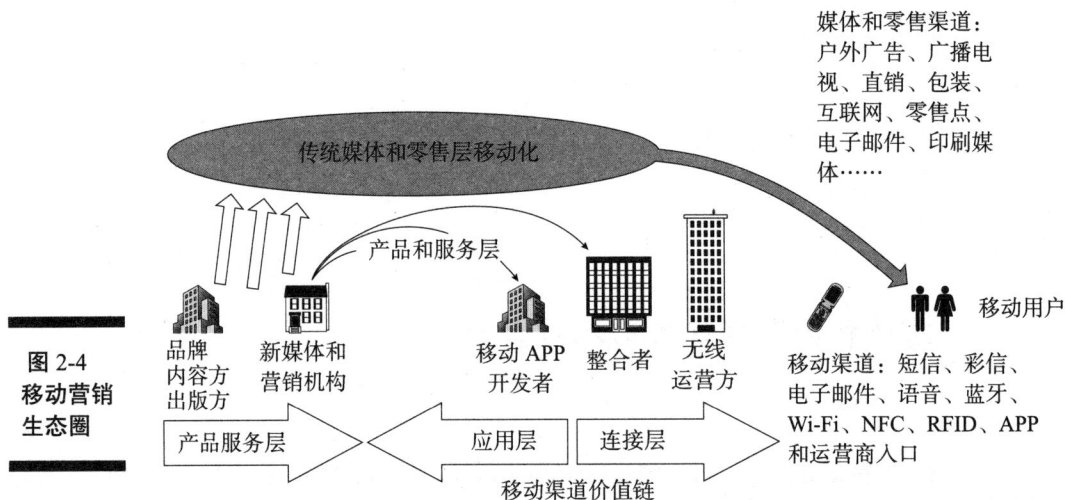

图 2-4
移动营销
生态圈

资料来源：iLoop Mobile and Michael Becker

为了移动营销能成功，你应该考虑和以下移动营销服务方合作。

✔ **传统媒体**。移动营销必须遵循一系列保障消费者权益的法律法规，传统媒体对这些法律法规非常熟悉，因此在不熟悉法律法规的情况下，你可以求助于传统媒体。此处所说的传统媒体，包括电视、报纸、杂志、广播、零售点展板、电子邮件、互联网、公示板以及其他户外媒体。举个例子来说，大部分移动营销都必须先取得消费者同意才能向其推送信息，因此，除非消费者主动联系你，否则你只能通过移动设备以外的媒介来获得消费者的许可，如图 2-5 所示。更多有关获得消费者许可的内容参见第 3 章和第 4 章。

图 2-5
零售点展
板示例

✔ **无线运营商**。无线运营商也称移动运营商、无线网络运营商，为移动网络提供管线、信号塔、收费系统、技术支持、营业厅等，你必须借助他们的渠道才能完成移动营销。事实是，世界范围内有成百上千家无线运营商，美国大概有 50 家，但全美市场主要被四大运营商占据，这四大运营商是 AT&T、Sprint、T-Mobile 和 Verizon Wireless。这四家公司在全美市场的占有率达 93%。

✔ **渠道整合者**。除非你是大品牌的营销人员，否则你不太可能直接与移动运营商合作。一般情况下你会与渠道整合者合作。渠道整合者是指同时与多家国内外移动运营商合作、整合信息（包括短信、彩信、内容、收费服务）的公司。渠道整合者是你与移动运营商以及其他服务商之间的桥梁。只要与一家渠道整合者合作，你就可以接入世界范围内上百个移动运营商网络。渠道整合者让营销变得高效，因为应用程序服务商和移动运营商只需要与渠道整合者签订合同，而不需要与成百上千的合作者单独签订合同。大部分的营销人

员不需要直接和移动运营商或是渠道整合者合作，应用程序服务商会为你代劳。领先的渠道整合者包括 Mobile Messenger、Syniverse、OpenMarket（www.openmarket.com）、mBlox（www.mblox.com）、Sybase 365、MX Telecom（www.mxtelecom.com）、爱立信 （www.ericsson.com）、Netsize（www.netsize.com）、Clickatel（www.clickatel.com）和 Motricity。

很多渠道整合者的业务都主要集中在某一个或几个特定的国家，如果你的移动营销要在全球范围内展开，那么你和你的应用程序服务商可能需要同时和多家渠道整合者合作。

- **应用程序服务商。**应用程序服务商为移动营销提供软件支持和必要的技术支持。他们开发的应用程序能够为你的客户提供更好的体验。举个例子，如果你计划进行短信营销，那么就需要一个能够编写和发送短信的应用程序。

要想通过多种移动媒体渠道开展大量移动营销活动，你可以与移动应用程序和服务平台供应商（也称平台服务商）合作。平台服务商能够整合多种移动营销方式，提供一站式解决方案。领先的平台服务商包括 Velti、2ergo、iLoop Mobile、Tagga Media（www.tagga.com）和 MIG 等。

- **内容方和出版方。**内容方指生产、销售内容，拥有内容版权的个人和组织。例如，当你开发一个移动应用程序时，你可能需要从内容方或者出版方那里获取授权，以使用他们的文件、PPT、图片、音频或者其他媒介内容。当内容方同时掌握着向消费者传播内容的媒体渠道时，它就变成了出版方。内容方和出版方的区别对于移动广告来说很重要。更多有关移动广告的内容请参见第 10 章。
- **营销和广告代理。**营销和广告代理就是那些帮助组织、内容方、出版方进行市场营销的公司。他们提供营销策略、创意、品牌战略、公关、其他传播和营销服务。他们可以帮助你制定并执行整体营销战略和具体的移动营销项目。
- **媒体服务商。**媒体服务商帮你接入传统印刷媒体、电视、广播、户外媒体、包装、零售点、电话、手机、商场以及其他媒体资源，你可以利用这些媒体资源吸引消费者参与你的移动营销活动。
- **推动者。**此处的推动者包括商业协会、政府、标准制定者以及移动设备制造商。推动者在移动营销生态圈中扮演着十分关键的角色，他们通常监管着生态圈中的某个部分。在制定移动营销战略时顾及这些推动者的角色，能够帮助你遵循规范，避免违反法律。

✔ **注册登记组织。**注册登记组织负责管理短信代码和互联网域名。在美国，公共短码注册登记由 Neustar（www.neustar.com）负责，而移动互联网顶级域名的注册登记由 dotMobi（www.dotmobi.mobi/）负责。这些组织也提供一些开发者工具和培训项目。

✔ **政府。**政府在移动营销行业中占据重要地位，他们给定了移动营销必须遵循的法律，并且负责监管整个行业。更多政府规制信息参见第 3 章。

实际上，在执行移动营销战略的过程中，你可能扮演着多重角色。例如，在某些情况下你是客户，某些情况下你是营销者、内容方、品牌方、出版方甚至是应用程序开发者。记住这一点能帮助你从更加宏观的视角完成移动营销目标。

移动营销的成本

在执行移动营销战略前，你需要了解移动营销的前期成本和可变成本。做好预算后你才能预估盈利和风险。本节将介绍在移动营销计划中需要做好的各种预算。

移动营销的前期投入

移动营销开始前需要一些前期投入。下面列出了移动营销各种前期投入项目，并且给出了一般情况下的预算数字。

✔ **战略和资源。**你要估算组建团队、人员培训、制定战略的成本。

✔ **应用程序费用。**这笔费用花在移动营销所用的应用程序上。平均来说，花在应用程序上的费用约为每月 500 ~ 15 000 美元，依据功能和地区不同，价格可能有所浮动。

除了每月的费用外，在和应用程序服务商或者渠道整合者签订合同后，初期建立账户和培训也可能需要一定的费用。如果你要的是专业化的应用程序，费用可能更高。如果你想开发一个专属的移动营销 APP，价格会十分昂贵。

- ✔ **渠道整合费用**。如果你决定自主进行移动营销并且开发专属应用程序，那么你可能需要把应用程序交给渠道整合者推广，付给他们一定的费用。一般来说价格取决于你选择哪家公司、想要覆盖哪些地区，约为每月 1000~5000 美元。如果你委托一个应用程序服务商开发程序，那么通常付给他们的费用中包含了渠道整合费用，这是和他们合作的一个好处。更多有关渠道整合者的内容参见本章上一部分。

- ✔ **公共短码租金**。公共短码就是只有 4 到 6 位数的手机号码。如果利用短信进行移动营销，那么必须租用一个公共短码。在美国，公共短码租金一般为每月 500~1000 美元，每个季度续租一次。你也可以从应用程序服务商或是渠道整合者那里租用公共短码，价格都差不多。更多有关公共短码的内容参见第 4 章。

移动营销的可变成本

移动营销的报价可能是一个整体报价（如 25 000 美元）加上媒体投放费用和零售促销费用，也可能是各部分拆分报价，不同公司有所不同。下面列出了一个典型的移动营销项目的可变成本。

- ✔ **战略制定费**：包括制订移动营销计划所需的各种成本。
- ✔ **创意费**：包括与移动营销相关的各种创意活动的成本。
- ✔ **内容创作和版权购买**：这笔费用用来创作或者购买移动营销需要用到的内容（如图片、铃声、视频及新闻报道）。
- ✔ **宣传费**：如果你没有租用或者自行搭建宣传平台，那么你还需要为移动营销期间举办的宣传活动和媒体报道付费。
- ✔ **战略执行费**：包括创意费用、程序检验费用（在需要的情况下）、技术实施费用、法律费用（如当你举办彩票活动时）以及为了某个特别的营销活动临时修改应用程序的费用。
- ✔ **流量费**：包括信息流量（短信、彩信、E-mail）、互联网和移动互联网页面浏览、广告浏览／点击、内容下载、互动式语音应答时长、内容版权费等。
- ✔ **传统媒体和零售渠道费**：包括通过传统媒体渠道推广活动的各项费用。

在营销战略、营销和活动创意、定制软件和内容中，有些是可以反复使用的。记住这一点，你可以省下很多金钱和时间。

基于移动到达率制定战略

移动到达率指通过某种移动渠道可能到达的人群数量。例如，我们可以对比互联网和手机的到达率。

由于能够使用电脑上网的人数约为 14 亿，因此互联网的潜在到达率可计为 14 亿人。本书写作时手机用户约为 31 亿（手机签约量约为 46 亿），因此手机的潜在到达率几乎是互联网潜在到达率的三倍。不过，手机用户数量不等于移动营销到达率。很多技术和习惯因素都会限制移动营销到达率，不考虑这些因素就制定目标等于痴人说梦。

如果你想到达大众市场，你就要利用到达率高的移动渠道，如短信、语音、移动互联网和某些多媒体服务。反过来说，如果你想到达小众利基市场，你就只需考虑市场中部分用户的到达率，比如苹果 iPhone 用户。下面将介绍一些影响移动营销到达率的因素，以便于你检视你的目标人群和潜在到达人群是否一致。

兼容性

兼容性指的是某种移动渠道或功能（如短信或拍照功能）是否适用于各种移动网络及移动设备。

举个例子说，将近 90% 的手机都支持短信功能，短信兼容于几乎所有大型移动运营商网络。相反，并非大部分移动设备都有蓝牙，因此，尽管蓝牙越来越多地被用于营销，但它还是要受到技术、网络和设备差异的限制。例如，很多黑莓手机就不允许下载来自蓝牙的内容。

兼容性很重要，因为很多时候你并不知道你的目标人群在使用什么样的移动设备和网络，尤其是当你的营销面向大众市场时，你肯定不希望因为你的营销项目在某些移动设备上无法兼容而失去一大部分市场。

手机用户遍布世界

截至 2011 年初，全球手机签约量超过 50 亿，移动设备拥有量超过 100 亿。而全球人口总数不过 68 亿！实际上，在大部分发达国家，手机的普及率都是 100%，在发展中国家，手机普及率也在快速增长。在发展中国家和地区，手机是成本最低、最可靠的传播工具。

标准

此处所说的标准包含各种为了保证移动渠道和设备性能的可靠性、可持续性而建立的技术标准和商业标准。制定移动营销战略时，你需要面对两种标准。

- **行业标准和范例**。政府规制和行业范例往往要落后于技术发展。第 3 章有更多关于行业标准和范例的内容。
- **技术标准**。对于某些手机功能（如短信）来说，技术标准很清晰，但是对于其他某些功能（如应用程序开发）来说，标准则模糊不清。你需要和应用程序服务商确认你们的标准是一致的，实际利用的技术标准和计划中的标准是一致的。

设备使用率

你在进行移动营销时要记住，市场上的移动设备成千上万，每一种都有不同的功能。如果你开发了一个应用程序，而你的客户使用的手机只支持短信功能，那么你的移动营销必然会失败。应用程序服务商能够帮助你了解市场上的不同设备，如果客户参与了你的移动营销活动，应用程序服务商还能侦测到他们参加活动时所使用的设备型号，在此基础上他们可以调整应用程序来适应你的客户所使用的设备。图 2-6 展示了 2009 年 12 月美国市场上最普遍的 24 种手机机型。

图 2-6
2009 年 12 月
美国市场最普
遍的 24 种手
机机型

资料来源：comScore

在决定以某一种手机的用户作为目标人群之前，你要确定这一种手机的用户足够多，能够达成你的目标。举个例子来说，媒体对于智能手机的关注常常让人感觉似乎地球上人手一部苹果 iPhone 或者安卓智能手机，但事实是很多人都没有智能手机。

本书写作时，苹果 iPhone 在美国手机市场的占有率仅有 5%，在全球手机市场的占有率更低。如果你的整个移动营销战略都建立在消费者使用苹果 iPhone 这一假设条件下，你就会错过 95% 的市场。当然，5% 的苹果 iPhone 市场是一个利基市场，能够为你创造巨大的价值，所以，如果苹果 iPhone 用户的特征恰好与你的客户特征相契合，那么你也不妨专门将他们作为目标人群。

一般情况下，消费者平均每 18 ~ 36 个月会换一次手机，就算每一种新手机都有某种新功能，这种功能要在市场上普及也需要几年时间。因此，你的移动营销计划不能领先于消费者接受创新的步伐。

功能使用率

即使消费者拥有当下最流行、功能最新、上网速度最快的手机，也不代表其会使用这部手机的所有功能。这就好比你有一把瑞士军刀，但你可能并不常用上面的微锯。拥有它是件很酷的事情，但你可能从来没使用过它。

手机也是一样。本书写作时，约 90% 的手机支持短信功能，但平均仅有 60% 的手机用户使用该功能；约 75% 的手机支持移动互联网，但平均仅有 20% ~ 30% 的用户使用该功能（以上为美国数据）。

不同地区的移动设备功能使用情况差异很大。在大部分发展中国家，多媒体的使用率很低，消费者主要用手机收发短信。

总之，在制定移动营销战略时应该考虑移动设备功能的使用情况。即使移动营销项目基于时下最流行的手机功能，消费者也拥有相应的手机，但你的项目仍然可能不成功，原因是消费者不使用那些功能。

移动营销生态圈的效能

移动营销生态圈的效能虽然不是影响移动营销到达率最显著的因素，但也是一个重要因素。移动营销生态圈包括移动营销价值链上的所有参与主体，移动营销生态圈的效能就是指各个责任主体能否高效、可持续地推进移动营销项目。所谓可持续，是指能够重复、按时、可靠地提供高质量的服务，并且能够按时提供资金以确保其他主体顺利完成任务。

相较于新鲜的移动营销方式，短信营销相对成熟，通常比较高效。换句话说，如果想要尝试新鲜的移动营销方式，你需要未雨绸缪，事先和合作伙伴商量好出现问题时的对策。

客户结构

客户结构会在很大程度上影响客户参与移动营销的兴趣和能力。其中的影响因素包括年龄、性别、种族、家庭收入、教育背景以及手机机型等。年轻人比中老年人更爱发短信，但这个差异正在逐渐变小。comScore、尼尔森（www.nielsen.com）、Insight Express、Dynamic Logic（www.dynamiclogic.com）等一流调研机构能够帮你更好地了解客户结构。在皮尤网上也能免费找到一些很好的消费者行为和特征研究资料。

地域差异

地域差异是影响移动营销到达率的一个重要因素，世界各地的移动营销潜力不同，每个移动营销服务方在世界各地的效能也不同。即使在移动营销潜力相同的情况下，世界各地的移动营销过程、商业模式、技术标准以及法律法规也可能不同。

以短信为例，公共短码一般只在一国境内有效。在每一个你想开展短信营销的国家，你都要单独使用一个公共短码。在某些国家，你可以租用公共短码；而在另一些国家，你只能租用关键词（更多有关公共短码和关键词的内容参见第 4 章）。在不同国家租用公共短码的价格是不一样的，其在技术上可能是相似的，可以称之为标准技术。在美国等发达国家，各类人群都越来越频繁地使用各种移动媒体渠道。然而，在一些发展中国家，短信的使用率比较高（70%～80%），移动视频的使用率比较低（1%～4%），移动互联网、应用程序等其他多媒体移动渠道的使用率也比较低。

在移动营销区域内，你要多加注意，应及时与应用程序服务商和合作伙伴沟通，确保你了解每个地区的复杂情况。

评估战略适用性

把以上各种因素都考虑在内，我们就可以评估各种移动渠道在大众市场上的适用性。表 2-1 从宏观层面对各种移动渠道在大众市场上的适用性进行了评估。

表 2-1　移动渠道营销适用性评估

移动渠道	语音	短信	彩信	电子邮件	移动互联网	短距离传输（蓝牙和 Wi-Fi）	内容	应用程序
兼容性	√	√	√		√			
标准	√	√	√	√	√			
设备使用率	√	√			√			
功能使用率	√	√						
生态圈效能	√	√	√	√				
客户结构	√	√	√					
地域差异	√	√	√		√			
评估结果	7/7	7/7	6/7	2/7	4/7	0/7	0/7	0/7

图 2-7 展示了各种移动渠道的营销适用性，从中可以看出，语音、短信和移动互联网是对于大众市场来说适用性最高的渠道，而其他渠道适用于利基市场，有的目前还处于实验阶段。

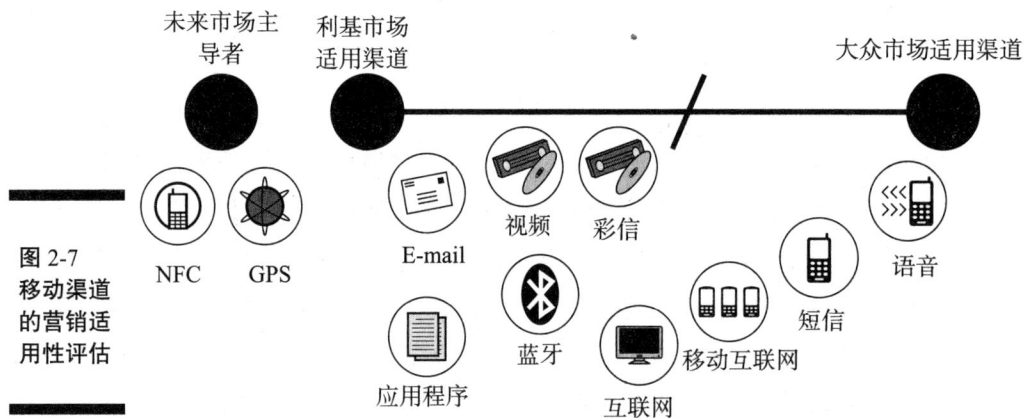

图 2-7
移动渠道
的营销适
用性评估

未来市场主导者　利基市场适用渠道　大众市场适用渠道

NFC　GPS　E-mail　视频　彩信　语音

应用程序　蓝牙　互联网　移动互联网　短信

虽然有些移动渠道不适用于大众市场，你也不该因此而忽略它们。有些渠道（如移动互联网和视频）很适合利基市场。这种市场上的消费者一般都有能够连接移动互联网的设备、开通了数据流量包（向移动运营商付费获取移动互联网等手机数据服务），并且知道如何使用这些功能。例如，针对细分市场的苹果 iPhone 用户和高端利基市场的消费者，很适合开展移动多媒体营销，而对于大众市场则不适合。在了解你的目标人群拥有什么样的移动设备、是否知道怎样使用之前，你应该主要依靠语音和短信来进行营销。

有一句话能很好地总结移动营销的特点：全球到达率，地区贴近性。移动渠道已经成为世界上普及率最高的媒体渠道，利用移动渠道，你的营销项目到达率能覆盖全球。然而，移动营销的成功秘诀其实在于各种影响到达率的因素在世界各地的地域差异。世界上每一个国家和地区的消费者都在使用不同的移动设备，甚至本国（如美国西海岸和东海岸）的地区差异也很明显。在不同地区开展移动营销的流程和技术也不相同。换句话说，你必须因地制宜，让你的移动营销具备地区贴近性。

消费者分析

对于移动营销到达率来说，技术上的可能性并不是唯一影响因素。你还要考虑消费者是否愿意参与你的项目。举个例子，如果你的移动营销项目中有游戏或者铃声下载，那么年轻人可能更愿意参与。以下五大关键因素会影响消费者的参与意愿：

- 人口统计特征；
- 心理；
- 偏好；
- 行为；
- 情境。

下面的内容将告诉你哪些因素对移动营销战略影响最大，你在制订计划、设定目标时要慎重考虑。

人口统计特征

人口统计特征包含一个人群的各种内在特质。掌握客户的人口统计特征非常重要，因为它通常是影响消费者行为的决定性因素。例如，你可以根据消费者的年龄、性别、文化积淀等判断其移动服务的使用率。以下列出了你需要考虑的人口统计特征。

- **年龄**：出生日期或年龄范围（如 14 ~ 24 岁）。
- **性别**：男性或女性。
- **种族／民族**：白人、非裔、亚裔、拉美裔、混血、多元文化背景等。
- **宗教**：天主教、无神论者等。
- **婚姻状况**：单身、已婚、离婚、同居等。
- **子女数量**：无子女、一个、两个、三个等。
- **教育程度**：初中及以下、高中、本科、硕士、博士等。
- **职业**：各种选项。
- **收入**：收入范围（如每年 50 000 ~ 75 000 美元）。

> ✔ **国籍**：美国、法国、英国、中国等。
> ✔ **地区**：常住地、工作地（如经常出差的客户可能在美国航空拥有固定座位）等。

心理

心理因素包括消费者生活方方面面的量化指标。这些指标会影响消费者参与移动营销的意愿。为了确保你的营销策略对目标人群有效，你需要分析以下指标。

> ✔ **生活方式**：经常旅行、有小孩的父母、空巢老人等。
> ✔ **态度**：政治态度及其他态度。
> ✔ **兴趣**：业余爱好和消遣方式（如音乐）。
> ✔ **购买动机**：为自己购买还是为他人购买礼物，为消遣而购买还是为实用而购买等。
> ✔ **产品使用频率**：每天、每周、按需等。

偏好

客户偏好数据一般来自于客户自愿告诉你他喜欢什么、不喜欢什么，如最喜欢的食物或者最不喜欢的音乐，等等。你应该考虑的客户偏好包括：

> ✔ 客户愿意在一周中的哪一天、什么时间收到你发送的信息或拨打的电话；
> ✔ 在一定时间段内，客户愿意你联系他多少次（如一个月十次，但每周不超过三次）；
> ✔ 客户偏好的联系方式（手机、电子邮件、语音、即时信息等）；
> ✔ 客户偏好的移动设备。

收集客户的偏好信息并合理使用它们，能够让你更好地满足客户的需求。

情境

移动设备是私人化的东西，消费者所处的情境更加私人化。所谓情境，就是某人所处的位置以及他周围正在发生的事情。例如：外面是冷还是热；他最喜欢的球队刚刚赢了还是输了；他在移动中吗；如果他在移动中，以什么样的速度移动；他在上山还是下山；他在家附近还是离家很远；周围有他的朋友吗；他在最喜欢的餐厅附近吗；股市在上涨还是下跌；他在看书、看电视还是欣赏风景……这些问题还只是冰山一角。

越来越多的移动营销商开始在获得客户同意的前提下收集并利用客户的情境信息。例如，客户的位置、活动、所处的气候状况等。利用这些信息，可以调整你与客户的互动以适应客户所处的情境。有关这个问题，你可以咨询应用程序服务商，Bookit、iLoop Mobile 等公司都提供这方面的服务。

有关不同消费者群体的移动设备使用行为差异，可以查阅 Carlson Marketing 的文章《认识细分移动用户：通过移动设备与客户建立密切关系》（*Bringing Mobile Segmentation to Life: APPlying Customer Strategy to Build Stronger Relationships via Mobile Devices*）。

在这篇文章中，Doug Rozen、Jeff Anulewicz 和 Tom Senn 列举了八种手机用户（Cord Hoards、Strictly Speaking、Utoolitarian、Lifeliners、Mobile Moths、Duty Callers、Funccessorizers 和 Mavericks），他们使用手机通话、收发信息、上网和下载的频率各不相同。这篇文章提供了一个有用的客户分类框架，便于你分析不同客户使用的移动媒体类型。

第 3 章　行业规范

本章要点

▶ 制定移动营销政策

▶ 满足无线运营商的要求

▶ 遵循法律法规和行业标准

移动营销必须遵循一系列法规，很多法规落后于今天的技术发展，行业领头羊、无线运营商和政府机关负责制定新的法律法规。

和其他任何行业一样，移动营销行业也有很多行业规范。遵循行业规范既可以保护消费者的利益，也可以保证消费者获得最佳使用体验。

法律法规由政府机关制定，你既要遵守国家法律，也要遵守地方法规，在国外开展移动营销还要遵循外国法律。行业规范则包括行业代表达成共识的惯例、运营商政策和管理条例。

本章描绘了一张行业规范和法律法规的"地图"，避免你触犯法律底线和消费者利益。

制定移动营销政策

每个开展移动营销的公司都应该有自己的移动营销政策，以确保公司的移动营销不会触犯法律法规和行业规范。移动营销政策应该是白纸黑字的文件，列出对移动营销来说至关重要的法律问题，以及你希望你的员工和合作伙伴如何应对这些法律问题。

制定好移动营销政策将让你在开展移动营销时更加有安全感和自信心，下面将介绍移动营销政策的各个组成部分。

行为准则

一个公司的行为准则必须清晰地列出在移动营销过程中哪些行为是对的，哪些是错的。制定行为准则时应该考虑以下内容。

- **目标**。例如，"我们的目标是利用移动渠道以安全、便捷、友好的方式吸引消费者，最终让消费者使用移动设备与我们实现无缝、自然的交流"。
- **保护消费者利益的措施**。例如，"我们一定要确保消费者与我们交流时是自愿的、交流环境是安全的，要利用加密技术和安全协议保护消费者数据不被泄露、不受外部攻击"。
- **遵循法律法规的声明**。例如，"我们要确保移动营销项目符合法律法规和行业规范。我们将配合政府机关、合作伙伴和管理者，至少每季度对移动营销项目做一次评估。我们将建立交流机制，当出于法律问题需要对项目进行修改时，与员工、客户和合作伙伴沟通。另外，我们会及时满足移动运营商、应用程序商店和相关第三方的审计要求"。

1890 年的技术法规

技术发展和法律法规之间总是存在差距。《哈佛法律评论》（*Harvard Law Review*）第四卷第 5 期第 195—196 页刊登过一篇文章，评论了新技术的发展给社会和个人权益保护带来的挑战：

"最新的发明和商业实践要求我们采取措施，保护 Cooley 法官所说的个人'不被打扰'的权利……'新技术'已经侵犯了个人和家庭生活的神圣领域……我们的法律是否会保护这方面的隐私权是一个亟待考虑的问题。"

这篇法律评论发表于 1890 年 12 月，文中提到的发展中的"新技术"指的是"报业的即时照相技术"。移动营销领域充满新技术，而新技术对于法律和政策的影响不是一个新问题。

美国移动营销协会给出了一个全球行为准则范例，如图 3-1 所示。

图 3-1
美国移动
营销协会
给出的全
球行为准
则范例

资料来源：the Mobile Marketing Association

隐私政策

如果你要收集消费者信息，隐私政策就至关重要。虽然美国法律不要求公司必须有隐私政策，但如果你要开展电子商务、收集消费者资料，消费者会希望你有隐私政策。隐私政策的作用不仅仅是满足消费者，当有人对你的隐私保护提出质疑时，明确的隐私政策将为你省去很多法律上的麻烦。

移动营销政策应该明确列出：

- ✔ 当你准备向消费者进行移动营销时，如何获得消费者的同意；
- ✔ 获得消费者的同意后，如何保存记录。

一定要重视消费者信息安全，如果不重视，你就会失去和消费者建立更长远关系的机会，甚至有可能面临罚款和牢狱之灾（尤其是在消费者保护法十分严格的欧洲）。

典型的隐私政策包括以下五个方面。

- ✔ **你所收集的信息类别**。移动设备可以收集的信息不仅包括姓名、地址、电话号码，还包括定位信息和行为信息。你要确保隐私政策中列出了你所收集和

追踪的所有信息类别。

- ✔ **和你共享数据的第三方**。在理想的情况下，你不应该和任何第三方共享消费者个人身份信息，除非必须。例如，如果你委托第三方帮你向消费者发送电子优惠券，你就必须和第三方共享消费者的移动设备信息。

- ✔ **消费者如何查阅或要求变更被你收集的信息**。通常的方法是告诉消费者你的邮箱地址，以便于消费者向你发送请求，要求删除或变更你所收集的关于他的信息。

- ✔ **当隐私政策变更时如何通知消费者**。简单来说，你可以在隐私政策中声明你可能变更政策，要求消费者定期查阅隐私政策的最新条款。如果你要对隐私政策作出重大变更，也可以通过发送电子邮件的方式通知消费者。

- ✔ **隐私政策的有效期**。大部分隐私政策开头都会标注"最近更新于'某日'"。

单有隐私政策而不执行没什么好处。事实上，有隐私政策而不执行比没有隐私政策可能给你带来更多法律上的麻烦。在任何收集消费者信息的地方（如网站或移动渠道），你都应该附上隐私政策。ePrize 是世界互动营销领域的领头羊，图 3-2 展示了 ePrize 网站的隐私政策链接范例，收集信息时要附上你的隐私政策链接，如果你以前没起草过隐私政策，我们建议你向专业法律人士咨询。更多隐私政策范例参见 http://mmaglobal.com/privacy-policy。

图 3-2
ePrize 网站的隐私政策链接范例

使用条款也可以被叫作隐私政策

资料来源：Siteminis

获取同意

使用消费者信息或者通过手机联络消费者都需要提前获得消费者的同意，只有这样才是合法的，才能获得移动运营商的认可。你的移动营销政策中应该说明如何获取同意，确保你使用消费者信息或向消费者发送信息的行为是合法的。

在通过移动设备与消费者互动前，你必须从消费者那里获取同意。以下案例将向你展示在何种情况下需要获取消费者同意，以及如何获取消费者同意才能让消费者最大程度地接受你。

✔ 邀请消费者接受你的营销时必须说明可能产生的费用。例如，当你邀请消费者与你互动时最好说明此举"可能产生短信和数据流量费用"，也就是说，移动运营商可能会对短信、多媒体信息、数据流量（下载应用程序、访问移动互联网等）收费，费用多少依据移动运营商和消费者之间的合约而定。

✔ 当你要在一段时期内不间断地向消费者发送短信时，也需要获取消费者同意，并向消费者说明操作步骤。例如，可以在短信中注明消费者"回复'是'则选择接收未来每月 3~5 条短信"，相关示例如图 3-3 所示。

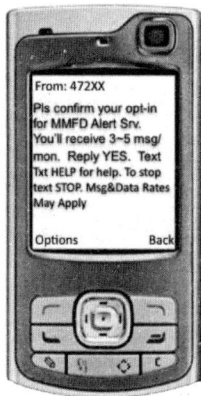

图 3-3 通过短信获取消费者同意的示例

✔ 当你要对手机上的内容或服务收费时，需要获得消费者同意。

✔ 当你邀请消费者通过移动设备捐款时，需要向消费者说明如何确认捐款。如图 3-4 所示，用户需要回复"是"来确认捐款 10 美元支援海地震后重建，尽管呼吁捐款的信息也是通过短信发送的，但在消费者确认捐款后还是要再次通过短信确认。

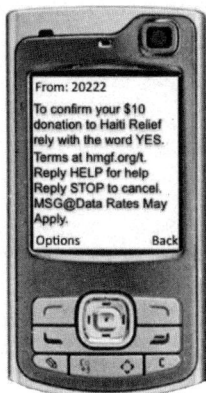

**图 3-4
手机捐款
回复确认**

✔ 当你追踪消费者的地理位置时，需要获取消费者的同意。有些移动应用程序能够基于消费者的位置向消费者发送相关信息，但任何使用位置信息的应用程序激活前都要获取消费者的同意。你可以要求消费者勾选一个复选框或者在线填写一个表格来允许你使用他们的位置信息。获取这项同意的方式很多，主要视你的预算多少而定。

● 如果你要开展短信营销，你可以向消费者发送这样一条信息："请回复'是'与我们共享您的位置信息。"

● 如果你利用的是移动应用程序，可以弹出一个窗口提醒消费者："该应用程序希望获取您的当前位置。"弹窗中包含两个可以点击的选项：允许和不允许。

● 在移动网页中，你可以设置一个超级链接，并说明："请点击该链接允许我们使用您的位置信息。"

消费者数据安全与管理

消费者个人信息有很多类别，包括消费者的手机号码、地址、健康状况、财务状况、当前位置以及行为数据等。在营销中，个人信息被分为两个级别。

✔ **个人身份信息（PII）**：指任何能够被用来识别个人身份的信息。

✔ **非个人身份信息（non-PII）**：指在营销过程中收集的（如通过网站点击）、不能直接用于识别某个特定的个人的信息。

美国加州的网络隐私保护法案

加州是美国唯一要求商业主体在收集加州居民的个人身份信息时必须给出隐私政策的州。加州的网络隐私保护法案有很多要求，如果你要在加州收集个人身份信息，就一定要向该领域的律师咨询。

在移动营销过程中，既会收集到个人身份信息，也会收集到非个人身份信息。你收集到的信息可能只是消费者向你发送短信时使用的手机号码，也可能是更加具体的年龄、姓名、地址信息。这些信息可能是消费者在和你互动的过程中主动向你提供的，也可能是你结合各种公开和非公开的数据资源得到的。

不管信息是如何获得的，你都必须保护好这些信息。所以，你应该只收集需要的信息，而不必为不需要的信息担责。

客户数据对你的公司来说十分宝贵，盯紧那些窃取数据的人十分重要。如今，政府机关不仅会追究数据窃取者的责任，也会追究那些放任数据被窃取的公司的责任。

美国其中 45 个州、哥伦比亚特区、波多黎各、美属维尔京群岛都有法律要求公开个人信息安全漏洞。其中有些法律要求公司以加密格式储存个人信息，即便你收集的信息没有发生泄露，也可能因为数据储存格式的问题而违反法律。

一般来说，只要你的移动营销政策做到了以下四点，就不会触犯信息安全相关法律法规。

- **仅收集必需信息**：例如，你收集了客户的社会安全号却没有利用它，这就会给你带来不必要的风险。
- **仅对内部必需人员开放客户数据访问权限**：有些公司为了方便 IT 部门的工作，就对 IT 部门的所有员工开放所有数据访问权限，但是对于负责帮新员工设立电子邮件账号的 IT 员工来说，这些权限是不必要的，对他们开放客户交易历史记录只是在制造不必要的风险而已。
- **以高安全性的格式储存数据**：以加密格式储存数据已经成为业内标准。
- **及时销毁没有使用价值的客户数据**：例如，在客户关闭账号后依然保留他们的数据，就是在给自己制造不必要的风险。

在计划好如何储存数据后，你应该制定一个数据管理政策，明确列出和我们以上提到的注意事项相关的各种条款。你的数据管理政策应该包括以下内容：数据在哪里，如何保证数据安全，谁有数据权限，在数据访问、保留、删除方面有哪些规定等。

如果雇用第三方收集和管理数据，那么一定要就个人身份信息的获取和储存达成协议，确保数据的管理、共享、使用都符合你的安全要求。不要假设第三方和你的要求处处一致，第三方对安全问题的看法很可能和你的政策相左。

为特殊项目制定政策

有些特殊的移动营销项目可能适用于特殊的法律法规，因此你需要在移动营销政策中对这些项目做单独说明。所谓特殊项目，包括以下几点。

- **奖品营销**。你需要咨询律师，确保你的奖品营销政策符合全国性法律和地方法规。更多有关奖品营销的法规参见本章后面的"遵守抽奖法规"。
- **激励措施**。如果你要利用礼物、奖品或其他激励措施来吸引消费者，那么要确保你的政策符合地方性和全国性法规。这方面的法律极其复杂，你可以咨询律师或者向 **ePrize**（www.eprize.com）这样的专业公司咨询。
- **社交媒体**。如果你的公司在社交媒体上活动，那么就要考虑是否采取不同的政策措施对待移动端客户和电脑端客户。例如，当你在社交媒体上使用消费者位置信息时，你就可能面临公开个人位置信息的法律问题。允许公众知晓某个人所处的位置可能造成安全隐患和隐私隐患。

特殊项目在法律适用和行业规范方面需要特殊对待。在为特殊项目制定政策前，你可以向律师寻求帮助。

遵守行业协会规范

遵守行业协会规范一向很重要。尽管移动营销行业很年轻，但我们还是有幸可以借鉴很多优秀案例。在移动营销行业的初生阶段，行业领头羊便很快意识到，如果他们不以一种负责任的、消费者友好的方式自律，那么政府机关就会介入管理，并且管理方式还可能妨碍创新、妨碍他们向客户传递价值。大家不要误解，有法可依是好事，保护消费者权益也很必要，但自律应该是第一位的。

在这样的背景下，一系列有影响力的行业组织和案例、规范得以诞生。要进行有效的移动营销需要参考这些规范，接下来的内容将向你做出介绍。

有影响力的行业协会

移动营销领域有很多行业协会，他们给出的规范和案例在业内颇受推崇。了解这些协会和他们的指导方针很有益处。

✔ **移动营销协会（MMA）**。移动营销协会是一个世界性的行业组织，它的成员包括代理机构、广告主、移动设备制造商、运营商、零售商、软件开发商和服务商以及关注移动营销的公司。移动营销协会已经出台了很多标准，并且经常更新这些标准，提醒其成员注意。例如，移动营销协会最近在其网站发布了《全球移动广告指南》（*Global Mobile Advertising Guidelines*），提醒其成员查看广告政策更新通知，如图3-5所示。移动营销协会的《消费者实践规范》（*Consumer Best Practices Guidelines*）是学习行业惯例、无线运营商政策和被行业代表公司一致接受的好教材。你可以每六个月左右访问一次他们的网站查看更新。

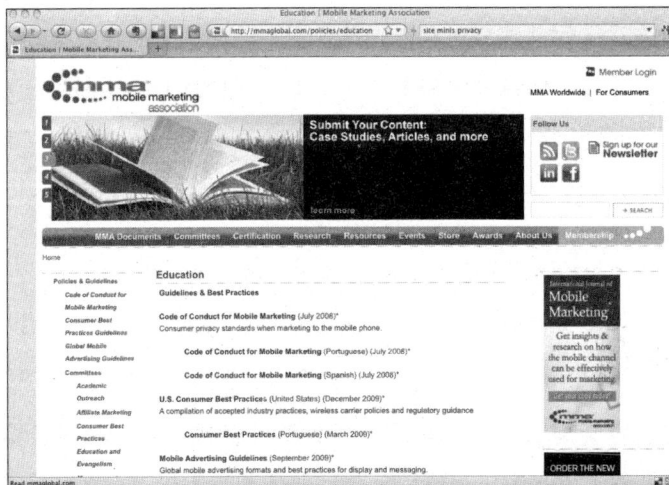

图 3-5
广告政策
更新通知

- **直销协会**（The Direct Marketing Association，DMA）。直销协会在美国和英国都是领先的行业组织，它关注直销，其中包括移动营销。2009 年，直销协会在其《职业道德规范》（*Guidelines for Ethical Business Practice*）中专门开辟了移动营销部分，致力于指导营销者以正当的方式开展移动营销。

- **无线通信协会**（CTIA—The Wireless Association）。无线通信协会是一个国际非营利组织，它是无线通信行业的代表。它的成员不仅包括无线运营商和供应商，还包括无线数据服务商和产品制造商。加入无线通信协会的无线运营商自愿采纳了该协会的《无线运营商内容分级和互联网访问限制规范》（*Wireless Carrier Content Classification & Internet Access Control Guidelines*）。与该文件同步出台的还有一项业内分级标准。该规范是开展移动营销应该借鉴的又一个重要资源。

- **互动广告局**（Interactive Advertising Bureau，IAB）。互动广告局的成员包括375 家一流媒体和技术公司，他们负责销售全美 86% 的网络广告。互动广告局的核心目标之一就是分享行业最佳案例，培训行业成员，开展负责任的营销，从而规避不良的政府立法和管理。

- **移动通信协会**（Groupe Speciale Mobile Association，GSMA）。移动通信协会是一个全球性组织，其成员遍布 219 个国家，包括将近 800 家移动运营商和200 多家移动通信领域的公司（包括手机制造商、软件公司、设备供应商、互联网公司以及媒体和娱乐公司）。该组织致力于创新，为其成员创造机会，促进移动通信行业的发展。

除了以上五家最有影响力的行业协会外，应用程序商店也越来越多地推出各种规范。例如，苹果商店要求任何苹果 iPhone 应用程序在收集用户的位置信息前都必须提醒用户并获得用户同意。在开发应用程序、创建网站或者开展其他合作项目前，你一定要了解合作伙伴的政策。

行业自律

很多行业协会的规范都是自行制定的。参与规则的制定比做一个被动的旁观者好得多。你应该加入并且支持那些制定行业规则的组织。

另外，你要记住，虽然行业规范不是法律，但很多行业规范都是根据已知的消费者行为和过去政府介入的案例而制定的。如果你不遵循行业规范，你不仅可能面临被踢出行业协会的危险，还可能引起消费者的反感、陷入法律诉讼、甚至导致立法者设立新法禁止类似行为。比起接受他人监管，自律是更好的选择。

很多时候，遵循行业规范是唯一的选择。例如，在美国，移动运营商不会与任何不遵循移动营销协会制定的《消费者实践规范》的公司合作。如果你的移动营销项目违反了这一规范，移动运营商就会冻结你的公共短码从而关闭你的项目。在某些情况下，如果你不是某个行业协会的会员或者没有他们的认证，有些公司甚至不会与你合作。

服从政府管理

美国政府和各州都出台了一系列移动营销的专门法案。接下来的部分会介绍一些涉及移动营销的重要法律法规。至于具体的法律分析，在制定和执行移动营销政策前你最好咨询律师。

垃圾信息

垃圾信息是指非收信方索要的、无用的信息，其形式包括电子邮件、短信、多媒体信息等。尽管你的收件箱或垃圾邮件文件夹中可能有很多垃圾信息，但事实上垃圾信息在美国受到严格的管制。利用不同技术发送的垃圾信息适用于不同法律。大部分的垃圾信息适用于以下四种联邦法案。

- **CAN–SPAM**。CAN-SPAM 是一项管理广告电子邮件发送者的法案。电子邮件和通过社交网络发送的电子信息都适用于该法案，但短信不适用于该法案（短信受到 TCPA 法案的管理）。你可以在 ftc.gov/spam. 找到现行的 CAN-SPAM 法案。任何违反 CAN-SPAM 法案的行为都可能受到美国联邦贸易委员会（FTC）的起诉。
- **电话消费者保护法案（TCPA）**。TCPA 法案在 1991 年由国会通过，远在短信技术诞生前就已存在。TCPA 主要适用于电话营销，包括无线电话。美国联邦通信委员会（FCC）解释，该法案既适用于语音电话也适用于文字信息，也就是说包括短信。TCPA 禁止在未取得手机用户同意的情况下使用自动拨号系

统拨打电话。TCPA 对于短信的适用十分复杂，要保证安全就不要向任何人发送他不想要的信息。

　　确保不违反以上法案的最好办法就是在通过移动渠道联系消费者前先获取他们的同意。

- **电话销售条例（TSR）。** 为了适应移动通信环境的变化，美国联邦贸易委员会颁布的 TSR 条例已经修订了数次。TSR 条例对电话营销者提出了四项基本要求。

- **全国拒接登记。** 2003 年 10 月 1 日，TSR 建立了一个全国拒接登记系统，允许消费者拒接大部分营销电话，如图 3-6 所示。TSR 条例要求营销者保证不主动给全国拒接登记表中的任何号码拨打电话。消费者可以在 www.donotcall.gov 网站上登记自己的家庭电话号码和手机号码。一旦号码进入拒接登记表，大部分的营销者就会被禁止向该号码拨打电话，例外情况包括政治组织、慈善机构、电话调查人员以及和消费者已经建立起商业关系的公司。TSR 条例要求营销者至少每 31 天就要核对一遍拒接登记表，从营销者的号码表中筛除登记过的号码。向登记过的号码发送短信和电子邮件也是不被允许的。

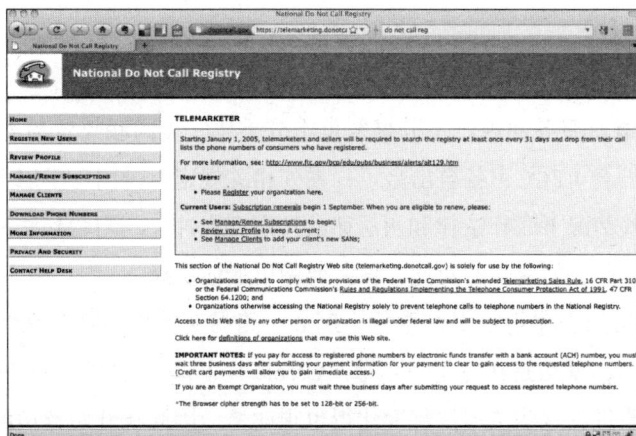

图 3-6
全国拒接
登记系统

- **电话营销标准。** TSR 条例禁止诈骗性电话营销和滥用电话营销的行为，并为电话营销设立了以下标准：
  - 拨打电话的时间限于被叫当地时间早 8 点到晚 9 点之间；

- 电话营销者必须及时说明自己的身份，以及这通电话的目的是商业营销还是慈善推广；
- 电话营销者必须说明其销售的产品或服务的全部重要信息以及销售条款，禁止任何欺瞒行为。

✔ **自动拨号系统**。自动拨号系统能自动批量拨打给定区间内的电话号码。使用自动拨号系统进行电话营销必须在消费者接通电话后的两秒内将电话转接人工服务。如果两秒内没有转接人工服务，该通话就是被放弃的通话。一般情况下这样的通话是被禁止的，也就是说，让消费者等待转接人工服务的时间不能超过两秒。

✔ **主叫号码显示**。根据 TSR 条例的主叫号码显示相关条款，电话营销必须显示主叫号码。对于那些登记拒接过的消费者，公司要单独提供一个号码供消费者拨打，消费者拨打公司电话时公司必须使用该号码应答。

所有这些围绕电话营销的规定和条款，看上去好像随时可能踩中的虚拟地雷。直销协会制作了一个非常有用的《移动营销规范》(*Wireless Marketing Compliance*) 图表，有助于弄清这些规定和条款。详情查看 www.dmaresponsibility.org/wirelesschart/。

自动语音服务

有关自动语音服务的规定十分繁复也十分重要。美国联邦贸易委员会（FTC）和联邦通信委员会（FCC）各自出台了一系列相关规定，美国一半以上的州有自己的规定，在有些情况下联邦法律和州法律的规定存在冲突。当联邦法律和州法律发生冲突，你应该何去何从呢？对此，你需要做出最佳抉择。

美国有些州的法律规定很有意思。例如，路易斯安那州规定在州定节假日不能进行电话营销，哪怕是在克里奥尔节（Creole Holiday）这种其他 49 个州可能都没听说过的节假日。这些法律法规变化得也很频繁，因此在开始营销前你需要向电话营销和自动语音服务方面的专业律师咨询。任何试图销售或增销的行为都是营销行为，甚至"打折提醒"和销售消费者新购产品的质保产品都包含在内，邀请客户购买额外产品和服务的增销行为也包含在内。接下来的部分，我们将向你介绍在开展语音服务前应该了解的重要法规。

明示同意

美国联邦贸易委员会的法规划分了不同类别。对于营销电话，FTC 要求获得明示同意，即要求消费者签名（电子的或液体的）同意接受营销电话。

主叫介绍

FTC 出台的法规要求主叫即时介绍自己的身份、为什么拨打这通电话以及如何拒绝这种电话。

即时拒绝

所谓即时拒绝，是指消费者可以一键拒接营销电话。营销者必须允许消费者即时拒绝，不得有任何问题或延误。

免费回拨

如果营销者拨打的电话被转接到了自动应答，那么营销者必须提供一个号码供消费者免费回拨。

主叫号码显示

有些技术可以变更你的主叫号码显示，但是在使用互动式语音应答系统（IVR）进行营销（即使用互动式语音应答系统拨打电话，然后引导被叫方按照自动提示操作）时，采用这种做法是违法的。

拒接

如果某个消费者选择拒接营销电话，那么就不能再次拨打，除非消费者又主动选择了接受。这不仅是礼貌问题，也是法律规定。

信息长度

尽管法律不限制信息的长度，但还是尽量简短为好。根据我们的观察，自动应答机上超过 45 秒的内容一般都会被删除，实时通话中消费者听到的内容超过 20 秒时一般会挂断。

拒接登记

2003 年 10 月，美国开始了拒接管理，不想接到营销电话的消费者可以进行拒接登记。在新的明示同意法规下，提前录好的 IVR 营销电话只能打给那些选择了接受的消费者，除非他们选择接受是在登记拒接之前。换句话说，如果一个消费者在登记拒接后又明示同意接受你的电话，那么你还是可以打给他。

罚款

在本书写作时，每个违反联邦法律的电话将被罚款 16 000 美元。如果你拨打了 100 万个违法电话，你就会面临 160 亿美元的罚款！所以，一定要小心。

有一种语音服务是向消费者提供实用信息而非营销信息，这种服务被称为信息服务。这类信息包括航班延误信息、药品补充提醒、降雪提醒等。但是，在信息服务中加入任何营销内容（如"补充购药可获得 5% 杂货类商品折扣"）都会使这通电话的性质变成营销电话。信息服务类电话和营销电话要遵守的法规基本相同，只是信息服务类电话不需要获得明示同意。

根据美联邦法律，你只能向那些已经和你建立商业关系的客户（EBR）拨打信息服务类电话。美国各州的法律可能不同，你最好确认一下。一般来说，EBR 的定义是在 18 个月内购买过你的商品的客户。对这种客户拨打信息服务类电话不需要获得明示同意，不过你若能获得明示同意总是有备无患的。

保护儿童隐私

儿童（13 岁及以下）也会使用手机，向他们进行营销时必须非常小心。美国 1998 年出台的《儿童网络隐私保护法》（*Children's Online Privacy Protection Act*, COPPA）明确给出了有关向儿童进行营销的规定。该法案明确规定了你何时可以向儿童营销、如何向儿童营销，以及收集儿童个人信息和获取家长同意的相关条款。

除《儿童网络隐私保护法》外，要注意移动营销协会制定的《消费者实践规范》中运营商普适标准（Cross Carrier Standards）部分，该部分详细说明了向儿童进行移动营销的业内惯例。

波多黎各修订抽奖管理法案

2009 年 11 月，波多黎各率先通过了一项法案，明确规定标准短信费不属于运气类游戏的"对价"。这意味着在波多黎各，你可以主办一个运气类游戏活动，以短信为唯一的参与渠道，而不必提供另一种免费参与渠道。

遵守抽奖法规

在营销项目中利用抽奖游戏争取消费者同意、获得信息和邀请消费者参与是一项非常有效的手段。不过你的抽奖游戏和内容必须严格遵守相关法规，否则你将面临罚款，甚至牢狱之灾。

抽奖法规中的一项规定就是不能要求他人给付对价换取参加游戏的机会。对价（consideration）是一个法律术语，指的是为了获取某项权利而付出的代价。如果消费者需要为参与抽奖而给付对价，那么游戏的性质就变成了彩票，而政府以外的主体发行彩票是非法的。这就是为什么抽奖广告总是会提示"无需购买"。即便参加抽奖的首要途径是购买产品，也一定会设置让不想购买产品的人参与的其他途径。

通过移动渠道开展抽奖游戏面临一个很有意思的对价问题。例如，你举办了一项抽奖活动，消费者可以发送"参加"到公共短码 77493 来查看他们是否中奖，然而对于大部分人来说发送短信需要付费（10~20 美分，运营商不同价格会有所不同），因此你还要提供一种可以免费参与的方式。

尽管对于抽奖活动中的短信费用是否构成对价还存在争议，增值短信（PSMS）费用却无可争议地构成对价。因此，若参加你的项目需要消费者花费增值短信费，你就一定要提供另外一种参与方式。

由于有关移动营销对价的法律法规会存在冲突，因此你最好咨询律师，以确认你的抽奖活动是合法的。例如，有些管理者认为短信参与构成对价，而信件参与则不构成对价。这样算来 20 美分的短信不是免费的，44 美分的信封邮票却成了免费的。因此在计划开展抽奖活动时，一定不要想当然。

遵守外国法规

移动营销是全球化的。事实上，美国以外地区的手机普及率比美国更高，尤其是在那些宽带互联网基础设施不完备的国家。尽管移动营销协会的规范全球适用，但每个国家还是有自己的法律法规和文化传统。例如，欧盟 2002/58/EC 号指令明确禁止垃圾信息，其他地区性指令和行业规范也有类似禁令。

每项指令对于垃圾信息的定义不尽相同。一般来说，发送广告短信需要提前获取手机用户的明确同意，而发送广告电子邮件则不需要，只要你写明拒收方式就可以。

不要假定某一套法规适用于所有领域。手机、电子邮件和语音营销的法规可能相同也可能不同，因此在开始某个项目前，你一定要详细确认。

第 2 部分

直接移动营销活动

让一切变得更简单！

所谓直接移动营销活动，就是直接将信息发送给消费者，包括短信、彩信和电子邮件。在向移动设备发送信息时，首先，要考虑移动设备的功能以及用户阅读信息时所处的情境；其次，要考虑一些更加技术性的问题，例如，如何让运营商批准你发送信息。

第 4 章，教你如何获取公共短码、让运营商批准你的项目，从而为短信营销做好准备。

第 5 章，帮助你执行普通的短信营销项目，包括获取许可、发送提醒、发放短信优惠券等。

第 6 章，告诉你如何使用彩信服务，在信息中添加图片、声音、动画等多媒体文件。

第 7 章，帮助你针对移动设备开展电子邮件营销，向你展示如何针对移动设备的屏幕调整电子邮件的格式，以及如何通过移动渠道收集邮箱地址。

第 4 章　短信营销项目的准备

本章要点

▶　获取短信营销项目批准

▶　获得和使用公共短码

▶　建立短信平台和数据库

▶　选择应用程序服务商

短信也称短消息（SMS），用途十分广泛，几乎可以到达世界上任意一款手机。约95%的手机都支持短信功能。一条短信中可以包含160个英文字符[①]，能够在手机上收发。字符包含字母（大写和小写）、数字、符号（如1、2、3、4、！、@、#、$等）和空格。短消息可以在手机、支持短消息功能的设备、电子显示屏（如体育馆或会场的超大屏幕）、博客、Facebook、Twitter等社交网络之间收发。

短信不仅是一个人际沟通的渠道，也是移动营销的基石。你可以利用短信发送信息、新闻、天气，发起投票和调查，吸引消费者参与促销和抽奖，招募志愿者，发送优惠券和客服提醒等。

---

① 国内短信限制为 70 个汉字，140 个字节。——译者注

本章将介绍如何组织短信营销项目、需要哪些准备工作，以及如何选择短信项目的合作伙伴、建立数据库，如何注册公共短码、制作用户流程、让运营商批准你的短信营销项目等。如果你已经做好了建立短信平台的准备工作，可以直接翻到第 5 章阅读，第 5 章将介绍如何开展典型的短信营销。

短信营销基础

开展短信营销需要做的准备工作可能比你想象的要多。开始短信营销前，你需要准备好以下事项。

- 一份营销计划，指导你应该向消费者发送哪些短信内容。更多有关营销计划的内容参见第 2 章。
- 一个短信程序平台，管理你和手机用户之间的短信互动。
- 一个公共短码，即一个简短的电话号码，用来发送营销短信（参见本章"公共短码"部分）。
- 一份运营商批准你进行短信营销的"证明"。在美国，所有短信营销项目都必须经过移动运营商批准。这项要求有些国家有，而有些国家没有，具体要求可咨询当地应用程序服务商。
- 一个推广短信项目的营销活动。只有在消费者同意接收营销短信后，你才能向他们发送短信，而要让消费者知晓你的短信项目，就必须通过各种营销渠道向他们推广。

本部分将介绍如何制订短信营销计划和短信流程，从而为搭建短信平台打好基础。本章后半部分还将介绍如何为短信平台添加其他元素。

短信流程

每一个短信营销项目都有一个具体的短信流程，要获得运营商批准、最大限度利用程序服务商提供给你的平台，就必须了解短信流程。

短信流程涉及以下四方面：

✔ 用户发送短信（MO），就是消费者（手机用户）主动发送的短信；

✔ 程序接收短信（AT），就是移动营销程序接收并处理的短信；

✔ 程序发送短信（AO），就是移动营销程序主动发送给消费者（手机用户）的短信；

✔ 用户接收短信（MT），就是消费者（手机用户）收到的短信。

图 4-1 展示了短信如何在营销者和手机用户之间流动。短信可以从消费者（用户发送短信）通过移动运营商网络流向应用程序平台（程序接收短信），然后回流向消费者（程序发送短信响应用户发送短信）。

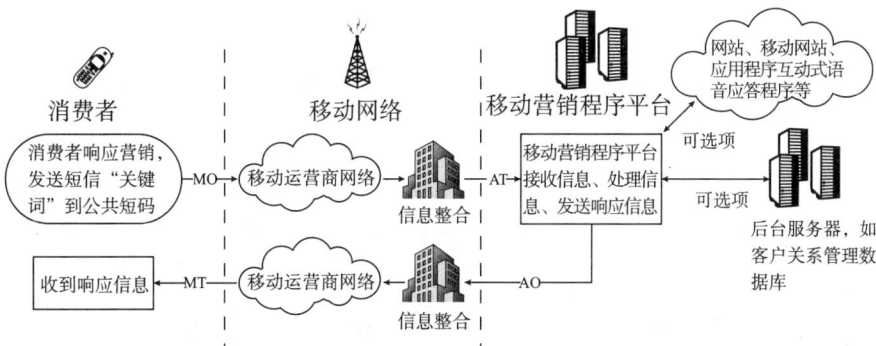

图 4-1
短信流
动网

万亿短信

《美国偶像》（*American Idol*）、《幸存者》（*Survivor*）、《一掷千金》（*Deal or No Deal*）等美国电视节目鼓励观众发送短信投票或赢取奖励，让短信流行起来。2010 年 1 月海地地震后，短信更是发挥了重要作用。美国红十字会等慈善机构通过电视等渠道推广短信慈善活动。例如，观众可以发送"海地"到一个公共短码，支付正常短信和数据流量费，向海地震后重建捐献 10 美元。七天之内，美国红十字会和其他慈善机构通过增值短信小额捐款共为海地募集了 4000 万美元（参见第 13 章）。

这些活动让短信成为一种流行媒介。美国每

天的短信发送量达数十亿。事实上，短信已经成为首要移动交流媒介。2010 年 3 月，蜂窝技术行业协会（Cellular Technology Industry Association，www.ctia.org）的报告指出，美国手机用户每月要收发近 1527 亿短信，也就是说每天的短信收发量超过 50 亿条！根据尼尔森的数据，2009 年底，消费者平均每进行 180 分钟的语音通话就要发送 584 条短信。越来越多的消费者开始接受传统媒体和新媒体推广的短信项目。

2010 年，全世界消费者收发短信量达 5.5 万亿条。

绘制用户流程图

制订短信营销计划最重要的工作之一就是绘制用户流程图，尽量全面地描绘用户如何参与你的营销活动。用户流程图之所以很重要，主要有以下两个原因。

- ✔ **用户流程图可以帮助你设计和执行营销项目。**首先，提前做好计划比事后补救更能省钱省时间。其次，一份详细的用户流程图能够阐明用户和你互动过程中不清晰的地方。最后，用户流程图还能帮你简化营销团队内部交流以及和合作伙伴、供应商之间的交流。

- ✔ **用户流程图是项目获批的必备材料。**在向运营商申请批准项目时，你必须向你的移动营销程序服务商或渠道整合者提交你的用户流程图。移动运营商会根据用户流程图测试你的项目。如果项目能够按照用户流程图顺利运行，运营商会批准项目，否则运营商就会拒绝。另外，运营商在项目上线后的审查中也会用到你所提交的用户流程图，检查实际项目运行是否符合审批时的标准。

规划短信流程的最佳办法就是借助用户流程图，如图 4-2 所示。

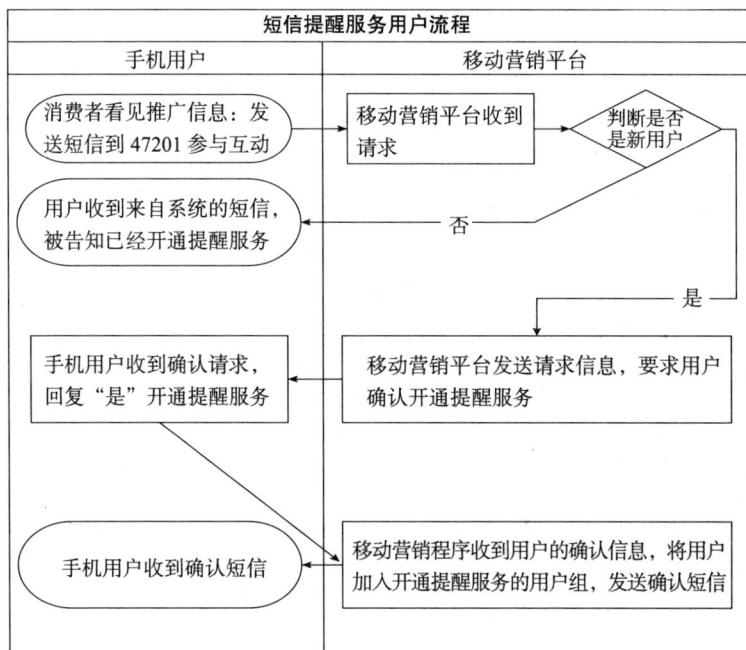

图 4-2
采用标准
流程绘制
的用户流
程图

用户流程图是描绘用户流程的图表，能够详细展示手机用户和你的移动营销项目之间可能发生的各种互动。

用户流程图一般使用 Microsoft Word、Excel、PowerPoint、Visio 等文字处理软件绘制。有些人采用标准流程图格式，也有人采用手机图形来形象化表示。图 4-2 展示的是一个采用标准流程绘制的用户流程图，图 4-3 展示的是采用手机图形绘制的用户流程图。具体采用哪种流程图，取决于哪种流程图的绘制格式能够更完美地展现出你和用户之间的所有互动。

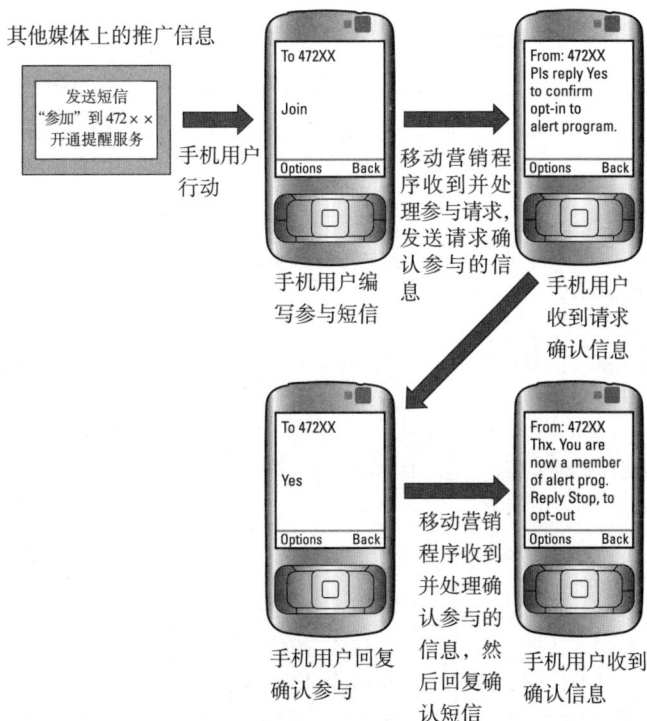

图 4-3
采用手机图形绘制的用户流程图

一般情况下，你的应用程序服务商或渠道整合者会提供设计好的用户流程图，有些是通用的，有些则比较特殊。比起从零开始，不如向你的服务商索要一些案例，然后在此基础上做出修改。

要为移动营销项目绘制一张流程图，可以从应用程序服务商提供的用户流程图入手，预想好用户和你互动时的各种情境和可能，把这些预想写下来，然后依照以下步骤绘制。

步骤 1: 绘制最理想的图景。

首先，你要想象在最理想的情况下会发生什么；对于消费者来说怎样才是最完美的体验；在最理想的情况下，消费者同意参与的流程以及下载内容的体验应该是什么样的。

步骤 2: 列出消费者同意参与的流程。

列出消费者同意参与项目所必须采取的步骤。对于不向消费者收取增值费用的项目来说，只要从消费者那里获取一次许可就够了。

如果你要持续和手机用户互动，或者准备向他们收取增值费用，根据行业规范，你要从用户那里获取两次许可，这意味着你要让用户发送两次确认信息，还要允许用户在第一次同意参与后确认自己的权益。因此，在你的用户流程图中也要包含这方面的内容，如图 4-4 所示。更多关于用户许可管理的内容，参见第 5 章。更多行业规范参见第 3 章。

图 4-4
两次获取
用户许可
的流程

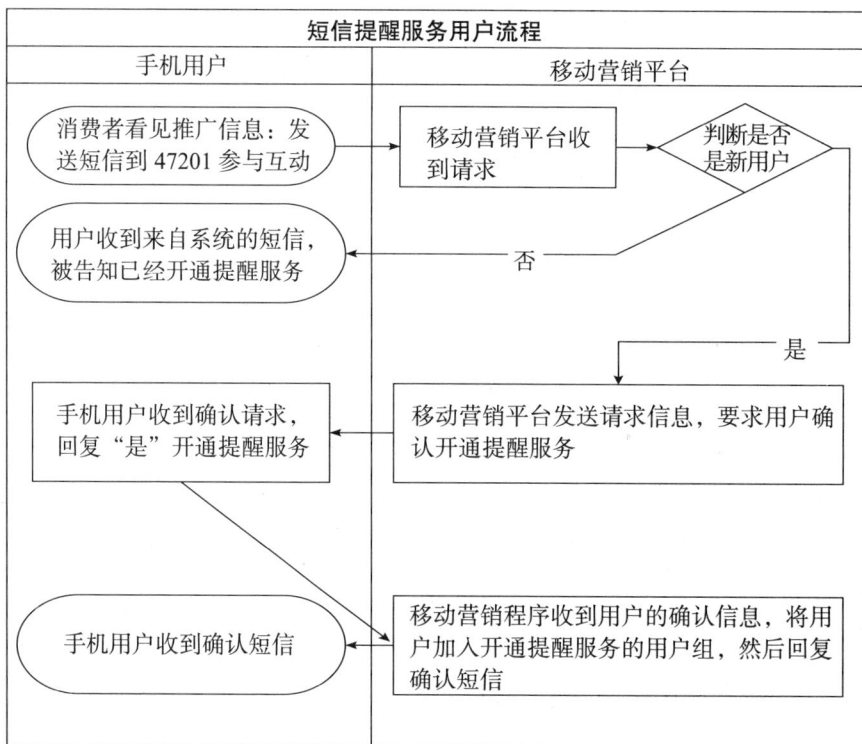

短信提醒服务用户流程

手机用户	移动营销平台

消费者看见推广信息：发送短信到 47201 参与互动

移动营销平台收到请求

判断是否是新用户

用户收到来自系统的短信，被告知已经开通提醒服务

否

是

手机用户收到确认请求，回复"是"开通提醒服务

移动营销平台发送请求信息，要求用户确认开通提醒服务

手机用户收到确认短信

移动营销程序收到用户的确认信息，将用户加入开通提醒服务的用户组，然后回复确认短信

除了标准的短信流程外，你还可以在流程图中添加一些常见的可选流程，这些流程并非适用于所有移动营销活动。

✔ **年龄认证**。在让消费者同意参与的流程中，你可以加入一条年龄认证，即要求手机用户回复出生日期才可以进行下一步操作。如果你推广的内容不适宜儿童浏览，那么就要收集用户的生日信息。图 4-5 展示了一条典型的年龄认证信息，如果你打算发送某些不适宜某个年龄层的内容，那么就要在流程图中加入年龄认证流程。

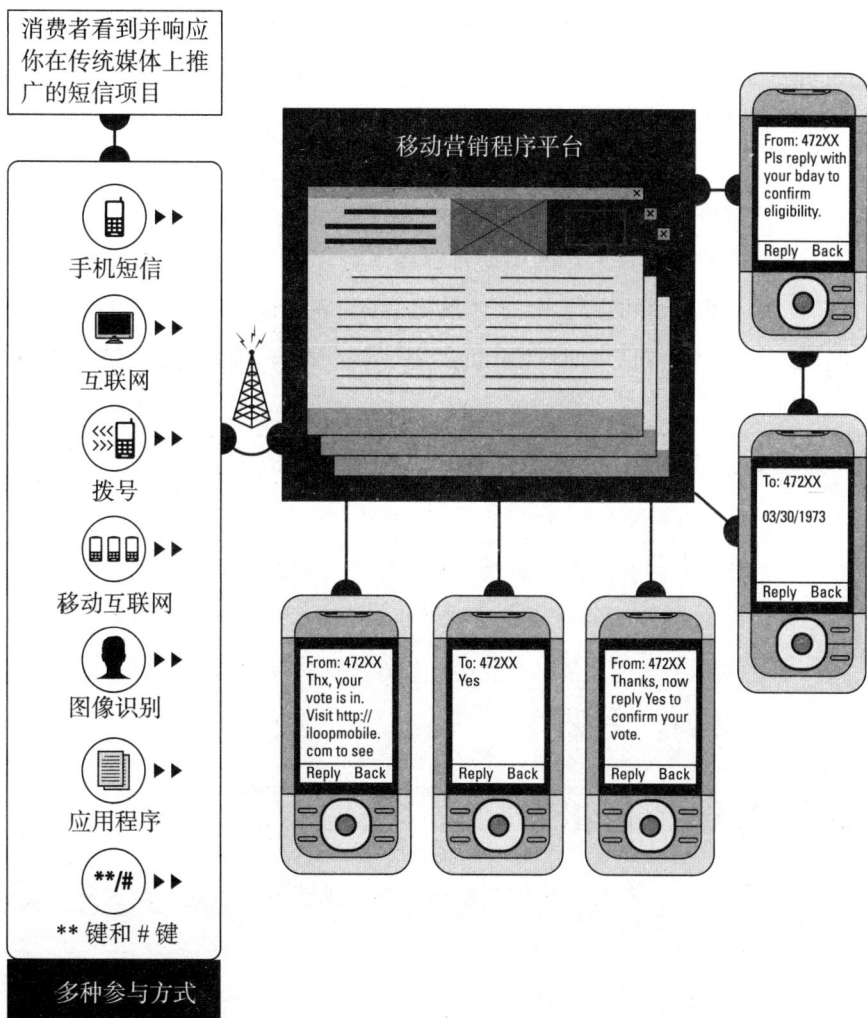

图 4-5
在流程图中加入年龄认证流程示例

✔ **即时奖励。** 有时你要奖励参与者一些积分、免费内容、优惠券等，以此作为激励措施。例如，你可以设置移动营销程序，对每三个参与者奖励一次，或者设置为三分之一的参与者可以中奖。你可以咨询程序服务商如何在系统中设置这一流程。

✔ **抽取大奖。** 抽取大奖指在活动结束后从所有参加者中抽取获奖者。你可以设置移动营销程序，在活动结束后自动抽取某一数额的中奖者，也可以根据一定的条件从参加者名单中手动抽取。

你要确保你制定的规则符合国家法律和地方法规。

✔ **优惠券。** 优惠券是刺激消费者参与移动营销项目的好方法。你可以在用户流程中的任何一条短信内加入优惠券，鼓励用户继续参与你的项目，刺激他们购买你的产品。

不管是移动营销程序生成的优惠券，还是你自己添加到程序里的优惠券，都可以附在短信后或者插入短信中发送。

✔ **个性化。** 如果你的移动营销程序结合了内部或外部的客户关系管理（CRM）系统，就可以利用 CRM 系统中的资料让你发送给客户的短信更加个性化。你可以在短信中加入客户的名字，如 "Mike，您好。请回复'是'确认"。

除了预想客户和你互动最理想的情况外，你还要考虑最糟糕的情况和极端情况。试着考虑你的项目中任何可能出错的地方，考虑最极端的可能，然后在你的用户流程图中加入这些情况。

计划好在和用户互动的过程中遇到问题时，你要如何应对。例如，你的潜在客户只说法语不说中文怎么办？手机用户发送参与信息时回复的是 "Qui"[②] 而不是 "是" 怎么办？要应对这种情况，你就要设置移动营销程序接受 "oui、si、yup、ok、yse、yes、y" 等各种形式的 "是"。

获取短信营销项目批准

在美国，所有的短信营销项目都必须获得移动运营商的预批或认证（不同国

---

② 法语 "是" 的意思。——译者注

家情况不同，相关认证要求请咨询当地应用程序服务商）。运营商之所以要求项目必须经过认证，是为了对运营商网络中的短信流量负责，同时也是为了确保他们的客户能够享受高质量的服务。另外，运营商还要确保如果客户投诉了某个项目，他们能够查到这个项目的责任人，并将客户转接到责任人那里。

本部分将告诉你需要向运营商提交哪些信息，以及如何顺利获批。

第一次申请公共短码和项目认证

如果你是第一次开展短信营销，那么需要让运营商批准你的短信流、激活你的公共短码（CSC）；如果你以前开展过短信营销并且已经拥有一个有效的公共短码，那么就只需要让运营商批准新增的短信流。

激活公共短码、申请运营商批准的流程很简单，但是需要时间，在提交完整的项目申请表（见图 4-6）后需要约 8~12 周的时间。不过，现在渠道整合者一般使用在线工具而非表格。除非你有自己的应用程序并且直接和渠道整合者签约，否则你不需要自行填表，你的应用程序服务商会向你索取必要的信息，帮你使用渠道整合者的工具填完所有表格。

图 4-6
项目申请
表示例

你不能直接把项目申请表交给运营商，应该把必要的信息提交给你的应用程序服务商，让他们帮你完成表格并提交给渠道整合者，然后再由渠道整合者与各个运营商沟通，让你的项目获批。这个过程包含很多步骤，因此最好提前确认你提交的信息是完整、准确的，否则你要将整个过程重来一遍才能修改错误。

你要向应用程序服务商提供以下信息，然后由他们完成申请表并提交给渠道整合者。

- **联系方式**：你留给应用程序服务商的第一联系方式。
- **公共短码所有人**：确定谁是公共短码的所有人——是你还是应用程序服务商（更多有关公共短码的内容参见下一节）。
- **公共短码类型**：确定你要使用随机短码还是自选短码（更多有关随机短码和自选短码的内容参见本章"选择公共短码类型"部分）。
- **计费**：确定你采用标准短信计费还是增值短信计费。
- **公共短码来源**：确定你的公共短码是新的还是从另一家应用程序服务商那里转租的。
- **项目时长**：你的项目将持续多久（几个月还是长期项目）。
- **项目类型**：你的项目类型是提醒、优惠券、调查／投票、抽奖还是其他。
- **公共短码将在哪些运营商网络上运营**：我们建议你填写所有运营商。填写所有运营商并不比挑选填写几个运营商费用高，况且还更加省事。
- **项目细节**：包括项目目的、目标、运行时间、推广方式、预期带来多少流量以及用户流程等。
- **试运行**：在申请批准前，项目的方方面面都必须准备好（所有用户流程、项目支持以及营销材料等），以便于运营商完整测试你的项目。

再认证和更新

利用公共短码进行的每一个用户流程和活动都必须获得批准。只要当前用户流程有变，或者你想增加新互动（新流程），就要重新申请认证。再认证需要的材料和第一次认证相同，不过花费的时间比较短，通常只需 6~12 个星期。这里所说的是在美国花费的时间，不同国家有所不同。

项目审查

美国运营商经常审查网络上的各种短信流量，将实际情况与营销者申请项目认证时填写的信息做对比。一旦运营商发现你实际运营的项目与获批项目不符，他们就会标记你的项目违规，然后通知你，给你一段时间整改。如果你不整改，运营商就会关停你的公共短码，是暂时关停还是永久关停试情节轻重而定。

很多项目问题都很容易整改，运营商也会比较宽容。例如，如果你的短信语言表述有问题，你只要改几个字就可以了。当然，诈骗、泄密以及任何非法传播黄色内容、与烟酒相关内容的短信，都会导致你的公共短码被立即关停。更多有关短信营销法律法规的内容参见第 3 章。

公共短码

对于短信营销来说，公共短码就是一切。在美国，所有营销短信（以移动营销为目的的短信）必须通过公共短码发送。

公共短码就是简短（5 位或 6 位）的电话号码，它可以被用来向移动运营商网络中的任何号码发送营销短信或多媒体信息，相关示例如图 4-7 所示。

公共短码

图 4-7
公共短码
示例

公共短码十分关键，因为几乎所有有效的移动营销都会以某一种或几种形式利用短信。

公共短码是移动营销的强大工具，它具备以下特性。

- **双向流通：** 公共短码既可以是发信方也可以是收信方，使用公共短码，短信可以在你和用户之间双向流通。
- **兼容于不同运营商：** 公共短码只需要在一家运营商网络中激活，就可以在美

国各大运营商网络中使用，营销者借此可以到达全美超过 2.35 亿的手机用户。

和世界通用的互联网域名不同，公共短码只在一国内有效。在你想要进行移动营销的每一个国家，你都要单独租赁一个公共短码（继续阅读本章"获取公共短码"部分）。

✔ **计费功能**：你可以采用增值短信，对参与你的营销项目的人收费（更多有关增值短信的内容参见第 13 章）。

✔ **便于获取用户同意**：公共短码是让用户同意参与移动营销项目的首要工具。

✔ **用途广泛**：公共短码可用于各种营销项目和服务。

以下内容将教你如何为短信营销项目获取公共短码。第 5 章将教你如何运营这些项目。

你可能听说过长码和简单邮件传输协议（SMTP），但我们强烈建议你不要使用它们进行短信营销。长码是指数字在 10 位以上的电话号码。将手机调制解调器连接到电脑等设备上向另一个手机号码发送短信从技术上来说是可行的，但从商业的角度考虑，这种办法并不合算。用这种办法可以发送的短信量小（约几百条），并且也违反了移动营销协会的《消费者实践规范》等行业规范。SMTP 短信就是指以电子邮件地址发送短信，这种短信一般从电脑或类似平台发出。和长码一样，SMTP 短信在技术上是可能的，但是在容量和传输可靠性上不稳定，这种行为同样不符合行业规范。

获取公共短码

获取公共短码的方式有以下两种。

✔ **直接租用**：当你想要开展多个不同的营销项目时，为了减少限制，你可以选择这种方式。

✔ **租用他人已有的公共短码**：当你预算有限或者开展的是简单的小型项目时，你可以选择这种方式。

你可以从以下公共短码管理机构直接租用自己专用的公共短码。

✔ **美国**：公共短码管理局（www.usshortcodes.com），如图 4-8 所示。

图 4-8
美国公共短码管理局提供的公共短码租用服务

✔ **加拿大**：加拿大无线通信协会公共短码管理局（www.txt.ca/）。

✔ **拉丁美洲**：代码管理局（www.latinshortcodes.com）。

✔ **英国**：英国移动网络运营联合会。

✔ **法国**：SMS+（www.smsplus.org/index.php）。

在其他国家租用公共短码，需要通过应用程序服务商或当地渠道整合者办理，有问题可以向他们咨询。

租用公共短码的程序非常简单。以下是在美国的操作步骤，每次操作可能有细微差别。

1. **访问公共短码管理局网站。**

2. **点击"创建账户"，填写表格（用户名、密码、地址等），完成注册。**

如果你是营销者（不是应用程序服务商），在表格的下拉菜单中选择身份"内容提供商"，点击"创建账户"。

3. **注册好账号后你就可以登录了。登录后，点击"申请新公共短码"（在左侧），然后填写表格，最后点击"提交"。**

如果你让应用程序服务商帮你完成以上操作，那么一定要让其在"内容提供商"一栏中填上你的联系方式。这样若以后你和应用程序服务商解除合作，公共短码就会归你所有。另外，你要决定公共短码的租期是 3 个月、6 个月还是 12 个月，还要决定公共短码的类型（随机还是自选，相关解释参见下一小项）。

4. 阅读使用条款后点击"同意"。

5. 同意使用条款后，网站会提示你付款。

如果你不立即付款，公共短码管理局会保留你申请的公共短码 60 天。若 60 天后仍未付款，你申请的公共短码就会重新进入可选行列。

租用公共短码只是第一步。租来公共短码后，你还要在移动运营商网络中激活它，并且向渠道整合者反馈，让他们帮你把公共短码绑定在你的移动营销程序上。在完成这些操作后，所有发送到该公共短码上的短信都会经由运营商发送给你的渠道整合者，你的渠道整合者又会把这些信息发送到程序服务商的短信平台（这个过程是运营商批准过程，在本章前面"获取短信营销项目批准"部分有详细介绍）。

租用自己专用的公共短码费用约为每月 500~1000 美元，而要让一个新公共短码获批需要很长时间。考虑到费用和时间问题，如果你不准备租用自己专用的公共短码，你可以向应用程序服务商或渠道整合者租用公共短码。

很多国家没有集中管理公共短码的机构，你只能从他人那里租用已有的公共短码。尽管这种方式更快捷、更便宜，但采用这种方式还是要谨慎。如果你和应用程序服务商关系破裂，应用程序服务商手握公共短码，就掌握了你的所有客户。另外，如果应用程序服务商没有及时支付公共短码租金或者在你和他人共享的公共短码上出现了违法内容，该公共短码就可能被停用，你的项目也会一起被关停。因此，如果你开展的不是一次性的营销项目，那么我们建议你花钱租一个自己专用的公共短码。

选择公共短码类型

租用公共短码时，你还要选择公共短码的类型。以下是公共短码的类型和选择建议。

✔ **随机短码和自选短码。**

- **随机短码**。由短码管理机构随机生成后分配给租用者。
- **自选短码**。短码管理机构允许租用者自行选择数字。例如，选择 46445 可以拼出 googl。有的公司会选择好记的短码，如 77777；有的公司则会选择和品牌相关的短码，如 57238=kraft。

✔ **5 位短码和 6 位短码**。你要选择公共短码由 5 位数字还是 6 位数字组成。在美国，5 位短码可能是随机的也可能是自选的，而 6 位短码都是自选定制的。

有时你可能会看到 4 位短码，这种短码一般都是保留给无线运营商使用的。大于 6 位的就被叫作长码，长码主要用于跨国项目。

专用还是共用

你可以使用一个公共短码同时运营多个移动营销项目，也可以在一段时间内只用一个公共短码运营一个项目。当一个公共短码同时运营多个项目时，这个短码就是共用的。当一段时间内一个公共短码只运营一个项目时，这个短码就是专用的。

在短码术语中，专用和共用与谁拥有或租用该短码无关，这两个词只被用来描述公共短码的使用方式。因此，你可以专用自己的短码，或者从他人那里租用一个专用的短码；也可以共用你自己的短码，或者从他人那里租用一个共用的短码。

专用短码和共用短码各有利弊，如表 4-1 所示。

表 4-1　共用短码和专用短码的利弊

模式	优点	缺点
共用	多个项目共用一个短码可以降低每个项目的成本	短信中必须加入关键词来区分不同项目
		用户流程和说明会变得较为复杂
		一个小问题可能导致短码上的所有项目关停
专用	终端用户的任务流程比较简单	成本高
	终端用户不用在短信中加入关键词来区分不同项目	
	在项目策略上更加灵活	每个项目的数据都是独立的，难以共享
	总结报告比较简单	

选择共用模式还是专用模式不是板上钉钉的事。在合理的公共短码策略中，公共短码在某一时间段内可以是专用的，在另一时间段内又可以是共用的。具体细节可咨询应用程序服务商或渠道整合者。

选择短信程序平台

短信营销的核心是短信程序（也称为短信平台）。获得一个短信平台使用权的方式有以下三种。

- ✔ **代理机构**：找一家营销代理，他们会帮你解决所有问题。
- ✔ **自主开发**：自己出资、开发、维护自己的短信平台（这种做法费用很高，风险也很高，原因在于这方面的技术和行业标准变化很快）。
- ✔ **租用平台**：你可以租用一个移动营销平台，然后自己使用或者交给平台服务商代为管理。

不管采用哪种方式，你都要了解短信平台是如何运作的，它能够做什么、不能做什么。这样，不管你是租用平台、自主开发还是委托代理机构，你都知道应该要求些什么、考虑哪些特性以及如何评价合作伙伴的工作。本部分主要介绍短信程序平台的性能，不管采用哪种方式你都应该对此有所了解。

如何自主开发短信平台不在本书的内容范围之内。如果你要自主开发，你得先找一个风险投资人，创建你自己的移动营销公司。

短信程序平台的性能

短信程序平台管理着你和客户之间的所有互动。不管你的短信营销内容是什么，短信平台都具有以下三种功能。

- ✔ 连接应用程序和移动运营商网络。这项工作通常由渠道整合者完成，但有时应用程序服务商和移动运营商之间也会有一条或几条直连的渠道。
- ✔ 为你提供一个可以联网的管理界面，便于你管理所有短信营销活动、公共短码、关键词和报告。由应用程序提供模板等管理工具的示例如图4-9所示。
- ✔ 配备一个数据库，储存你和客户通过短信进行的所有互动（数据包括时间、项目类型和客户反应）。同时配有应用程序界面，方便你获取（手动、定期或实时）客户事务数据，并将其导出到第三方数据库（如客户关系管理系统）。

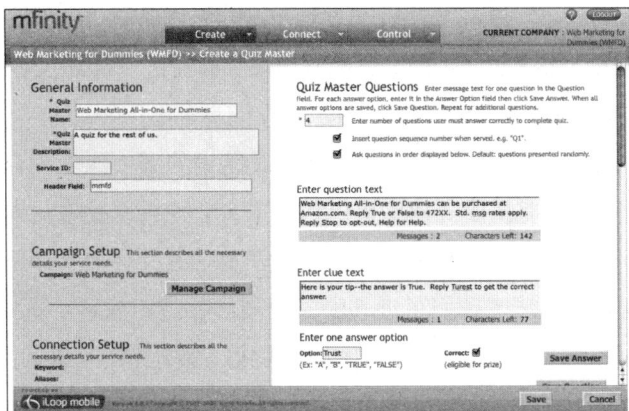

图 4-9
由应用程
序提供模
板等管理
工具示例

此外，短信程序服务商还会提供以下服务。

- ✔ **平台培训**：只要你想学，程序服务商可以教你如何使用他们的平台。
- ✔ **公共短码注册服务**：他们会帮你租用、激活公共短码，并取得运营商的批准。
- ✔ **项目获批**：他们会帮你获得运营商的批准、明确复杂的行业规范以及应对运营商的审查。
- ✔ **项目咨询**：尽管大部分一流的技术开发公司都不提供项目咨询（可以找代理机构咨询），但他们还是可以就哪种类型的项目最适合你向客户传递价值、达成公司目标等给出一些建议。

选择短信程序服务商

大量专业程序服务商都在开发和维护短信平台。在寻找程序服务商时，你要考虑以下问题。

- ✔ **经验**。服务商有没有和移动营销行业合作的经验？问问他们以前做过哪些项目，但不要轻信。很多服务商都宣称和可口可乐、宝洁之类的大品牌合作过，对此你要调查清楚。
- ✔ **行业地位**。确保你找的服务商是移动营销协会的会员，或者至少遵循移动营销协会的规范和标准。问清楚他们是否是某一家相关行业协会的会员，如直销公司是否是直销协会的会员，互联网广告公司是否是互动广告局的会员，零售商是否是 Shop.org 的会员，出版商是否是在线出版协会（Online Publishers Association）的会员等。如果服务商是一家或多家行业组织的会员，就意味着这家服务商在不断学习、适应行业变化。

- **专业领域**。了解你找的服务商主攻移动营销的哪一部分。有些服务商只提供短信服务，而有些服务商则提供包括平台、分析、战略、创意、执行在内的全套移动营销方案。如果服务商代表表示以上所有领域都是他们的专长，你就要进一步问清楚他们最近和哪家公司合作过、收购了哪家公司等。总之，如果某家公司说他们在所有领域都是专家，那么你一定要持怀疑态度。

- **能力**。服务商有能力完成你的要求吗？为了满足你的某项特殊需求他们是否还要现学现卖？如果他们马上就能做到，那么就可以立即向你展示。

- **短信平台的吞吐量**。询问服务商的短信平台每秒／每小时最大吞吐量是多少。假如你是一个成功的全国性品牌，要在全国性电视台做广告，你的短信平台每小时的吞吐量至少要能达到数百万条。即便你是一家小公司，你还是可能面临容量问题，因为一家服务商的短信平台上可能同时有上千家小公司的短信在运转。不要羞于提问，你要勇敢地向服务商询问他们的吞吐量，要求查看他们的报告，让服务商证明他们有足够的容量处理你的短信流量。另外，不要只问总容量，也要问问他们的流量峰值。让他们演示一下在一个时间段内最高短信吞吐量是多少，而不仅仅只告诉你平均值。

- **应急预案**。询问服务商是否有应急预案。例如，如果他们的数据中心（服务器）断电了或者服务器／数据库出错了，他们准备怎么办？在这种情况下需要多久才能修复？一流的程序服务商通常都有备用的数据中心，在几分钟内就能恢复正常运转并且不会丢失数据。如果你找的是三流的程序服务商，那么你的项目很可能只是在一台普通的计算机上运行，你可能面临丢失所有数据、项目长时间瘫痪的风险。

- **价格**。价格是你最后应考虑的问题。你要记住一分钱一分货的道理。如果你只愿意为短信平台付很少的钱，那么就不要指望获得更多的服务和支持。

随着短信营销的流行，专攻小众市场的程序服务商和致力于多功能平台的程序服务商都涌现出来。本书写作时，领先的短信程序服务商包括 iLoop Mobile、Hipcricket（www.hipcricket.com）、Waterfall Mobile、Vibes Media、Velti、2Ergo、

Telescope（www.telescope.tv）、Bookit（www.bookit.net）和 SMaSh（www.smashcode. com）。有很多小公司也很不错，如 mobileStorm、Cellit（www.cellit.com）和 Mobile Card Cast（www.mobilecardcast.com）。

更多有关短信程序服务商的内容，我们建议你联系移动营销协会，索要一份专业短信程序服务商名单。你还可以查看美国公共短码管理局网页上列出的合作伙伴或者直接在网络上搜索。

建立短信数据库

短信营销能够收集各种参与者的宝贵信息。一个简单的短信营销活动就能让你获得：

- 客户的手机号码；
- 客户所在的运营商网络；
- 客户的手机机型（如果客户点击了短信中的网页链接）；
- 客户的兴趣；
- 在活动中你直接向客户询问的信息。

你的数据库或程序服务商的数据库一定要能捕获并储存你收集到的所有数据，方便你用这些数据锁定目标客户、对客户采取进一步行动。短信数据库除了捕获和储存数据外，还要能够管理你的数据。

本部分将向你介绍如何捕获、储存、管理你在短信营销中收集到的数据。

请仔细阅读本部分。很多消费者都非常关心个人信息和隐私，因此你在使用数据时一定要小心，要确保遵守消费者隐私保护法律法规。另外，还要遵循我们在第 3 章中讨论过的移动营销行为准则。

客户画像

营销很重要的一方面就是完善客户资料，以便于锁定不同的目标人群。创建数据库时要确定该数据库能够容纳足够的信息，对每种目标人群作出画像。你可以结合不同来源的数据完善画像。

- **人口统计数据**：年龄、性别、种族／民族、宗教、婚姻状况、子女数量、教育程度、职业、收入、国籍以及居住地等。
- **心理数据**：生活方式／活动、态度、兴趣、购买动机、常用产品和服务。
- **偏好数据**：消费者希望你什么时间联系他、联系多少次、偏好的联系方式（短信、印刷媒介及电子邮件等）。
- **行为数据**：购买历史记录、挑选产品的标准、环境因素（位置、文化、家庭及媒介接触等）对其选择的影响、访问过的网站、点击过的广告和链接、与客服的互动等。
- **情境数据**：消费者所在位置、天气状况、股市情况等。
- **集合数据**：消费者在上千个地点的交易数据的集合。

在专业用语中，以上所有数据都被称为元数据（metadata）。如果数据库工程师问你"想捕获哪种元数据"，你可以回答他"我需要人口统计元数据，包括年龄、地域及心理数据等"。这种说法会显得你很专业。

综合所有数据，就能清晰地描绘出你的目标人群需要什么、想要什么、渴望什么。在这个基础上，你可以更好地为客户服务，向他们传递价值。

通过短信自动收集数据

当一位消费者发送短信同意加入你的活动，移动营销程序就会捕获他的**手机号码**。通过这个手机号码，你的应用程序服务商又可以捕获以下数据，供你更好地与手机用户互动，进行项目分析。

- **以前是否参加过你的其他项目**：你可以查看这个手机号码是否曾被用于参加其他项目。
- **无线运营商**：通过手机号码可以识别出用户使用的是哪家运营商网络。
- **大概位置**：通过手机号码的国家和地区编码，你可以大概估计用户的位置，包括国家、省份、城市及时区等。

    这种方法不能探测出用户的实时位置，也不能告诉你用户在某个时间点所处的位置，只能告诉你他的手机是在哪里注册的。

▶ **携号转网**：你可以查出这个号码是否曾从一个运营商网络转到另一个。[③]

▶ **技术信息**：你可以查看用户的手机是否支持二进制数据，如图片和视频。

通过短信人工收集数据

你可以要求活动参与者通过短信提交一些信息，包括人口统计数据、心理数据和偏好数据。例如，在让用户同意参与的过程中要求他提交生日信息。你只需要确定你的短信程序允许人工收集数据。通过人工收集数据，你的用户流程中必须加入一项——让参加者回复某一短信，将他的信息发送给你。例如，你可以发送这样一条短信："您的姓名是？请回复您的名字。"

访问你的移动营销数据

你可以通过移动营销程序数据库中的标准报告工具访问一些数据（如投票数、参与人数、退出人数、购买量、内容下载量以及移动网页浏览量等），满足基本的报告需要，相关示例如图 4-10 所示。

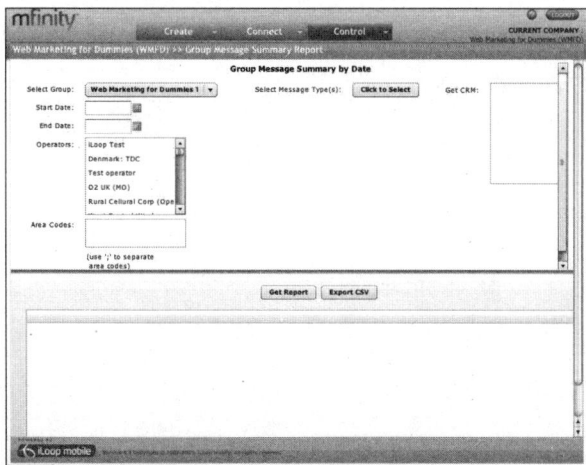

图 4-10
通过标准
报告工具
访问数据
示例

如果要进行更高层次的报告和数据分析、创建自己的营销数据库，你可以从程序服务商系统中导出你账号上的数据。

---

③　美国允许携号转网，中国目前不支持。——译者注

从移动营销程序中导出所有数据后，你可以把这些数据与你收集的其他客户个人数据或群体数据相结合。换句话说，你可以利用移动营销数据来完善你的客户个人画像或群体画像。

整合短信数据和客户关系管理数据

有时候，你可能需要整合移动营销数据和客户关系管理（CRM）数据，这样你就可以在整体的销售或营销框架下进一步开发移动营销数据。这个过程很简单，通常可以用以下三种方式完成。

- **人工操作**。你可以要求移动营销程序服务商给你一份报告（Excel 工作表格或 XML 数据结构），方便你人工整合移动营销数据和客户关系管理数据。
- **数据馈送**（data feed）。移动营销程序服务商向你开放 XML 数据源的访问权限，定期（如每天一次或五分钟一次）向你馈送数据，便于你定期将数据自动整合进客户关系管理数据库。
- **实时数据**。你可以要求移动营销程序服务商向你传送用户和系统互动的实时数据。例如，你可能想要即时了解哪些用户选择退出你的活动，从而及时调整你获取用户许可的策略。

第 5 章　短信营销项目的执行

本章要点

▶ 管理项目进出

▶ 发送信息和提醒

▶ 短信优惠券

▶ 投票、调查和其他活动

短信表面上是一项非常简单的服务项目。160 个字符能做什么？如果你这样想，那么就小看了短信的潜力。利用短信，你可以：

✔ 提高品牌和产品的认知度；

✔ 提高用户的忠诚度；

✔ 销售产品和服务；

✔ 告知和娱乐；

✔ 招募志愿者，建设社区；

✔ 引导用户前往你的门店或参加活动；

✔ 提供同步或异步的客户服务；

✔ 刺激社交媒体参与；

✔ 发送最后关头提醒和 VIP 优惠信息。

这些只是冰山一角，短信还有很多用途。

本章我们将重点介绍如何执行短信营销项目，包括促销、答题、投票、调查、提醒服务以及优惠券等。

在接下来的部分，我们将告诉你当消费者选择加入或退出你的项目时，应该如何应对；我们还将向你展示一些常见的短信营销项目，包括回复、答题、投票、调查、赠送以及提醒服务等。

阅读完本章，你就会对如何执行短信营销项目有一个简单的了解。

获取许可：选择加入

什么是选择加入（opt-in）和选择退出（opt-out）呢？选择加入就是用户采取一项步骤，同意你主动向他发送短信。选择退出就是用户采取一项步骤，告诉你他不想再收到你的短信。选择退出等于撤消同意。

有时候，移动营销中的互动是一次性的。例如，客户通过短信向你索要某些信息，而你通过短信把信息发给他后，这次互动就结束了。对于一次性互动，你不需要让客户选择加入，因为你们的互动不会继续下去。在这种情况下，是消费者主动向你发起互动，向你发送短信这一举动事实上就代表他选择了加入。不过，如果你未来要再次向他发送短信（持续发送短信），你就必须从他那里获取正式的许可。

为了你的移动营销（尤其是短信营销）项目能长远进行，获取消费者的参与许可至关重要。不管是行业规范还是政府法规，都要求你在向消费者发送短信前获得他们的许可。

以下内容将告诉你如何获取消费者的正式许可，以及如何为那些不想继续接收短信的消费者提供退出方案。

行为召唤

所谓行为召唤（call to action），是指呼吁消费者选择加入。你可以通过任何传统媒介、新媒介及移动媒介进行行为召唤。这些媒介包括：

- 电视；
- 印刷媒介（杂志、优惠券、包装等）；

- 广播；
- 销售点展板（相关示例见图 5-1）；
- 面对面交流；
- 户外广告；
- 网页广告；
- 语音、短信、彩信、应用程序、移动网站广告；
- 电子邮件；
- 客服电话。

当你通过媒介进行行为召唤时，你是在呼吁受众拿出他们的手机、响应你的召唤（选择参加活动）并从中获益。

图 5-1
销售点展板示例

通过手机选择加入

通过手机选择加入，就是指消费者使用手机发送短信选择加入，允许你以后向他发送短信。

当用户通过手机向你发送短信时，你的短信程序可以回复一条短信，向用户确认加入并提供其他信息。以下是对这两种重要信息流的总结，以便你理解接下来的内容（更多有关信息流的内容参见第 4 章）。

- **手机发送信息（MO）：** 用户在手机上编写信息并发送给你。
- **手机接收信息（MT）：** 从程序服务商的程序流向手机的信息。

当消费者通过手机发送信息选择加入时，你要回复一条信息。以下是通过手机选择加入的三种基本形式。

✔ **单次选择加入。**单次选择加入是指用户向你发送一条选择加入的信息，然后你回复一条信息予以确认。大部分情况下，单次选择加入适用于一次性的互动，以后不会有更多互动。如果你还想继续向该用户发送信息，那么必须保证用户选择加入的信息是通过手机发送的标准费率信息（即根据用户和运营商的协议收取标准费用的信息）。如果选择加入的信息是通过互联网或应用程序发送的，那么在继续给用户发送信息前，你需要获得用户的二次许可。

✔ **二次选择加入。**二次选择加入是指用户向你发送一条选择加入的信息，然后你回复一条信息予以确认，如"谢谢，请回复'是'到 12345，收取标准短信和数据流量费；要选择退出，请回复'停止'；需要帮助请回复'帮助'"。用户回复短信确认同意后，他就正式加入了该项目，移动营销程序会处理参与请求并回复一条欢迎信息，如"谢谢，您已正式加入；要选择退出，请回复'停止'；需要帮助请回复'帮助'"。二次选择加入既适用于标准费率短信，也适用于增值短信，同时还适用于用户选择加入的信息不是通过短信发送（如来自互联网或应用程序）的情况。

✔ **复杂选择加入。**复杂选择加入是指需要用户回答额外问题才能参与活动。例如，当你的项目只适合 17 岁及以上的用户参与时，你就要先询问用户的年龄。你还可以询问其他问题，收集其他元数据（有关用户的数据）。用户回答完你的问题后，你可以加上一个二次选择加入的流程，为以后的营销活动获取明示许可。

通过互联网和应用程序选择加入

邀请消费者参与短信营销项目的另一种好办法就是让他在网页、移动网页或安装的应用程序上填写表格，相关示例如图 5-2 所示。消费者可以通过互联网和应用程序选择接受短信提醒。

利用选择加入表格，不仅可以获得消费者的手机号码，还可以收集消费者的其他信息，如偏好、兴趣、地址以及生日等。

图 5-2
让消费者
在网页上
填写表格
示例

通过拍照和扫描选择加入

　　手机摄像头是让消费者选择加入的完美工具。你可以指示消费者拍摄某个对象（如饮料罐、杂志广告、电影海报、品牌标志或任何有清晰定义的东西）的照片，然后让他们通过电子邮件或短信（彩信）将照片发送给你。有些应用程序可以识别手机本地图片，这样可以省去发送图片这一步。当你的短信平台收到图片或程序识别出图片，它就会自动处理，然后将消费者加入参与活动的用户组，相关示例如图 5-3 所示。这个过程有时被称为图像识别、视觉搜索或数字水印。

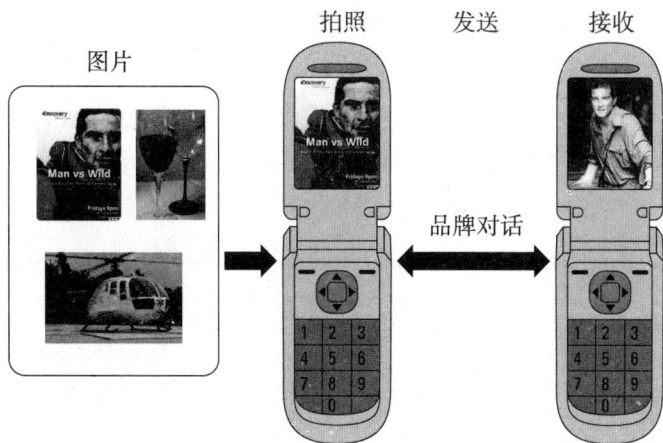

图 5-3
通过摄像
头拍照选
择加入的
示例

资料来源：Snaptell

摄像头还有很多用途，包括最近兴起的增强现实（Augmented Reality，AR）技术。增强现实技术就是利用计算机生成的图像增强现实世界图像的真实性。例如，下载了增强现实的应用程序后，用户摄像头的取景框除了复制现实世界外，还可以指路或生成物体的 3D 图像投射到现实世界中。时代啤酒（Stella Artois）就有这样一个增强现实程序，能够将顾客引向最近的销售时代啤酒的酒吧。必胜客也有一个类似的程序能帮消费者找到最近的门店。I-PoP 最近开发了一种增强现实更衣室，消费者只要站在带有增强现实技术的展示台上或镜子前，就会有一件阿迪达斯运动衫投射到消费者身上。

很多公司都可以为你提供类似服务，如亚马逊的 SnapTell、总部在洛杉矶的 SnapNow（www.snapnow.com）、The Hyperfactory（www.hyperfactory.com）、Digimarc（www.digimarc.com）。谷歌也有相关平台用于视觉搜索。你还可以了解一下 Layar 和 I-PoP。在互联网上搜索一下，你会发现更多选择。

通过拨号按键选择加入

拨号按键选择加入主要借助于手机键盘和语音渠道。你可以鼓励消费者拨打某个电话号码，如"拨打 1-800-×××试看电影片段"或"拨打 408-×××试玩游戏"。

你不必自行接听电话，可以使用互动式语音应答（IVR）系统，要求呼叫方做出选择，如"接收铃声请按 1""查看最近 5 笔交易请按 2""将电影排片表发送到手机请按 3"等。更多有关互动式语音应答系统的信息参见第 11 章。

任何用到短信的移动营销项目（如 IVR、互联网、移动互联网项目）都必须使用公共短码来收发短信。更多有关公共短码的内容参见第 4 章。

你也可以让用户通过按键选择加入。Zoove 和 Singletouch 这两家公司支持按键系统。

Zoove 公司的按键系统是使用手机上的星号（＊）键。例如，Sprint[1] 的用户可以按＊＊267 代表＊＊AOL[2]，然后按下通话键（通常是绿色的键），AOL 的促销移动网站就会发送到该用户的手机上。Singletouch 的方法原理相同，只是使用的是

---

[1] 美国移动运营商。——译者注

[2] 美国在线，美国网络服务提供商。——译者注

井号（＃）键。

　　虽然目前这两家公司的按键系统都受到跨无线运营商运行的限制，但是可以看出，通过按键选择加入的方法蕴藏着潜力。

优雅地说再见：选择退出

　　失去客户是一件很痛苦的事，但有时客户确实想要退出。他们不想再与你互动。他们也许会回来，也许不会，但是你需要优雅地处理他们的退出请求。你应该接受客户的每一条退出请求，礼貌地回复，并且不要再联系对方，否则你的信息就会变成一种骚扰。

　　每一种营销规范都要求设置退出机制。你必须在媒体和法律条款中说明你的退出机制。

　　行业规范要求所有营销短信中都必须包含退出机制说明，如"发送关键词'停止'"。更多行业规范和有关获取用户许可的法律规定参见第 3 章。

　　本章此前讨论过的所有选择加入的方法都可以用在选择退出上，最简便的方法就是让手机用户发送一条包含关键词"停止"（或其他关键词，如"结束""退出""取消"）的短信到移动营销程序。收到退出请求后，你要发送一条最终回复，如"谢谢，您的退出请求已受理，期待您的再次加入。请回复'加入'到 12345 再次加入"。相关退出方式示例如图 5-4 所示。

图 5-4
退出方式
示例

资料来源：iLoop Mobile

注：对收到的信息回复"停止"是最简单的退出方式。

信息和提醒服务

短信营销最简单有效的方式就是定期发送短信。你可以一天发一次、一周发几次或者隔一段时间发一次，这取决于你发送的信息类型以及客户希望的频率。

你也可以基于某个事件发送提醒，如生日提醒、最近购买提醒、打折商品提醒。接下来的内容将介绍何时及如何通过短信发送实用信息和提醒。

排定和发送信息

你可以把短信内容发送给移动营销代理或程序服务商，要求他们代为发送。如果你有移动营销程序平台的使用权限，也可以自己发送，相关示例如图5-5所示。

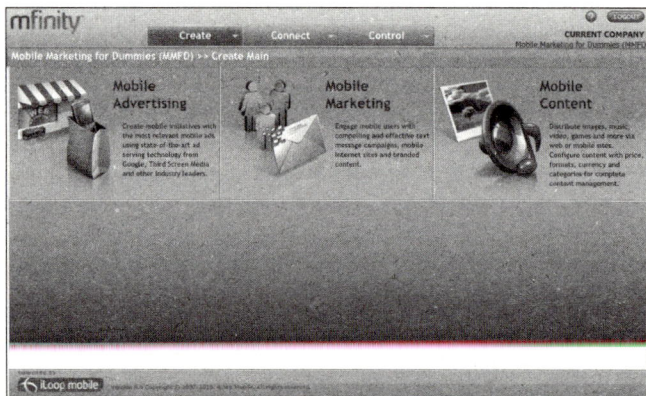

图 5-5
利用程序
平台发送
短信示例

如果你要自己发送，可以按照以下步骤进行。这些都是通用步骤，不针对具体应用程序，大部分程序的步骤都差不多。

1. 打开浏览器，登录应用程序。
2. 选择提醒类型。
3. 点击"排定短信"。
4. 填写短信排定表，包括短信内容、关键词、公共短码。
5. 从数据库中选择收信人列表，选用筛选功能（参见本章"筛选和自动提醒"部分）。
6. 点击"立即发送"按钮立即发送，或通过"定时／日历"按钮设置短信发送的日期和时间。

7. **点击"发送／保存"按钮。**

以上是大部分短信程序的通用操作步骤。如果你的短信内容经常变动，你就要找一个能让你自己管理内容的程序服务商。这样更方便改动，但也意味着你要做更多工作。另外，大部分程序的用户界面都是相似的，很多程序服务商也能根据你的需求定制程序。

发送短信后要注意查看报告（更多有关报告和分析的内容参见第 14 章）。你要格外注意响应率。消费者响应你的行为召唤（如点击某个链接）了吗？是否有很多人在收到短信后立刻选择退出呢？如果是这样，那么你很可能弄错了目标人群，你需要检查你的短信内容是否和这些消费者相关。注意查看报告并基于报告进行调整，是短信营销成功的关键。

筛选和自动提醒

大部分移动营销程序都允许你在发送短信前对选择加入的客户进行筛选，这就是说你可以从客户名单中选择符合特定要求的人。例如，推广一场演唱会，你的数据库中有 10 万个用户，但是你只想发送信息给数据库中喜欢硬摇滚、年龄在 25~30 岁、住在旧金山海湾地区的 1.5 万个用户，那么你只需要登录应用程序，设置筛选标准，然后点击筛选按钮即可完成筛选。相关示例如图 5-6 所示。

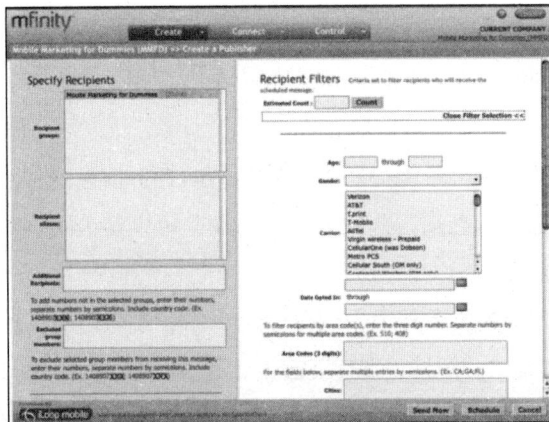

图 5-6 筛选功能示例

资料来源：iLoop Mobile

注：筛选功能可以帮你将短信发送给特定人群。

数据库中必须包含用户身份信息才能进行筛选。更多有关完善用户资料的内容参见第 4 章。

如果你的数据库中包含与特定日期相关的信息，那么你就可以在筛选器中设置一个日期，当该日期与数据库中的日期重合时，程序就会自动发送短信给用户。例如，你可以设置在 7 月 4 日向数据库中所有生日信息为 7 月 4 日的用户发送生日祝福。

如果你能从内容管理系统或内容数据库中获取某些信息，那么你的短信程序就能把这些信息发送给经过筛选的用户。例如，如果你订阅了天气、股票或假日信息，那么就可以设置程序把这些信息发送给订阅用户。

你还可以利用筛选功能设定一些参数。例如，如果你的客户希望在工作日早 9 点到晚 5 点之间，或生日当天收到你的信息，或者客户只希望收到跟他密切相关的某些话题（如某个品牌、促销、新闻、事件）的信息，那么你就可以基于用户的选择筛选短信。

如果短信程序服务商不提供筛选功能，或者无法实现筛选功能，你就应该换一家服务商。筛选功能非常重要，它是提高短信和用户相关性的首要工具。

短信时间和内容规范

在营销项目中加入提醒服务时要遵循以下规范。

- ✔ **必须先获得用户的许可。**
- ✔ **考虑发送短信的频率。** 发得太少，你和客户的关系可能冷却；发得太多，又可能给客户造成烦扰。发送短信的频率应该跟内容相关。例如，天气是日常信息，每天发送一条天气提醒是合适的。
- ✔ **保持内容新鲜。** 没有客户希望每次都收到相同的打折信息或优惠代码。你的内容应该包含一定的信息量，并且兼具娱乐性，可以是公司、行业新闻或答题、抽奖等激励信息。
- ✔ **确保信息和收信人相关。** 正如上一部分所说，你需要筛选出目标受众。
- ✔ **注意短信的长度和格式。** 短信只支持字符（如 A、B、C…1、2、3…!、@、# 等）。
- ✔ **确保短信中包含行业规范要求的内容。** 例如，"收取标准短信和数据流量费"。

更多细节参见美国移动营销协会制定的《消费者实践规范》。

手机优惠项目

短信是发放折扣、优惠券、样品、礼品卡的好方法。道理很简单，消费者可以发送短信请求打折，或者选择接收打折提醒，定期接收打折信息。

你需要了解以下两种手机优惠项目。

- **封闭型**。封闭型优惠就是指发放优惠和兑换优惠的是同一组织的情况。例如，比萨连锁店发放了一种优惠券，而这种优惠券只能在连锁店中的某一家使用。
- **开放型**。开放型优惠就是指优惠的发放者（如某软饮品牌）和兑换者（如某销售该软饮的商店）不是同一组织的情况。例如，某软饮品牌发放了一种买一赠一的优惠券，某商店认可该优惠券，消费者支付优惠后的金额给商店，商店还必须和开放型折扣中介（如 Inmar 和 Valassis）合作，从软饮品牌那里拿回优惠券抵扣的金额。

接下来的内容，我们将介绍如何创建这两种类型的优惠项目，让你的手机优惠项目取得最佳效果。

创建优惠券项目

要创建一个封闭型优惠券项目，你有以下两种选择。

- **自主进行**。你可以使用短信程序服务商的程序来自主管理封闭型优惠券项目。你只需要在发送给客户的短信中加入优惠信息就可以了。优惠信息既可以是优惠券的使用说明，也可以是优惠代码或其他能够用来识别优惠券的信息。
- **与手机优惠券公司合作**。手机优惠券公司提供很多专业服务，如优惠代码、个性化服务和数据库整合。优秀的手机优惠券公司包括 iLoop Mobile、Hipcricket、Money Mailer（www.moneymailer.com）、Where、eKwipper 和 8coupons（www.8coupons.com）。

创建开放型优惠券项目较为复杂，因为你要与中介合作。中介能够联系以下各方。

- **优惠券发行方**。你发行的优惠券必须包含其他各方需要用到的信息。例如，你发行的优惠券要在某个销售点兑换，这个销售点的电脑就必须能够识别优惠券上的信息。

✔ **优惠券使用方**。你要确保客户能够收到、查看和使用你的优惠券。这就要求你的优惠券能够兼容于各种手机，并且适用于触屏、浏览器等手机功能。

✔ **销售点**。优惠券必须能够兑换，并且可以进入数据库，以追踪优惠券的兑换情况。有些优惠券是在线兑换的，有些则是在指定商店，你的优惠券应该适用于各种兑换方式。

销售点兑换

向消费者发放短信优惠券时，必须告诉他如何兑换。在销售点兑换优惠券的方式有以下几种。

✔ **让消费者向商店收银员出示优惠券**。这种方法下，收银员会从消费者应付金额中扣除优惠券抵扣的部分，同时在系统中记录优惠券信息，或者使用非正式的记录方式，如在纸上记录优惠券信息和交易细节。

✔ **让消费者向商店收银员出示优惠代码**。优惠券系统可以随机生成优惠代码，并给每个客户分配一个专用的优惠代码。优惠代码被使用后会留下记录，防止客户重复使用。客户专用优惠代码示例如图 5-7 所示。

✔ **在收银台扫描手机条形码**。这是自动程度较高的一种方式，但其技术难度也较高（继续阅读这些技术挑战）。

图 5-7
客户专用
优惠代码
示例

以上任何一种优惠券的兑换方式都需要某种系统来记录优惠券的使用详情。记录优惠券的方式可能很复杂，但如果你想追踪你和客户的互动，这种复杂的工作

必不可少。优惠券的兑换信息能够告诉你客户在买什么、如何购买。

手机条形码是最复杂的手机优惠券兑换方式，相关示例如图 5-8 所示。手机条形码和产品包装或纸质优惠券上常见的条形码不同，只有特殊的扫码器才能将它扫描出来。传统扫码器无法稳定读取手机屏幕上的内容，况且手机屏幕很小，条形码的数据占位也有限。手机条形码也被称作二维码或三维码。本书写作时，正式接受手机条形码的只有塔吉特（Target）和星巴克（Starbucks）两家公司。

图 5-8
手机条形
码兑换优
惠券示例

手机条形码兑换的一大缺点是二维码和三维码扫码器很贵。尽管这种扫码器在日本等国很普遍，但在美国尚未流行起来。另一个缺点是手机和网络必须经过配置后才支持二维码和三维码。

有一家叫作 bCODE（www.bcode.com）的手机优惠券公司能够把短信和扫码结合起来。有关二维码的最新信息可以访问 Scanbuy（www.scanbuy.com）、NeoMedia（www.neom.com）和 Neustar。这些公司可以通过短信、彩信、网站和应用程序发送优惠券，也可以提供扫码器，让你安装在门店里扫描手机和优惠券。

仅拥有扫码器还不能保证你的手机优惠项目顺利运转。你的优惠券和扫码器还要匹配销售终端的其他功能，如计税、生成小票以及其他各种用于管理存货、管理会员和预测的软件模块和应用程序。你还要整合手机优惠券扫描系统和销售终端的传统条形码读取器、信用卡读取器以及其他用来记录购买行为、识别客户、进行电子收款的外部设备。

移动营销行业在普及移动销售终端和手机优惠券上取得了巨大进展。领先的公司包括 mDot Network、Hipcricket、iLoop Mobile 和 Infinian。

条形码：不只是优惠券

优惠券只是手机条形码的用途之一。除了适用于销售点兑换优惠券、礼品卡以外，条形码还适用于移动化的传统媒介，刺激消费者参与移动营销项目。条形码用途广泛的原因在于你可以在一块小小的条形码上搭载很多信息。条形码的其他用途包括办理登机手续、共享名片信息、日历／事件推广、URL／电子邮件推广、地理位置链接、文字或图片信息等。条形码面临的一大问题就是没有形成统一的行业标准。目前有一维码、二维码、三维码，每一种都有数不清的应用。条形码的标准包括 QR-Codes、DataMatrix、Codes、Cool-Data-Matrix、Semacodes、UPCODE、Trillcode、Quickmark、Shotcode、Connexto、Beetagg、Qode 以及 JagTag 等。技术领先的手机条形码公司包括 ScanBuy、NeoMedia、JagTag 以及微软（http://tag.microsoft.com）等。在美国，Neustar 正积极致力于出台条形码的统一标准。更多有关一维码、二维码以及谷歌 zxing 计划的内容参见 http://code.google.com/p/zxing。还有些公司的技术支持消费者扫描产品上的条形码，从而对比价格、收集信息，如 Redlaser（www.redlaser.com）和日本 Big In 的 ShopSavvy 服务。

这些公司在和各种移动终端供应商合作，致力于打造一个互联网络，让移动营销在销售终端无缝、安全地进行，而不必要求零售商更换销售终端的硬件和软件。微软等公司正在研发下一代销售终端系统，让移动终端系统能够在互联网上运转，而不仅仅是安装在商户专用的硬件上。这些公司将提供各种接口（应用程序编程接口，API），让移动营销程序可以直接与销售终端软件整合。

未来几年内，我们将看到销售终端移动营销技术的起飞，实时连接移动设备和销售终端的技术将成熟并普及。正如 20 世纪七八十年代的 ATM 机一样，这些技术的成熟要耗费时间，但最终将会普及。

短信优惠券技术

手机优惠券背后的技术十分复杂。如果你不希望优惠券被重复使用，或者你想给每一位客户一个专用的优惠代码，你就要在数据库中进行各种复杂的参数和功能设置，然后才能生成短信、分配优惠代码、管理优惠券和真人的关系。你可以向程序服务商咨询如何配置，也可以将你对优惠券的要求告诉程序服务商，把优惠活动参与者的名单给他们，让他们帮忙配置。

网站兑换和应用程序优惠券

除了在销售点兑换外，手机优惠券也可以在网站或手机应用程序中兑换。有些公司（如 Cellfire，www.cellfire.com）的应用程序可以激活优惠券，保存并自动联网更新手机上的所有优惠券。还有些公司（如 mDot Network）可以帮助消费者在销售点兑换优惠券，如图 5-9 所示。

图 5-9
手机优惠
券服务商
示例

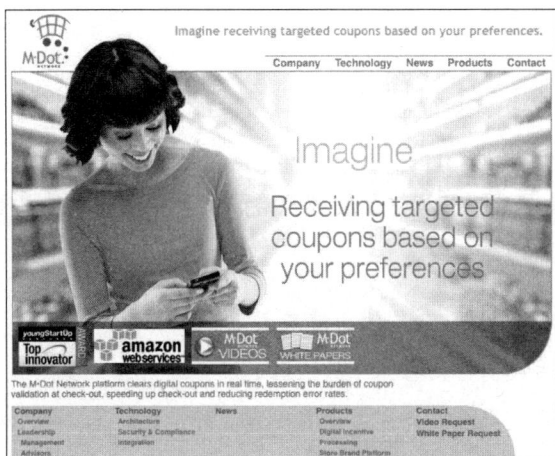

资料来源：mDot Network

注：mDot 是一家针对零售业的优秀手机优惠券服务商。

通过网站兑换优惠券，要求消费者输入优惠券上的代码，或者点击一个植入了优惠代码的链接。这种方式非常高效，但应用范围不如短信优惠券那么广，原因有以下几点：

- 用户的手机必须支持应用程序；
- 用户必须愿意安装应用程序；
- 用户必须知道怎样使用应用程序；
- 用户必须在移动运营商那里开通数据服务（互联网）。

随着手机和数据服务不断地更新换代，上述限制因素在逐渐消失。

提供激励：礼品、赠品和样品

消费者会响应激励，这不是什么新鲜事。给他们一些有价值的东西，他们就会愿意参加你的项目，并与你交流；如果继续给他们一些有价值的东西，他们就可能成为你的客户；如果你不断地给他们一些有价值的东西，他们就会成为你的忠实客户，帮你建立口碑，使你顺利地完成营销工作。这个过程开始于你们的第一次互动，而激励是开始第一次互动的好方法。

最普遍的激励方式包括以下几点。

- **金钱**：优惠券、折扣，甚至是现金。
- **内容**：免费铃声、壁纸、图片等。
- **免费产品和体验**：试用品和样品的体验券、免费电影票、去后台见明星的机会等。

美国的无线运营商不太愿意让你向消费者提供免费内容，如铃声、壁纸，尤其是当他们也在通过手机商店出售同样的内容时。免费内容营销必须取得无线运营商的预批和认证，要想获得批准，你提供的内容最好是独一无二的。

很多用户都喜欢独特的、个性化的内容，提供符合用户需求的免费内容（如铃声、壁纸、游戏、应用程序等）是你争取手机用户参与的最佳方式。

奖励、竞赛和赠送

通过奖励、竞赛和赠送来刺激消费者参与营销项目是一种很常见的手法。你可以开展一个活动，在活动期间不断送出小奖品，并在活动的最后抽取一个幸运大奖（如一台新车或一次度假机会）获得者。这种方式在传统营销中效果很好，在移动营销中同样有效。

你可以将激励措施用在任何移动营销项目中，包括短信项目、语音项目、移动互联网项目等。步骤很简单：

1. 在行为召唤中加入激励措施；
2. 在移动营销程序中设定获奖概率（通常是一个可设置的元素），如果你加入了即时中奖环节或者最终大奖，也要设置它们的中奖概率；

3. 与负责奖品的部门协商决定提供物质奖励还是服务奖励，你也可以设置一个移动营销程序，将能够在手机上消费的内容（如铃声）奖励给客户。

开展任何形式的竞赛、抽奖、赠送活动都必须与法律团队商议，写明规则和条款。法律要求提供的材料包括活动的开始和截止日期，参与形式、奖励价值、获奖资格等。有关这类活动的法规在美国各州不尽相同，如果你开展活动的地域跨越了几个州，你必须保证活动符合每个州的法律。更多有关移动营销的法律法规参见第 3 章。另外，你可以联系 ePrize，他们是美国顶尖的抽奖活动服务商。

让消费者试一试：样品试用活动

样品试用是另一种很好的营销工具。对于很多产品来说，只要让消费者试一试就能激发其购买欲望。移动营销是提供样品的好渠道。对于数字内容来说，可以提供歌曲片段、照片试览等。而对于实物来说，由于你不能把实物（如运动饮料）放进手机，因此你只能把实物样品寄给活动参加者，或者寄给他们一张能在当地商店免费兑换样品的卡片。

开展样品试用活动时要在传统媒体上推广。手机用户响应后，你可以通过互动式语音应答系统（IVR，参见第 11 章）或者短信询问他的地址。获得信息后，你可以发一条短信感谢他，并告诉他如无延误，他将在数日内收到样品。

移动营销公司 ShopText（www.shoptext.com）很擅长策划这种营销活动。他们不仅能帮你开展样品试用活动，还能帮你促进销售。

竞猜和答题

手机用户可以响应发送到他们手机上的问题，参与竞猜和答题活动。在答题活动中，你既可以利用短信收集意见和投票，也可以利用短信进行告知、娱乐。用户能够从答题活动中获得巨大的乐趣。

答题活动中的问题可以是封闭式的，即给用户一组选项，如 "A、B、C、D" 或者 "对""错"，相关示例如图 5-10 所示。如果用户答对了，你可以回复信息 "您答对了" 或 "您赢了"；如果用户答错了，你应该回复一条信息，告诉用户如何选择正确答案；如果用户试图重复答题，你可以回复 "对不起，您已答过此题" 或 "无法识别您的答案"。

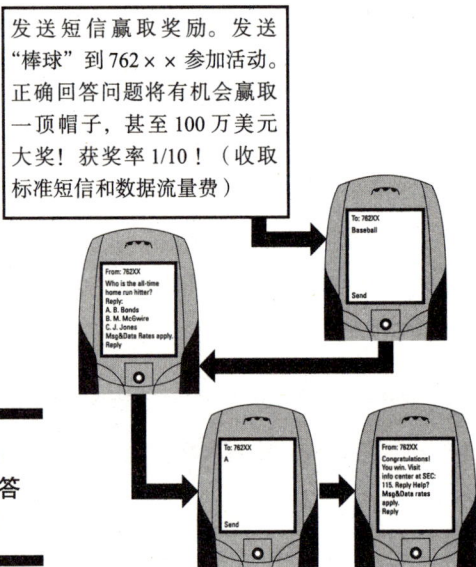

图 5-10
竞猜和答
题示例

问题设置

在答题活动中除了普通用户流程外，还有一些可选设置。

- **答案格式**。设置问题的答案格式，如字母和数字选项（A、B、C、D 或 1、2、3、4），判断（"对""错" 或 "是""否"）和其他选项（如 "红""绿""蓝" 等）。

- **问题顺序**。设置按线性顺序发送问题，或者随机从题库里选择问题。你可以让用户按照一定顺序回答 5 个问题，或者从题库里的 500 个问题中抽取 5 个，随即为用户生成一组问题。

- **问题数量**。设置用户需要回答多少问题才能完成活动。例如，设定用户需要回答 5 个问题，移动营销程序就会在用户答完一题后自动发送下一题或从题库中随机抽取一题发送，直到用户答完 5 个问题或者选择退出。

- **答题响应**。你的问题既可以是有正确答案的，也可以是用来收集用户信息的（继续阅读"答题设置"）。不管你选择哪一种，都要决定何时发送短信响应答题：是在用户回答完每个问题后（无论对错）还是在用户答完所有问题后。

如果你准备向用户发送很多问题，那么一定要有选择加入、选择退出环节，以及短信和数据流量费率提醒。相关问题回顾第 3 章和第 4 章。

答题设置

你的问题可以没有标准答案，只要用户响应就行。在这种情况下，不管用户的答案是否正确，所有回复都会被程序接受并记录。相关示例如图 5-11 所示。

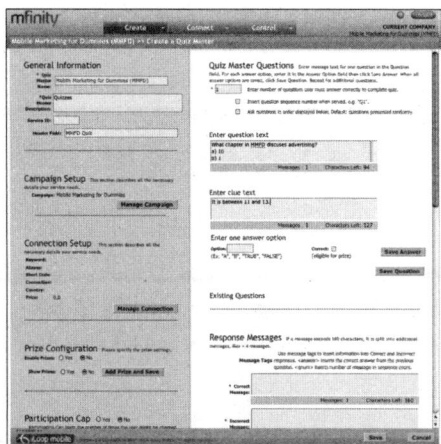

图 5-11
答题设置
示例

以下是一些可选的答题设置。

- ✔ **线索**。你可以在活动中设置答题线索，允许用户索要提示。例如，当用户卡在第三题上，他可以发送短信"线索"或"提示"到你的移动营销程序，程序会自动回复答题线索。

- ✔ **错误答案响应**。你要考虑如何响应用户的错误答案。假如用户第三题回答错误，他是要重新开始答题，还是继续回答下一题直到答满活动要求的题数为止呢？更多有关问题数量的内容参见本章"问题设置"部分。

- ✔ **答题时间**。你可以开展抢答活动，记录用户的答题速度。例如，设置最快答对的用户获胜。

- ✔ **参与限制**。你可以设置一个参与限制，规定用户在一定时间内可以参加活动的次数，例如，每天 1~10 次、一周一次、一个月一次、只能参加一次或者不限制参与次数。

- ✔ **重复问题**。你可以设置允许消费者收到重复问题，或者每次都收到不同问题。

> ✔ **增值收费。** 你要考虑是否对参与活动的手机用户收费（更多有关利用移动营销项目赚钱的内容参见第13章）。

你也可以利用答题程序，直接将手机用户导向用户流程中的某一步，将他导向某个产品（如内容商店）或另一个短信活动／服务（如星座活动）。用户答完一题后，程序将根据他的答案配置下一题发送给他。

为啤酒打分：健力士的互动营销案例

健力士啤酒大赛（The Great Guinness Pint）是一个成功的互动营销案例。该活动举办于2008年，邀请消费者直接通过手机对酒吧销售的健力士啤酒进行打分。消费者每打一次分，就有一次机会参与抽奖，奖励是前往健力士位于爱尔兰都柏林的啤酒厂，参加该公司250周年庆典。每一个参加竞赛的酒吧都会收到消费者对他们销售的健力士啤酒的打分。酒吧老板和健力士的工作人员在手机和互联网上实时追踪打分。除了追踪打分外，健力士还会即时添加和编辑参赛酒吧信息。每当有新酒吧参赛，程序就会自动生成一个关键词，方便消费者立刻对新酒吧及其销售的健力士进行打分。

该项目的运转方式如下：参赛酒吧里展出各种宣传材料，如杯托、桌上的立卡、海报和定制的打分卡。这些宣传材料鼓励消费者找出全美最好喝的健力士啤酒，指示消费者发送关键词"很好（每个参赛酒吧都有一个专用关键词）"到88500，然后就可以对他们刚刚喝到的健力士啤酒进行打分了。宣传材料还对消费者进行知识普及，告诉他们如何评判啤酒的好坏、正宗的味道是什么样的。

这一项目的首席执行官是Mobile Card Cast的John Lim，他对这个项目胸有成竹，因为他知道参赛酒吧会相互竞争，消费者的参与度也会很高。因此，他利用简单的短信技术给消费者创造出便捷的参与体验，同时让酒吧老板能够通过一个简单的手机着陆页查看当前排名。以下图片就是项目中用到的宣传材料。

资料来源：Mobile Card Cast

投票和调查

投票活动和答题活动、调查活动的不同点在于，投票活动的问题一般被放在传统媒体上，如公示板、店内端架、报纸、电视、电子邮件、广播节目等。投票活动和答题活动、调查活动的相同点在于，它们可以帮你收集消费者的意见和反馈，同时兼具告知和娱乐功能。

即便是在移动营销中，投票活动的问题也一般被放在传统媒体上而非短信平台。手机用户看见或听到你的行为召唤（如"发送短信'A'或'B'投票"）并响应后，移动营销程序就会发送一条回复（如"谢谢参与！您选择了 A。当前总票数：A 35%，B 6%，C 59%"）。标准的投票活动用户流程如图 5-12 所示。

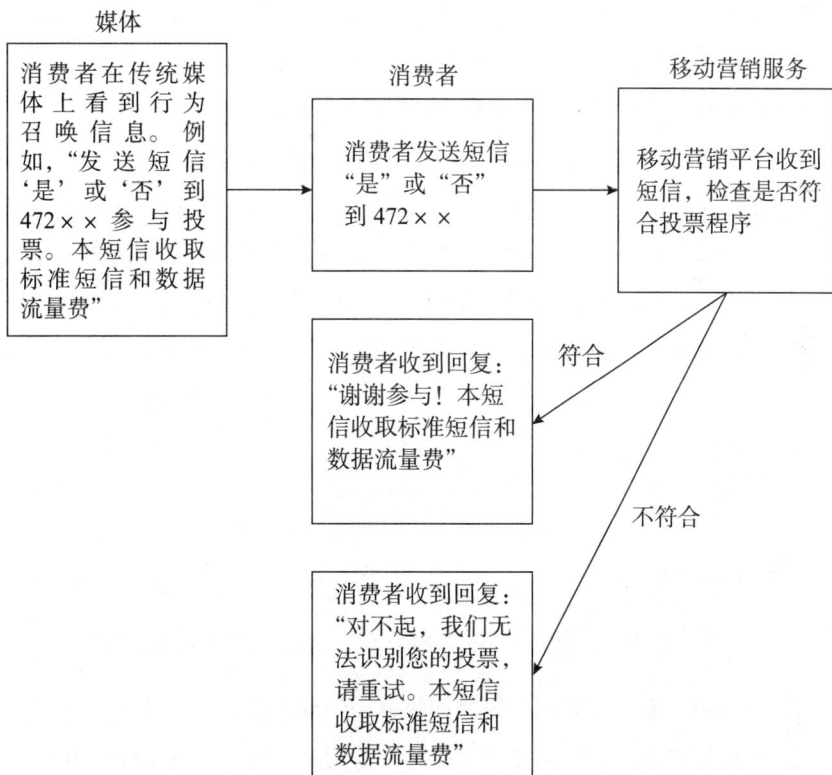

图 5-12 标准的投票活动用户流程

调查活动

为调查项目做准备时，你应该考虑以下几点。

- ✓ **问题数量**：不要问太多问题。如果问题太多，人们很容易在完成调查前就直接退出。
- ✓ **问题顺序**：你需要考虑好问题的顺序，顺序安排应合理。
- ✓ **答案长度**：记住，大部分人都没有全键盘手机，要打出一段很长的文字很费劲，因此要试着缩短答案长度。

开放式问题

你可以采用开放式问题进行短信调查，收集消费者、候选人、员工的反馈信息。例如，在招聘面试后，你可以给应聘者发送这样一条信息："请告诉我们你对面试流程的意见。回复本短信给我们反馈。"

调查活动和答题活动的问题（参见本章"竞猜和答题"部分）设置不同，发送给手机用户的调查问题一般没有预设选项，希望用户给出开放式的回答。例如，你可以问手机用户："你的电子邮箱地址是？"用户回答问题后，移动营销程序会自动发送下一个问题，问答过程重复，直到用户答完所有问题。

你可以查询移动营销程序服务商，能否把你的调查项目或答题项目链接到其他移动营销项目上。项目链接后会产生巨大的潜能。例如，一个用户选择了参与你的优惠券活动，如果你将调查项目链接到该优惠券项目上，你就可以在给他优惠券之前先让他完成调查，从而收集他的偏好等个人信息。

调查设置

移动营销程序服务商可以为调查项目提供以下可选设置。

- ✓ **问题数量**。设置用户需要回答多少问题才能完成项目。
- ✓ **问题顺序**。设置是按线性顺序发送问题，还是随机从题库中抽取问题。
- ✓ **问题标签**。你可以给调查问题添加标签。这样当你对用户的回答进行数据挖掘和报告时，可以利用标签进行分类和整理（更多有关项目报告的内容参见第 14 章）。

投票类型

以下是手机投票最常见的应用。

- **电视投票。** 2008 年的《美国偶像》播出期间，节目独家移动运营赞助商 AT&T 声称共收到超过 7800 万投票。另一档热门电视节目《一掷千金》还对手机投票进行抽奖活动。体育节目和新闻节目也在利用投票了解观众意见。
- **现场投票。** 目前，投票越来越多地被用于现场活动，如体育赛事、政治演讲、广播节目等。投票行为召唤信息被放在传统媒体上，观众可以对此进行响应。投票结果可以在体育场内的大屏幕、演讲者身后的屏幕或广播节目的网站上公布。

如果你预计将收到大量回复（几小时内收到成千上万甚至百万条回复），那么一定要提前咨询你的移动营销程序服务商和渠道整合者，方便他们提前调试系统，确保大量短信流量能够顺利被接收。当短信流量很大时，工作人员一般会关闭程序的即时回复，从而让程序能够集中资源处理投票短信。回复可以在处理完所有投票短信后再发送。

延迟回复时一定要考虑时差。不要在半夜发送短信吵醒用户。

投票设置

移动营销程序服务商可以为投票活动提供以下可选设置。

- **投票格式。** 设置用户投票格式，如字母、数字选项（A、B、C、D 或 1、2、3、4），判断（"对""错"或"是""否"）或其他选项（如"红""绿""蓝"等）。
- **投票响应。** 设置是否要在响应投票的信息中加入票数统计（如"谢谢，您已投票给 A，目前有 60% 的参与者投票给 A"）。你可以咨询移动营销程序服务商，是否能在投票响应信息中加入实时投票结果。

短信墙

短信墙是一种很流行的和消费者互动的方式，这种简单易行的方式可以在体育赛事、演唱会、电视直播等活动中创造出大量的互动。在短信墙活动中，你可以在传统媒体（如体育赛场的大屏幕、演唱会的大屏幕、电视屏幕下方的滚动条）上进行行为召唤，邀请现场观众发送短信（如为某个队伍加油、对朋友喊话）、照片（如一起观赛的朋友的合照）或其他内容。移动营销程序收到这类信息后会对信息进行排列，信息经过自动或人工过滤后，会出现在大屏幕上，持续数秒时间。

短信墙活动可以追溯到 2005 年的美国。2005 年 U2 乐队在美国巡演时使用了短信墙，支持 Live 8 消除贫困活动。U2 乐队邀请观众将他们的名字发送到某个公共短码。成千上万手机用户的名字出现在演唱会现场大屏幕上。随后，U2 乐队统计了所有参加者的名字，用这个数字向世界证明人们关注贫困问题。

短信墙的另一个应用是现场提问。例如，一个芝加哥的组织 Jarbyco（www.jarbyco.com）利用短信墙让教区居民在听取布道过程中能够向牧师发送问题。和一般的短信投票不同，手机用户在短信墙活动中不是回答问题而是提出问题。在短信墙活动中，用户响应行为召唤通过短信提问，提问经过滤后在屏幕上展示，演讲者能看见屏幕上的问题，然后现场作答。很多现场活动都以此向演讲者提供现场反馈，不过有时这些反馈会让演讲者分心，尤其是当反馈的信息比较负面的时候。领先的短信墙程序服务商有 Aerva（www.aerva.com）、iLoop Mobile 以及 Vibes 等。

短信墙互动的应用范围很广。直销协会在 2008 年的年会中提供了一项移动接待处服务。与会者可以通过短信发送他们的问题（如"展览什么时候结束"），服务台人员会在网站上公开回答。

本章只是粗略描绘了短信的各种功能。还有很多话题我们没有涉及到，包括客户关系管理项目、客服项目、高级安全短信项目等，另外还有一些"智能"项目，如 iLoop Mobile 公司的智能短信解决方案。

第6章 彩信营销

▶ 讲述彩信的功能

▶ 创建彩信故事板

▶ 组织彩信内容

▶ 介绍彩信程序和服务商

彩信（MMS，又称多媒体信息服务）能够让营销者通过图片、声音、视频向手机用户讲述一个精彩的故事。彩信还支持长文本和网站链接，不受字数限制。

本章将介绍彩信营销，说明彩信和短信的不同点，告诉你可以用彩信发送哪些内容，以及如何让彩信的内容更加吸引人。

另外，我们将介绍各种可以用来编辑彩信的应用程序，以及与一家专业彩信程序服务商合作的重要性。另外，本章还将展示一些彩信营销案例，以激发你的彩信营销创意。

对比彩信和短信

虽然彩信和短信的发送方式相同，但是彩信的容量更大，它不像短信那样有字数限制。彩信的技术标准形成于 2001 年,正好在短信取得巨大商业成功之后,今天,彩信功能在世界各地都变得越来越流行。

接下来将介绍彩信和短信的区别(更多有关短信的内容参见第 4 章和第 5 章)。

彩信内容

与短信相比,彩信能够发送更多有意思的、吸引人的、丰富的信息,与消费者互动。以下是彩信支持的主要内容。

- **文本**。使用彩信时不用担心超出字数限制(不用因为字数限制的原因使用缩略语,也不用担心客户看不懂)。一条彩信中可以包含的文本没有上限(可达几千个字符)。另外,你还可以设置文本格式,如颜色、字体、风格等。
- **图片**。这是彩信在人际交流中最主要的应用。人们喜欢用手机摄像头拍照,并立即将照片发送给朋友和家人。移动营销者可以在彩信中加入图片发送给客户。一图胜千言,使用图片能帮你更好地传递信息。

  在与客户交流的过程中,图片有很多用途。你可以在信息中加入公司的标志图,增加品牌的认知度。你还可以发送新产品的图片,吸引消费者前往商店购买。

- **音频**。彩信中还可以加入音频,作为背景音乐,或者单独播放。
- **动画**。彩信和幻灯片在技术上很相似,很适合加入动画(如翻页动画)。彩信中的动画可以是动态标志、卡通角色、旋转图片等,组合方式也很简单。彩信中的动画既可以是 GIF 格式的也可以是视频格式的(GIF 动图就是一系列逐幅显示的图片,观看效果和幻灯片、电影类似)。
- **视频**。所有支持彩信功能的手机基本都可以接收视频。你需要使用 Final Cut Pro、iMovie 或 QuickTime Pro 等程序将你的视频转换为 H.263 或 MPEG-4 格式,才能保证你的彩信视频能兼容于大部分手机。彩信能容纳很多内容,但文件大小并不是无限制的。彩信视频不宜超过每秒 15 帧、时间长度不宜超过 30 秒。只有这样才能保证大部分手机支持该视频,且画质足够清晰,观看体验不会太差。查看你的软件操作手册,了解如何将视频保存成推荐的格式(提示:对于大部分软件来说,可以使用"另存为网页格式"或"导出"功能)。

彩信的兼容性和到达率

在美国，短信是到达率最高的移动传播方式，彩信的到达率也不低。在每天发送短信的 2.3 亿美国人中，约有 85% 的人（2 亿人）能够收发彩信。对于营销者来说，2 亿是一个庞大的数字，是收看 2010 年《超级碗》（*Super Bowl*）比赛[①] 观众的两倍！

大部分消费者不必开通移动互联网服务就能用手机收发彩信，彩信一般被无线运营商视为短信服务的一部分。

2009 年，全美消费者平均每月发送约 50 亿条彩信，平均每天发送约 10 亿条短信。截至 2010 年 3 月，美国每天已有超过 50 亿条的短信流量。也就是说，彩信用户群体不小，值得营销者在彩信营销上花时间。

支持彩信的手机有两种：只接收图片彩信的手机和接收各种形式彩信（包括图片、视频、音频文件）的手机。2003 年彩信诞生时，大部分手机只能通过彩信收取图片。而到了 2010 年，95% 的手机都能收取各种形式的彩信，让营销者在开展彩信营销活动时有了更多选择。

要想知道客户能否接收彩信，只需了解他的手机能否拍照。能拍照的手机多半支持彩信（有些手机没有摄像头但能接收彩信。目前这种手机很少而且机型老旧）。多年以前，手机制造商就开始在所有手机（不只是高端手机）中加入彩信功能。如今，美国只有极少数的手机不能接收彩信。

彩信价格

2008 年，美国无线运营商做出了一项改变彩信营销行业的重大决定。他们决定对彩信和短信收取相同费用，条件是用户有短信套餐计划（大部分用户都有）。

在此之前，利用手机接收图片和视频信息是要单独收费的。这项改变让所有信息（不管大小、内容、类型）都被一视同仁，意味着移动营销者能以和短信同等的价格向消费者发送彩信！人们爱听故事，尤其是音画兼具的故事。现在，移动营销者能够利用彩信制作更多充满创意的故事板。

降价后，尽管消费者接收彩信和短信的价格一样，但营销者发送彩信的费用还是要稍稍高于短信（这和租车公司对豪车的收费总是高于经济型汽车是一个道理）。幸运的是，差价不大。很多移动营销者都认为，多花一点钱向消费者发送图文并茂、音画兼具的信息还是值得的。

平均来看，彩信营销的费用比短信营销高 20% ~ 25%。若使用自助工具（参见本章"发送彩信"部分），向用户发送一条彩信的价格约为 0.1 ~ 0.2 美元，发送一条短信的价格约为 0.05 ~ 0.1 美元。

[①]　美国国家橄榄球联盟年度冠军赛，多年来都是美国收视率较高的电视节目。——译者注

彩信营销项目的准备

创建彩信营销项目很简单，但通常会比创建短信营销项目（参见第 4 章、第 5 章）复杂一点。要顺利开展彩信营销，需要准备好以下事项：

- ✔ 编辑好的内容；
- ✔ 用来生成彩信的彩信程序（软件）；
- ✔ 与彩信营销服务商合作，让其帮助你管理项目、向客户推广（相信我们，你不应该完全自主进行）。

小贴士大用途

编辑彩信和编辑 PPT、广告不同。彩信简单起来可以是一张静态图片，复杂起来可能包含大量图片、视频和音频。彩信可以将丰富的多媒体内容融入一条信息之中，相关示例如图 6-1 所示。

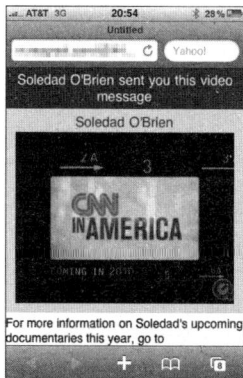

图 6-1
将多媒体
内容融入
信息示例

Mogreet 作品，感谢移动营销协会

记住比较好

不要把彩信简单当成一种发送信息的渠道。彩信能够帮你讲一个完整的故事。接下来的部分，我们将介绍如何简单快速地创建一个基于彩信的移动营销项目。

彩信故事板

故事板是彩信的地图，包括开端、发展、结尾，和所有故事一样。你要用故事板向帮你编辑彩信的人或公司解释你想表达什么、如何表达。

制作故事板很简单。所有好故事都是从一个故事板开始的，就连斯皮尔伯格和希区柯克也不例外。你的故事板不必像电影故事板一样复杂。你只需要一支铅笔、一沓纸，加上一点想象力，就可以开始了。如果你想用计算机程序制作故事板，也有很多选择，如 Atomic Learning 公司的 StoryBoard Pro 软件。

制作故事板时要采用分镜的形式把故事写出来或画出来，就像漫画一样。利用你的创造力形象化地表达如何用故事抓住用户、故事如何从一幕发展到另一幕。假设你要成立一个乐队，你想编辑一条彩信发送给你的乐迷，让他们购买今晚演出的门票。故事板的第一幕可以是一张后台的图片，配上轻轻的背景音乐；下一幕可以是乐队成员调试乐器的图片，背景音乐变大；最后一幕将背景音乐调到最大，图片是喧闹的酒吧和站在台上的乐队，同时还可以配上一些呼吁乐迷来看演出的文字。这就是一个故事板。

为了保证彩信的传播效果，在制作故事板时还要考虑以下内容。

- **故事意图**。你要考虑好故事意图是为了娱乐、告知还是呼吁某种行为（如鼓励消费者购买某种产品）。
- **如何在 30 秒内讲好故事**。彩信的大小是有限的，你总共只有约 30 秒的时间讲故事。
- **加入行为召唤**。你的彩信应该告诉客户你希望他怎样行动（如来看乐队演出、来看看店里的打折活动）。这种行为召唤应该是简单、有力、便于记忆的，能够给客户留下最终印象。

收集和编辑彩信内容

在制作彩信前，你应该收集或制作好故事需要的图片、文字、音乐、动画和视频。你还可以选择你希望组合的图片，使用 Corel 的 Paint Shop Pro（www.corel.com）、Adobe Photoshop、Adobe Illustrator（www.adobe.com）等软件将它们制成 GIF 动图，用在彩信中。

如果你希望动画看起来像视频，可以使用苹果的 iMovie（www.apple.com）、Final Cut Pro 等视频编辑软件将 GIF 动图转成手机视频，最终制成的彩信就像一本书一样可以翻阅。记住，彩信程序服务商可能调整或变更你的某些文件，使它们符合要求。在自主制作彩信内容前，你应该咨询程序服务商这样做是否能够节省时间或开支。

为了视频能够在大部分手机和网络上流畅播放，彩信中的视频最好不超过200KB，因为加上其他组成部分后，彩信的总大小可能翻倍。这就好像运送贵重货品之前必须给它裹上安全包装一样，这些包装材料会让整个包裹变重。彩信在发送时会加上包装，因此视频会变大。大部分运营商要求彩信视频小于400KB（最高传输速度200KB），你要确保视频不超过这个标准，否则可能被拒绝发送！

如果你请程序服务商帮你制作和发送彩信，他们也可能提供创意服务。在这种情况下，你不用自制彩信内容，但你仍然要使用故事板写好彩信剧本，这样才能确保程序服务商理解你想要什么样的彩信。

发送彩信

集齐彩信内容后，可以把文件交给程序服务商，或使用自助程序自制彩信。

以下是制作和发送彩信的两种方式：

- 使用自助程序自制彩信发送给客户；
- 雇用一家程序服务商帮你执行项目。

如果你想自己试试，就应该了解一些自助工具，如 Mogreet（www.mogreet.com）。使用自助工具可以上传媒体文件，程序会将它们组合成一条彩信。只要有媒体文件和故事大纲就可以使用这些工具，如图 6-2、图 6-3 所示。

图 6-2
Mogreet
彩信工具
允许上传
标准格式
的视频

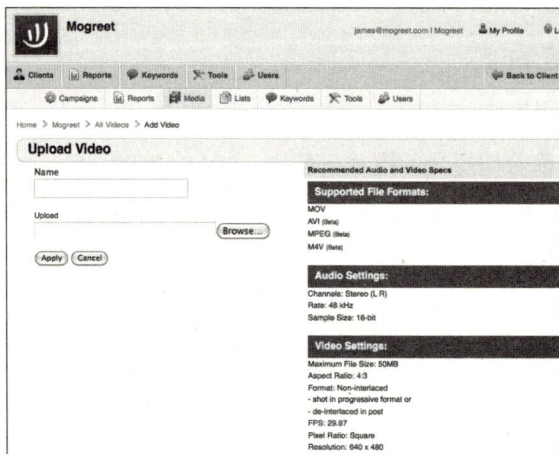

资料来源：Mogreet

资料来源：Mogreet

　　对于发送给少量用户的简单彩信来说，自助工具是一个很好的选择。愿意自制的小公司和彩信新手可以试试 Mogreet、CellySpace（www.cellyspace.com）等程序。

　　不过，目前制作彩信很复杂、自助平台也不太成熟，所以我们还是建议雇用专业的服务商来制作彩信。

　　对于那些想要制作个性化彩信、大量发送彩信或者需要创意的公司来说，则更应与彩信程序服务商建立合作关系。彩信程序服务商能够帮你：

✔ 取得运营商的批准（更多有关移动营销规范的内容参见第 3 章）；

✔ 取得一个公共短码的使用权，当你需要发送大量彩信时，帮你租一个专属公共短码（更多有关公共短码的内容参见第 4 章）；

✔ 编辑并发送彩信，修改彩信以使它适用于不同运营商网络和设备（例如，向苹果 iPhone 发送彩信和向摩托罗拉 RAZR 发送彩信的程序非常不同）；

✔ 将彩信发送给特定目标客户群体（例如，发给苹果 iPhone 用户的彩信中的链接是用来下载 iPhone APP 的，不适合发给其他客户群体）；

✔ 追踪活动进展，建立客户数据库。

　　这些都是非常复杂的工作，能够胜任的公司不多。我们推荐经验丰富的公司，如 Mogreet 和 Hook Mobile（www.hookmobile.com）、Skycore（www.skycore.com）。

小贴士大用途

在大规模发送彩信前一定要测试。彩信在不同手机（如苹果 iPhone 和黑莓）上呈现的效果可能不同。你要确保客户实际看到的彩信内容没有错误。举个例子，如果彩信中的视频是在文字内容出现前自动播放的，就不要在文字内容里注明"请观看视频"。彩信服务商能帮你把彩信发送给不同设备进行测试。

彩信营销项目的执行

虽然彩信营销是一种比较新鲜的营销方式，应该多一些创意，但是有些彩信营销项目是经过测试的。在开始彩信营销时尝试一些典型项目能够避免浪费时间、资源和金钱。接下来将向你展示三种彩信营销项目，很多公司都利用这些项目取得过巨大成功，你应该看到这些项目的潜能，汲取其优点，在将来的彩信营销项目中加以利用。

彩信贺卡

贺卡适合通过彩信发送，因为彩信中可以包含动态内容，唤起接收者的情感。更重要的是，彩信可以直接发送给个人。彩信贺卡是一种私人化、有趣的到达客户的方式，相关示例如图 6-4 所示。

图 6-4
彩信贺卡
示例

记住比较好

发送贺卡是联络消费者的绝佳方式，这种方式既体贴周到又不显得唐突。很多公司都用手机贺卡取代了纸质贺卡，因为手机贺卡比要花费 0.4 美元邮票费的纸质贺卡更便宜，比发送到计算机上的电子邮件贺卡更加私人化。以下是发送手机贺卡的一些建议。

- ✔ **贺卡的主要内容应该是经营关系而不是销售**。贺卡中要包含你的联系方式，包括电话号码、网站地址等。
- ✔ **贺卡内容要个性化，但不要过于复杂**。你的贺卡要足够个性化，能够发送给特定的客户群体，但不要过于复杂，应便于对客户群体内部成员发送相同内容。例如，你可以给喜欢高尔夫的客户发送同样的高尔夫主题贺卡。
- ✔ **注意时间**。节假日贺卡的发送时间很好掌握，但生日贺卡、纪念日贺卡和致谢卡的发送时间要单独安排。利用某些自助彩信工具可以排定贺卡的发送时间，你也可以把数据库里的日期信息提供给彩信服务商，委托他们完成。

记住比较好

在彩信中使用未经授权的内容可能会给你带来麻烦。因此，在手机贺卡中使用任何材料前，都要联系材料的所有者。你可以访问在线版权图书馆，如 Creative Commons（www.creativecommons.org），里面有大量内容可以直接使用。

做我的手机情人

在 2010 年情人节，美国礼品公司（American Greetings）的贺卡活动在美国和加拿大取得了巨大成功，全美几乎每个州的客户都在使用手机收发贺卡。

照片墙活动

在照片墙活动中，消费者可以使用手机拍摄照片，将照片发送到某个公共短码，随即照片就会出现在电子屏幕上。展示照片的屏幕可以是店内的一小块电视屏幕，也可以是全国体育场馆内的多块电子显示屏。

照片墙的用途很广，因为照片墙能够让观众兴奋起来，吸引观众参与，产生"病毒效应"。以下是一些照片墙的应用。

- ✔ **展示体育赛事、演唱会和酒吧现场照片**。例如，饮料公司可以邀请消费者发送他们正在饮用的饮料照片，参与抽奖。

➤ **展示电视节目观众照片，提高观众的参与度。**例如，电视节目主持人可以邀请观众发送他们正在使用的某种产品的照片，然后在电视屏幕下方展示（经过审查后）。

➤ **展示公民新闻和博客。**例如，公民可以直接用手机将照片和视频发送到新闻网站和博客，提供最新本地新闻、天气和交通情况。你可以访问 CNN iReport（www.cnn.com/ireport）或 Allvoices（www.allvoices.com）查看公民新闻案例。

开展照片墙活动时要选定一个供客户发布和浏览照片的位置，可以是店内屏幕也可以是更公共的位置。如今很多零售商（如沃尔玛、Nordstrom's、EBGames）店内都有电子显示屏，能够用作照片墙。

你还可以用电子显示屏推广你的照片墙活动，告诉观众如何发送照片。例如，你可以在屏幕上打出信息："发送××的照片到21534参加比赛，赢取免费季票！"

照片墙活动通常最适用于向消费者传播信息，但也可以用来收集消费者的手机号码。如果你利用照片墙活动收集手机号码，一定要按照运营商规范获取消费者的许可。更多有关获取许可的规定参见第3章。

接收手机发来的照片、过滤照片（有些消费者发送的照片不宜在公共屏幕上发布），然后在电子屏上发布照片是一个技术性很强的过程。我们强烈建议你联系程序供应商获得指导，以保证活动取得成功。

能够帮助你开展照片墙活动的公司包括 TxtStation（www.txtstation.com）、MangoMobile（www.mangomobile.com）、Phizzle（www.phizzle.com）、Aerva、Telescope 以及 Mogreet。

彩信优惠券

想象一下，如果优惠券里包含产品的动态展示和试用视频，那么这种优惠券将有多么强大。越来越多的公司都在给忠实客户发送手机优惠券，而通过彩信发送手机优惠券将让你的优惠券立刻升级。

优惠券中一定要包含兑换说明，在制作优惠券前还要考虑清楚如何记录优惠券的兑换情况。彩信优惠券的兑换方式有以下几种。

- ✔ **向商店收银员出示优惠券。**
- ✔ **在优惠券中加入促销代码。** 促销代码可以是一个包含特殊追踪代码的链接，也可以是一串能够在手机网站上输入的数字。如果你希望客户完整查看彩信，可以要求他们仔细收听或观看隐藏在彩信中的符号或关键词，然后使用该关键词兑换优惠。
- ✔ **要求客户采取彩信中展示的行为。** 例如，通过彩信教客户一段朗朗上口的小调，客户在商店哼出这段小调就可以兑换折扣。
- ✔ **要求用户响应彩信。** 例如，你可以要求用户发送一条短信或一张图片到某个公共短码，或者拨打彩信中的电话。

开展彩信营销时要注意与客户交流的频率，不要太多也不要太少。如果客户选择了加入，就表示他愿意定期收到你的彩信。大部分彩信营销者每月会发送 1~4 次优惠信息，并且时常变更优惠内容以保证信息对客户来说新鲜有趣。

与其他营销方式相比，彩信营销成本不算高，也很新颖，因此你应该多想几个方案进行测试、对比。这样你就能轻松看出哪个方案更好，将它用于营销活动。

第7章 移动电子邮件营销

本章要点

▶ 比较移动电子邮件与其他移动营销方式

▶ 移动设备的显示问题

▶ 利用移动设备收集邮箱地址

▶ 设计适合手机的电子邮件内容

▶ 在电子邮件中加入适合手机用户的行为召唤

在移动电子邮件发展的早期，为了确保手机用户能够阅读，发信人必须发送只包含文字的电子邮件，而不能像发送到电脑端的电子邮件一样使用好看的超文本标记语言（HTML）。这一状况很快得到了改变。今天的手机和手机应用程序已经能够显示复杂的超文本标记语言，并且标准化程度明显提高，能够保证电子邮件在大部分移动设备上的显示效果基本相同。

然而你不能因此掉以轻心。进行移动电子邮件营销不仅要让电子邮件显得好看，还要确保电子邮件的内容兼容于各种平台，如电脑端的电子邮件程序、基于网页的电子邮件程序，甚至是社交网站。你还要利用各种移动传播渠道收集邮箱地址，同时确保你的电子邮件在移动设备上是可操作的，让客户不使用电脑也可以完成购买。

本章将介绍如何完善电子邮件营销战略，让电子邮件营销在移动端同样有效。关于如何制定一个电子邮件营销整体战略，参见约翰·阿诺德的《电子邮件营销入门》(*E-mail Marketing For Dummies*)。

了解移动电子邮件营销

移动电子邮件营销是移动营销诸多形式中的一种，其既有优点也有缺点。表 7-1 对比了几种移动传播渠道，你可以从中找出最适合你的移动传播方式。

表 7-1　移动电子邮件与其他移动传播方式的对比

功能对比 ＼ 传播方式	移动电子邮件	短信（包括彩信）	社交媒体	简易信息聚合（RSS）
传输功能	可批量发送到私人信箱，实现点对点个性化传播	可批量发送到私人信箱，实现点对点个性化传播	公开的大众传播，也可人工发送信息到私人信箱	公开的大众传播，实现个性化传播有困难，因为多数订阅者都是匿名的
传输成功率	成熟的电子邮件营销程序传输成功率超过 97%，使用过滤器或邮箱地址变更的情况可能导致成功率下降	理论上传输成功率可达 100%，运营商为传输把关，过滤的情况很少，人们更换手机号码的频率也不如更换邮箱地址高	大量信息是发布而非传输的，任何人都可以浏览，人们能够轻易取消关注或无视信息	大量信息是发布而非传输的，任何有 RSS 阅读器的人都可以浏览，人们能够轻易取消订阅或无视信息
受众	几乎每个人都使用电子邮件，阅读邮件时可以在电脑和手机间轻松切换	30 岁以上人群使用率在快速提高，对于 25 岁以下人群来说很普遍，市场上 95% 的手机可以收发短信	过去只在年轻人中流行，如今已迅速普及，但很少有人把社交媒体当作首要沟通工具	只有不到 15% 的人知道自己在使用 RSS 功能[1]。其实，这项技术广泛应用于很多我们所熟悉的功能，如将一篇博客文章转发到另一个网站，以及将别人的内容转发到你的博客或社交媒体等
收集联络信息	必须经过用户同意，不一定要有明确的选择加入环节，但推荐进行	必须经过用户同意，并有明确的选择加入环节	不用获取个人联系方式，添加关注代表授权同意	不用获取个人联系方式，添加订阅代表授权同意

---

[1] 这一数据来自 ClickZ 的报告。——译者注

（续表）

传播方式 功能对比	移动电子邮件	短信（包括彩信）	社交媒体	简易信息聚合（RSS）
内容格式	文本和图形设计几乎没有限制，可以添加各种链接和图片	文本限制在160个字符以内，图形设计仅限于图像，添加链接同样受到字数限制	某些网站（如Twitter）限制字数、图形设计、附件和下载权限	文本和图形设计受限，除非读者点到转发源阅读；附件和下载受限
成本	推荐聘请电子邮件服务商，可以统一计费也可以单独计费，平均每封只要几分钱	需要聘请电子邮件服务商，平均每条短信成本约0.1美元，量越大成本越低	直接访问社交网站是免费的，需要聘请电子邮件服务商管理多个账号和受众，成本很低	需要聘请电子邮件服务商或掌握编程技巧，大部分服务是免费的，或者成本很低

电子邮件很适合用来一次性向大量人群发送高度个性化的、有针对性的、私密的、与兴趣相关的信息。你可以在邮件中添加附件、网页和其他内容，也可以调整邮件的配色、图片和文本格式，从而提升品牌形象。你可以一次性发送大量邮件，这意味着你的信息可以高效地到达很多人，收件人也会注意到你的信息，因为邮件会一直保留在他们的收件箱中，直到他们打开并删除为止。

电子邮件的优缺点不仅仅在于它作为一种传播手段所具有的功能，要高效地进行移动电子邮件营销还要处理好一些技术问题。以下将向你介绍这些技术问题，并教你如何处理。

设备和浏览器

大部分人都能通过手机和计算机访问同一个邮箱，因此你无法根据邮箱地址得知对方会通过计算机屏幕还是手机屏幕阅读电子邮件。这给电子邮件营销带来了挑战，因为有些电子邮件更适合显示在计算机上，其在移动设备上无法显示或者无法操作。

例如，一份三栏的邮件电子报在计算机屏幕上看起来可能很棒，但在只有三英寸的手机屏幕上读起来却很费劲（见图7-1）。同理，如果你发送了一封包含产品购买链接的邮件，计算机前的收件人看到后可能会立即购买，而使用手机的收件人却会因为发现自己无法购买而感到失望,因为手机端的网上购物功能有限。

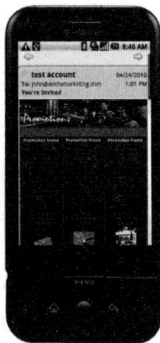

图 7-1
三栏邮件
电子报的
示例

资料来源:ConstantContact.com

以下是四个影响移动电子邮件互动能力的技术问题,每一个技术问题后面我们都给出了处理建议。

✔ **设备**。有些设备先天不适合用来进行电子邮件互动。例如,使用没有触屏的设备很难点击链接。即便你知道每一个用户使用什么设备、什么时候更换设备,要设计出一封能够在各种设备上流畅互动的电子邮件也几乎是不可能的。同样,要为每一种设备设计一封电子邮件也不现实,这浪费了电子邮件的一项主要优势,即大规模传输。

✔ **操作系统和浏览器**。设备制造商会给手机预装软件。有些手机,如苹果 iPhone、安卓手机、黑莓手机和 Palm 手机,都有自己的操作系统。其他手机,如 HTC 和摩托罗拉,可能使用 Windows Phone 操作系统,或者安装运营商软件。让情况更加复杂的是,有些手机预装了 Safari、火狐或 Internet Explorer 等浏览器来显示超文本标记语言,而很多操作系统根本不支持超文本标记语言。每一种操作系统和浏览器都可能用不同的方式显示电子邮件,或者不支持电子邮件中的某些功能。

✔ **电子邮件程序**。即便你的客户都使用相同的手机和操作系统,他们用来收取电子邮件的程序也会不同,从而带来不同的问题。例如,苹果 iPhone 用户可能使用 iMail 收取电子邮件,也可能使用 Outlook 收取,以便于同步公司邮件。程序员设计电子邮件程序时依据的是他们对于实用性的理解,这些设计不一定适合每一个人。例如,某些程序可能仅显示电子邮件的前 150 个字符,直到收件人决定下载完整邮件；而某些程序可能在邮件被打开时显示所有内容。这不仅是移动电子邮件营销所面临的问题，也是整个电子邮件营销所面临的挑战。自采用超文本标记语言的电子邮件出现以来，电子邮件营销者就一直在烦恼 Outlook、Hotmail、Gmail、Yahoo、AOL 等电子邮件程序标准不同的问题。

✔ **超文本标记语言。** 移动电子邮件使用的超文本标记语言和网站使用的超文本标记语言不同。电子邮件程序不支持 JavaScript，也不会显示表单域，甚至电脑端的电子邮件程序也不行。超文本标记语言控制着邮件的宽度、链接位置以及邮件的设计和格式，这些设计可能对也可能不对，取决于在哪种设备、操作系统、浏览器和程序中显示。例如，将电子邮件宽度设置为 600 像素可能很适合计算机，在具备缩放功能的移动设备和能够自动调整 HTML 页面大小的电子邮件程序中也可以正常显示，但是，对于屏幕大小为 150 像素、没有缩放和滚屏功能的手机来说，这种设置就可能导致 450 像素的内容被隐藏，相关示例如图 7-2 所示。

图 7-2
电子邮件
部分内容
被隐藏的
示例

资料来源：ConstantContact.com

不同的设备、操作系统、电子邮件程序可能产生成千上万种组合，但你不需要为每一种组合设计一种电子邮件。发明电子邮件程序的技术人员希望消费者在浏览邮件时能获得最好的体验，他们不指望商业界遵循多种显示标准。统一的显示标准正在形成，但需要时间。在 HTML 电子邮件的显示标准形成之前（不会太久），你应该考虑以下建议。

✔ **聘请一家电子邮件营销服务商帮你编辑和发送邮件。** 电子邮件营销服务商有很多工具，能够适应最新标准，让你成功通过电子邮件与消费者互动。顶尖的电子邮件营销服务商都是设计和发送移动电子邮件的专家，有些电子邮件营销服务商还有工具可以让收件人自行选择浏览电子邮件的标准版还是手机版。

✔ **收集收件人的偏好信息，对收件人进行分组。** 如果按照设备、操作系统或电子邮件程序对收件人进行分组，那么涉及组别较多，较为繁琐。对此，你应该进行简单分组，如苹果 iPhone 用户和非苹果 iPhone 用户。另外，你还可以在用户选择加入时询问他愿意收到手机邮件还是电脑邮件，然后根据答案对用户进行分组。

✔ **耐心等待标准出现。** 用户都知道自己设备的局限性，在设备差异被克服前，你应该参考以下部分给出的建议，让你的电子邮件尽量标准化。

选择电子邮件营销服务商

当你遇到设计标准、垃圾邮件过滤、防火墙、垃圾文件夹、消费者不信任等问题时，可以向专业电子邮件营销服务商咨询。电子邮件营销服务商提供以下商业电子邮件服务：

✔ 提高电子邮件的传输成功率；

✔ 数据库和地址簿管理；

✔ 电子邮件模板设计；

✔ 电子邮件内容创意；

✔ 跟踪记录；

✔ 建议和咨询。

与个人相比，电子邮件营销服务商能更好地利用电子邮件。如果你不想自己进行电子邮件营销，可以外包给电子邮件营销服务商，外包程度不同收费也不同。以下是聘请电子邮件营销服务商进行移动电子邮件营销的一些好处。

✔ **让你的公司显得更专业。** 电子邮件营销服务商能帮你设计漂亮的电子邮件模板，即使不懂编程也能使用。大部分电子邮件营销服务商提供的模板既有方便消费者阅读的布局，又适用于各种类型的信息。有些电子邮件营销服务商还提供适合手机的模板，具备额外功能，如在模板中添加手机版链接，相关示例如图 7-3 所示。

—— 切换到手机版本

图 7-3
在电子邮件中加入手机版链接的示例

资料来源：ConstantContact.com

✔ 模板制作向导能够让你以较低的成本控制所有设计元素，有些电子邮件营销服务商还可以帮你完成半定制的设计乃至完全定制的设计。通常，电子邮件营销服务商会提供以下模板：
  - 新闻信；
  - 促销；
  - 公告；
  - 新闻发布；
  - 活动邀请；
  - 贺卡；
  - 商业信函。

很多电子邮件营销服务商都可以提供特殊模板定制服务，当然，费用另加。当普通模板不能满足你的要求时，在价格合适的情况下可以考虑特别定制。

✔ **确保你的营销合法。**电子邮件营销服务商会考虑相关法律问题，为客户的营销保驾护航。口碑好的电子邮件营销服务商不仅会遵守基本的法律要求，还会遵守行业标准，这些行业标准能够反映消费者的偏好。以下是一些行业标准（更多有关电子邮件法规的内容参见第 3 章）：

- 安全的一键退订链接；
- 隐私声明；
- 在邮件中添加现实地址；
- 使用经过认证的邮箱地址发送邮件。

✔ **帮你管理反馈和报告**。电子邮件营销服务商能够帮你管理数据和反馈，从而更好地执行你的电子邮件营销战略。以下是电子邮件营销服务商对数据进行的一些管理：

- 储存和检索用户信息；
- 报告传输情况；
- 自动处理订阅和退订请求；
- 追踪被屏蔽和退回的邮件。

✔ **提供内容上的协助**。电子邮件营销服务商希望你的电子邮件营销成功，因为只有这样你才会成为他们的忠实客户。很多电子邮件营销服务商有很多资源，能够提供一些邮件内容上的帮助和电子邮件营销案例。这些资源包括：

- 在线社区；
- 在线研讨会；
- 个别辅导；
- 集体课程；
- 咨询。

✔ **提供实践经验**。电子邮件营销服务商能够为你提供很多宝贵的消费者偏好数据，要自行获取这些信息很贵，几乎是不可能的。电子邮件营销服务商代客户发送大量邮件，能够很方便地获取最新的消费者偏好信息和行业标准。有些电子邮件营销服务商会与你分享他们所掌握的信息，使你的电子邮件营销更加有效。你能从他们那里学到的东西包括：

- 发送邮件的最佳时间；
- 如何提高邮件被收件人实际打开的概率；
- 如何避免营销邮件被收件人当作垃圾邮件投诉；
- 当邮件被屏蔽或过滤时怎么办；
- 如何设计、安排内容。

电子邮件营销服务商提供多种多样的自助和外包服务模式。如果选择自助，你可能还需要其他服务，如移动网站设计和短信服务。如果你的预算够多，你可以找一家能提供关联服务的电子邮件营销服务商，或者找一家与电子邮件营销服务商和其他服务商都有合作的营销代理。

通过移动设备收集邮箱地址

拥有一份高质量的邮箱地址簿就等于拥有了与用户和潜在用户进行直接沟通的渠道，而移动设备是收集邮箱地址的好渠道。要创建一份高质量的邮箱地址簿不容易，因为你要确认地址簿上的每个人都愿意收到你的邮件。向消费者发送他们不想要的邮件会激起他们对你的负面态度（换句话说，消费者会被你惹恼）。

在通过移动设备收集邮箱地址前，一定要确保你没有违反法律和行业标准。更多有关移动通信（包括电子邮件）的法规和标准参见第3章。

以下各种利用移动设备收集邮箱地址的方法都值得一试，它们的共同点在于均需要获取同意。

利用短信收集邮箱地址

你可以通过广告邀请用户和潜在用户用短信将邮箱地址发给你。以下是利用短信收集邮箱地址的两种方式。

- ✔ **邀请消费者用短信将邮箱地址发送到你的手机。** 如果预计不会收到大量短信，或者预算不够租用公共短码和短信平台，那么你可以使用这种方法，先将收到的地址添加到地址簿，然后向这些地址发送邮件。这是一种高度手动的方法，使用这种方法，你必须公开自己的手机号码，我们不推荐这种方法。
- ✔ **邀请消费者用短信将邮箱地址发到你的公共短码。** 在使用这种方法前，要确认你的短信程序已经设置好，能够将短信中的电子邮件地址添加到你的数据库。如果你的公共短码是专用的，你就可以让消费者直接发送邮箱地址，短信平台能自动识别邮箱地址，并将它放入数据库中的合适位置。相关示例如图7-4所示。如果你的公共短码是共用的，你就要让消费者在发送邮箱地址时加上关键词，如"发送短信'关键词＋邮箱地址'到12345"，"关键词"是你自行设置的，"12345"是你的公共短码。更多有关公共短码和关键词的内容参见第4章。

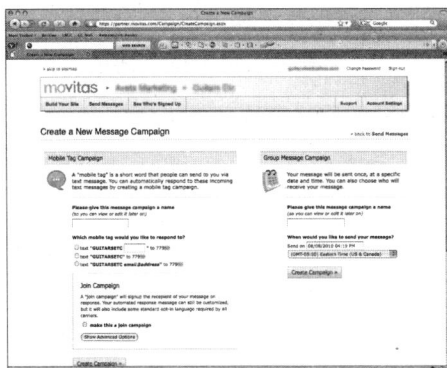

图 7-4
能够识别
邮箱地址
的短信数
据库示例

资料来源：Movitas.com

通过移动网站收集邮箱地址

你可以要求消费者在注册你的移动网站时填写表格，提供邮箱地址。在移动网站中加入注册表格的示例如图 7-5 所示。

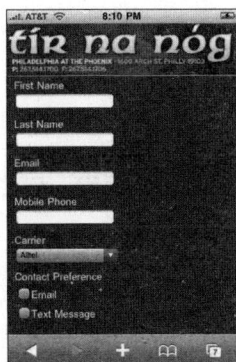

图 7-5
在移动网
站中加入
注册表格
的示例

资料来源：Movitas.com

你要在所有广告中加入注册地址（如 www.*yourcompany*.com/sign-up），注册表格要简短，因为注册人可能在用很小的键盘打字。在注册表格中，可以要求消费者填写邮箱地址、姓名，选择合适的分组。其他信息可以在此之后收集。

通过移动电子邮件收集邮箱地址

很多手机都支持电子邮件，你可以通过广告邀请消费者发送任何电子邮件到某个地址，然后自动回复该邮件向消费者确认订阅。例如，你可以邀请消费者发送邮件到 subscribe@*yourcompany*.com，收到邮件后再把发信地址添加到你的数据库。

你一定要在广告中说明会对收集到的邮箱地址发送营销邮件，让消费者对营销邮件的内容和频率有心理准备。你还要让消费者准备好在发送邮件后会收到确认订阅的回复，相关示例如图 7-6 所示。

图 7-6
回复确认
邮件示例

通过手机程序收集邮箱地址

有些电子邮件营销服务商能够提供一种手机程序，自动帮你收集邮箱地址。这种手机程序还可以直接将你面前的人添加到你的邮箱数据库，相关示例如图 7-7 所示。

图 7-7
面对面收
集邮箱地
址示例

资料来源：ConstantContact.com

保护你的邮箱地址簿

　　拥有一份按照兴趣和行为分类的邮箱地址簿是一件值得骄傲的事情。地址簿和数据既是一种资产，也是一种很重要的竞争优势。

　　保护邮箱地址簿和收集邮箱地址同样重要。不要违背订阅者的信任，未经订阅者许可，不得将他们的邮箱地址与第三方分享。不要滥用你的邮箱地址簿，向订阅者发送他们没有订阅的邮件，或者把他们的订阅当作一种资源卖给广告主、在邮件中植入刺眼的广告。

　　总之，不要用你收集到的邮箱地址做任何未经订阅者明确同意的事情。

你可以在以下场合使用手机程序收集邮箱地址。

- **网络活动**：避免了手动收集名片并将名片上的信息输入数据库。
- **展览会**：不管你是参观还是经营自己的展位，都可以利用手机程序收集邮箱地址。
- **在门店内**：如果你有实体店，那么可以在和消费者互动时收集邮箱地址。
- **在办公室**：在办公室与他人会面过程中收集邮箱地址。

执行移动电子邮件营销项目

　　移动设备的普及为电子邮件营销带来了全新的机遇和挑战。主要挑战包括以下几点。

- 大部分人会用移动设备和计算机访问同一个邮箱。因此，你在设计手机电子邮件时也要考虑电脑端的浏览情况，反之亦然。
- 手机屏幕通常很小。你的电子邮件设计必须方便手机用户浏览内容、点击链接。
- 受众既要能够使用手机，又要能够使用计算机对你的邮件进行操作。

　　本部分我们将介绍如何改善邮件的设计和内容，让它在移动端更具可读性和互动性。要了解如何从零开始设计和发送邮件，请阅读《电子邮件营销入门》。

选择移动电子邮件设计方案

设计移动电子邮件时,你可以选择以下三种方案。

✔ **分别创建电子邮件,即为手机用户和计算机用户分别创建适合他们的电子邮件。** 当用户告知他们只使用手机阅读电子邮件,而从不使用计算机阅读时,你应该选择这种方案。你可以在订阅电子邮件的注册表格中询问用户偏好哪种联系方式,基于此对用户进行分类,如图 7-8 所示。

图 7-8
询问用户
联系方式
偏好

资料来源:Movitas.com

注:只有当你的用户使用相同设备时,我们才建议你询问联系方式偏好。

基于联系方式偏好设置分组,意味着你预期的邮件在所有手机上都能正常显示、功能完整。我们不推荐这种做法,除非你确定用户使用的是相同的设备(如你每周都向 1000 个人发送电子邮件,而他们所有人都在苹果 iPhone 上使用 Outlook 查阅)。更多有关这一难题的内容,回顾本章"设备和浏览器"部分。

✔ **创建适合计算机的电子邮件,意味着电子邮件的各种性能只有对计算机用户才是完整的。** 如果用户告知他们会使用手机检查新电子邮件、但只使用计算机阅读,那么你可以选择这种方案。当你选择这种方案时,你要告诉用户电子邮件在电脑端阅读能获得最佳效果。

✔ **创建兼容于电脑和手机的电子邮件,将二者兼容的功能发挥到极致。** 如果你希望用户既能通过计算机又能通过手机与你进行邮件互动,并且愿意牺牲某些只适用于某种设备的性能,那么你可以选择这种方案。这种方案需要对你的常规邮件内容进行调整，以确保它兼容于大部分环境。我们推荐这种方案，因为移动设备和程序已经开始统一标准，使 HTML 邮件在手机屏幕上能更顺利地运行。这不代表你不会遇到任何问题，但会使计算机电子邮件和手机电子邮件具备更多的共同点。

创建适合手机的电子邮件

设计手机电子邮件时最重要的问题就是关键内容的位置，要确保电子邮件在计算机屏幕和手机屏幕上显示时关键内容都很明显。大部分移动设备在打开电子邮件时显示的都是邮件的左上角，因此，最重要的内容应该被放置在左上角，如图 7-9 所示。

图 7-9
电子邮件中最重要内容的放置位置

资料来源：ConstantContact.com

将内容位置视觉化的一种好办法就是在脑海中将电子邮件页面分成四个部分，然后将最重要的内容放在左上角。你不用从视觉上将内容分成四块，只需在左上角强调重要内容。以下是几种适合放在左上角的内容。

- **品牌**。受众在识别出电子邮件来源后会更愿意阅读。因此，你要确保公司名称、标志和其他能够识别品牌的设计元素出现在电子邮件左上角。
- **主标题**。主标题无须完全位于左上角，其从左上角开始会获得更多关注。有的电子邮件程序会自动将标题调整到适合屏幕的大小，有的程序则允许滚动和缩放。不管在哪种情况下，都要保持标题简短。

- **行为召唤**。行为召唤就是呼吁消费者采取某种具体行为，如购买某件产品、点击某个链接或拨打某个电话号码。电子邮件中有价值的信息一定要放在左上角。如果电子邮件的主要意图是让消费者响应行为召唤，那么你一定要在左上角指引消费者阅读包含行为召唤的内容。
- **强烈的视觉元素**。视觉元素（如图像、链接、标志、着重号、图形）能够加强受众对重要内容的印象。在左上角出现强烈的视觉元素能够让受众迅速抓住重要内容。这里要注意一点，虽然图像能够吸引注意力，但若图像占据了左上角的大部分位置，受众可能会忽略配套的文字。如果你决定在左上角使用图片，那么要用小一点的，确保标题的头几个字能出现在左上角。
- **引导信息**。如果电子邮件中有重要内容在第一屏以外，那么要在左上角加上导航链接和引导信息。例如，你可以在左上角放置一个包含导航链接的目录。

添加导航链接

导航链接就是 HTML 链接，能够让消费者跳转到电子邮件的不同部分。如果你的电子邮件中包含多个标题或内容主体、受众必须滚动屏幕才能阅读，那么你就可以在电子邮件中添加导航链接，从而：

- 突出受众无法直接看到的内容；
- 让受众只需点击链接、无需滚动屏幕就可以获得信息。

纯文本邮件

有些手机不能显示超文本标记语言，因此会自动把电子邮件转换成文本。采用超文本标记语言的电子邮件被设备转换成文本后会变得混乱，收件人很难读懂。有些转换结果会完整显示 HTML 代码，有些则将文本、代码、图像和其他设计元素一并显示。

纯文本电子邮件会抹杀链接和其他功能，有些电子邮件营销服务商会让订阅者自行选择是否接收纯文本邮件。这样，邮件被发送前就已经转换成了格式整齐的纯文本，适合收件人阅读。有些电子邮件营销服务商还允许你自行编辑 HTML 邮件的纯文本版，让你完全掌控纯文本版电子邮件的内容。

导航链接其实就是 HTML 形式的锚链接。锚链接是引用 HTML 文件中某个部分的 HTML 标签，锚链接被点击时会自动将浏览器滚动到引用的开头部分。要创建一个锚链接，首先要用锚标签给锚命名，然后在电子邮件代码中将锚放置在你希望链接的内容的开头部分，最后在电子邮件文本中加入一个指向锚的链接。你可以选择使用 HTML 编辑器或网站编辑器，并按照以下步骤操作（具体细节取决于你使用的编辑器）。

第 1 步，使用锚标签设置锚，给锚命名。

用标题或内容的第一个字给锚命名，你就能记住稍后应该如何给锚链接命名。

● 要在文本中设置锚，需要在段落标签中加上锚标签 < a > 以及命名属性。

```
<p><a name="anchorname">headline or title</p>
```

● 要将一张图片制定为锚，需要在图片标签中加入命名属性。

```
<img name="anchorname" src="http://www.yourcompany.com/
        sample/image_file/imagename.jpg">
```

如果你对超文本标记语言不熟悉，那么你应该用你想用的名称替换以上例子中的 "*anchorname*"。"*headline or title*" 代表实际显示的文本。图片标签中的 URL 代表你想用的图片的地址和文件名。

第 2 步，在 HTML 邮件文本中插入锚标签 <a> 创建锚链接，href 属性指向第 1 步中你使用的锚，前面加上 #。

● 要创建一个指向你的锚标签的链接，需要使用以下代码：

```
<a href="#anchorname">TOC link text</a>
```

● 要创建一个指向你的锚链接的导航目录链接，需要使用以下代码：

```
<a href="http://www.yourwebsite.com/page.html#anchorname>
        navigation link text</a>
```

超文本标记语言掌握起来不容易，尤其对于那些没有电子邮件营销服务商帮助的人来说，更是难上加难。在尝试使用锚标签和其他代码前，可以先参考 Ed Tittel 和 Mary Burmeister 的《HTML 4 入门 第 5 版》（*HTML 4 For Dummies, 5th Edition*）。

就算你不懂超文本标记语言，电子邮件营销服务商也可以让你在邮件中加入导航链接，很多电子邮件营销服务商的基本电子邮件模板都包含了导航链接。

利用导航链接可以给邮件创建目录。邮件目录就是一组列出了标题的特殊导航链接，每一个标题都对应着邮件的某个部分。你可以把邮件目录放在邮件顶端，也可以放在邮件底部，然后在顶端加上一个"跳转到导航"的链接，这样受众就可以轻松找到目录，同时也可以在邮件顶端看到一些内容。相关示例如图 7-10、图 7-11 所示。

图 7-10
在邮件开
始部分放
置邮件目
录示例

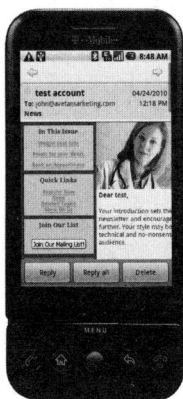

资料来源：ConstantContact.com

图 7-11
使用"跳
转到导航"
链接示例

资料来源：ConstantContact.com

只有当你的邮件有很多内容，必须滚屏阅读时，才需要创建目录。当然，你首先要考虑一下是否在一封电子邮件中加入了过多的内容。减少邮件内容、分多次发送、方便手机用户阅读，可能是一个更好的选择。

如果不能缩减，目录就是一个总结内容的好方法，方便受众找到并阅读他们最感兴趣的内容。以下是在电子邮件中加入目录的一些建议。

- **在目录前添加目录标题**。例如，"快速链接""快速查找"。
- **标题要简洁**。你可以使用标题的前几个词，也可以重复使用简短的主标题，然后在文章中使用副标题作为主标题的展开。
- **链接要清楚**。链接要能清楚地反映它所链接到的内容。巧妙的链接能够激发受众的好奇心，但如果受众点击后看到的内容与预期不符，可能会失望。
- **确保目录在滚动轴上方**。滚动轴位于手机屏幕的底端，滚动轴以下的内容必须要滚动屏幕后才能看到。目录的作用就是让受众免于滚动屏幕。如果目录长出了滚动轴，那么说明邮件的内容太多了。

编辑邮件内容

编辑邮件内容的第一步就是在邮件的标头处放置受众熟悉的、激励性的信息。邮件的标头一般包含以下内容：

- 发件人；
- 发件地址；
- 主题；
- 电子邮件程序添加的信息和代码。

移动电子邮件程序会显示邮件的标头信息，以方便用户对邮件进行分类、排序、决定是否打开等。图 7-12 是安卓版 Gmail 显示标头的效果。

图 7-12
安卓版
Gmail 显
示标头的
效果

正确使用标头能让受众识别出发件人是否值得信任，也能帮助受众判断邮件是否有立刻阅读的价值。

尽管你不能控制邮件标头的所有信息，但还是可以控制以下三种对受众来说最有用的信息。

✔ **发件人**。发件人信息能够告诉收件人邮件的出处。大部分电子邮件程序和电子邮件营销服务商都能让你在邮件标头加入你的身份信息。因此，你要先考虑清楚自己以什么身份面对受众，然后起草发件人信息。

✔ **发件地址**。发件地址显示的是你用来发送邮件的邮箱地址。有些电子邮件程序将发件地址和发件人一并显示。你的公司名称应该出现在邮箱地址中，如 john@yourcompany.com 或者 yourcompany@gmail.com。

✔ **主题**。好的主题能够吸引受众打开邮件进一步阅读。主题应该保持在 5 ~ 8 个词，这样基本能完整地显示在手机屏幕上。

决定好标头信息后，就要开始编辑邮件内容。所有邮件都应该简洁，特别是面向移动设备的邮件，更应该尽可能简短地将意思表达清楚。

要想让邮件在电脑端和移动端都能收到比较好的效果，可以在邮件的开头加上导读。导读就是用一两句话总结邮件的内容，方便收件人采取下一步行动，如图 7-13 所示。

图 7-13
在邮件开
头加上导
读的示例

资料来源：ConstantContact.com

导读应该包含以下一条或多条信息。

✔ **切换到移动网页版的链接，方便手机用户阅读**。链接指向的移动网页可以侦测到用户的手机机型和浏览器，从而正确显示邮件。更多有关移动网站的内容参见第 8 章。

✔ **邮件的主要目的**。人们在阅读邮件前经常用手机对邮件进行分类、排序，在导读中抛出邮件的主要卖点能够吸引受众马上阅读。

✔ **如何行动**。如果收件人能基于邮件立刻采取某种行动，那么你就应该在邮件的导读中说明这一点。如果收件人必须使用计算机才能行动，那么你应该告诉收件人保存邮件，稍后使用计算机打开。

导读后面的内容取决于你希望受众如何行动。例如，你希望受众点击邮件中的链接，跳转到移动网站进行购买，那么只要加上这方面的内容就可以了。邮件内容应该尽量简短，只保留引导消费者采取下一步行动的必要信息即可，每一封邮件的内容都应该集中在一项行为召唤上。要使邮件尽量简短，你应该从目标入手，考虑什么行为能够达成你的目标，要让受众采取这种行为至少需要设置哪些内容等。以下是两个案例。

案例 1

✔ **目标**。吸引消费者前往某商店。

✔ **行为**。向商店收银员出示优惠券。

✔ **内容**。优惠券、产品照片、浏览更多照片的链接、显示商店位置的地图链接、一段解释购买条款的文字、一句告诉消费者如何获取优惠的话（向收银员出示邮件）。

案例 2

✔ **目标**。让 100 个人阅读一篇文章。
✔ **行为**。通过手机屏幕阅读文章，或点击跳转到移动网站阅读文章，或保存文章稍后在计算机上阅读。
✔ **内容**。文章的全部或部分文本、前往移动网站阅读的链接、一段说明三种阅读方式的导读。

大部分具有商业价值的行为都发生在邮件以外，因此邮件中只需包含让受众完成第一步的必要信息，剩下的信息可以放在下一步行为发生的位置。例如，要在移动网站上完成购买，首先需要访问移动网站，邮件内容只需将受众导向移动网站，引导受众采取其他行动的内容可以放在移动网站上。

在移动电子邮件中加入行为召唤

要使电子邮件营销获得良好的效果，最好让收件人不管使用计算机还是手机都能立刻针对邮件采取行动。例如，如果邮件的主要内容是让消费者通过打印机打印优惠券，然后前往商店进行兑换，那么计算机用户可以很轻易地完成打印，而手机用户则必须等回家后重新登入邮箱，打开邮件，打印优惠券，然后前往商店。要想兼顾两种用户，你的邮件必须告诉他们既可以打印邮件，也可以直接向收银员出示手机上的邮件。

以下内容将告诉你哪种目标适合手机电子邮件，以及如何确保手机用户能与你的邮件顺利互动。

✔ **打开和阅读邮件**。如果你的主要目标是告知，那么手机很适合用来立即查看新邮件。如果你希望受众马上阅读你的邮件，那么你的邮件应该保持简洁。
✔ **链接到移动网站**。大部分手机都有网络浏览器，而移动网站能够自动侦测手机机型并基于此调整显示方式。通过移动网站可以进行很多互动，如果你希望用户通过手机与你互动，那么就要确保邮件中的链接指向移动网站。更多有关移动网站的内容参见第 8 章。

- **使用手机优惠券**。你可以要求受众向某个地点的某人出示手机优惠券，也可以向受众发送一个可以在移动网站上使用的优惠代码。出示手机优惠券兑换优惠的示例如图 7-14 所示。

- **回复邮件**。如果希望用户立刻回复，那么可以要求收件人通过手机直接回复邮件。

- **呼叫电话号码**。有些设备允许用户点击电话号码然后直接呼叫，因此你应该在邮件中加入电话号码。

- **保存邮件**。如果邮件设置了某些只适用于电脑的高级功能，或者需要花费时间大量阅读，那么可以要求用户保存邮件，并且在邮件的开头简短说明这样做的好处。

- **收集反馈**。你可以在邮件中加入一个链接，指向移动网站的反馈表格，或者邀请收件人向你发送短信参与短信调查。

- **方便社交媒体分享**。如果希望受众分享邮件内容，那么可以将邮件内容制成文档发布在网页上，然后在邮件中加入链接。电子邮件营销服务商可以教你如何将邮件制成文档。

图 7-14
出示手机
优惠券兑
换优惠的
示例

资料来源：ConstantContact.com

邮箱地址链接

除了网页链接外，你还可以添加邮箱地址链接。邮件中的邮箱地址往往以链接的形式出现，点击邮箱地址，用户默认的电子邮件程序就会自动新建一封邮件。

手机用户经常会利用工作的间隙或很短的碎片时间查看新邮件。你应该在邮件中加入行为召唤，防止受众仅仅因为繁忙而删除邮件。

为了让受众等到有时间或能够使用计算机时再采取行动，你可以试试以下行为召唤（可以把行为召唤放在邮件主体、导读或主题中）。

- 保存邮件——邮件中含有 5 折优惠券。
- 邮件中包含三种新产品和活动现场照片。
- 是否正在使用手机？如果是可查看纯文本摘要（使用锚标签链接到邮件底部的纯文本段落）。
- 访问网站查看邮件文档（添加文档链接）。

第3部分

移动媒体与广告

让一切变得更简单！

移动营销最让人兴奋的一点就在于它能够利用移动网站、移动 APP 和移动广告创造出丰富的使用体验。

第 8 章，教你如何设计移动网站，避免通过移动设备访问传统网站时经常出现的那些问题。

第 9 章，帮助你了解快速发展的移动 APP，给你一些开发和推广移动 APP 的建议。

第 10 章，告诉你如何在移动网站和移动 APP 上发布广告。

第 11 章，帮助你了解如何利用手机的语音功能开展语音应答服务。

第 12 章，给你一些针对移动端用户调整社交媒体策略的建议。

第8章 设计和开发移动网站

本章要点

▶ 认识移动互联网

▶ 移动网站的用途

▶ 获取移动网站域名

▶ 设计、测试、更新移动网站

移动设备的普及，尤其是智能手机和其他联网设备的普及（参见第1章），推动了移动互联网的发展。全球数十亿人越来越依赖移动设备进行交流和沟通，移动互联网的重要性呈指数级增长。

今天的手机应用程序让用户感到惊喜（参见第9章），这些程序几乎能帮助他们完成所有事情，从发光、发亮到识别电台播放的歌曲，从推荐附近的餐馆到购物，从国际银行业务到国际贸易，等等。尽管当下的应用程序热潮带来了很多别出心裁的小发明，但随着移动互联网的发展，目前仅限于传统互联网的内容和功能终有一天将在移动互联网上实现，到那时，应用程序将被移动互联网打败（参见本章最后"移动互联网 VS 应用程序：HTML 5 的角色"部分）。忽略或低估移动互联网的价值等于错失一个营销的良机。

很多消费者对公司的第一印象都来自于移动互联网。如果你没有一个针对手机用户的移动网站，那么第一印象很可能就是最终印象。事实上，就算你没从本章学到任何东西，你也应该知道，拥有一个移动网站对你的公司来说是非常关键的，不管这个网站是丰富多彩的，还是只简单地给出了公司的地址和联系方式。

本章将介绍移动网站和普通网站的差别，说明移动网站的潜力、局限和用途，介绍创建移动网站的工具，讨论移动网站的设计和内容，并帮助你选择一个域名策略。

了解移动互联网

向计算机用户和手机用户提供相同的内容和体验是一个巨大的错误，因为手机和计算机的使用方式具有很大差异。移动互联网提供的是一对一的亲密体验，使用者经常处于移动中，带着某个具体目的访问移动互联网（如查看体育赛事比分、天气预报或者寻求购买某件产品）。移动互联网和传统互联网完全不同，传统互联网是基于静态消费而设计的，以后也将继续如此。

创建移动网站时，你要站在用户的角度思考。处于移动中的人和目的明确的人没有时间点开层层级级的菜单、左右滚动屏幕、等待页面加载。他们通常都在一心多用——走在街上，用一只手喝咖啡，而另一只手在操作手机。90% 的人都惯用右手操作手机，因此你要让移动网站能够单手操作，确保右手大拇指能触及主要功能。明确网站用途很关键，你要保证移动网站能让用户简单、快速地达到目的。

一个常见的错误就是把电脑端网站整个搬移到移动互联网上、还指望访问者能够快速打开网站。正确的做法应该是开发一个简单、便捷的网站，从而保证它在大部分移动网络和移动设备上都能迅速加载完成，使用户通过一两次点击就能获得需要的信息。要开发一个使用率高的移动网站就要做减法，网页标题要简明、语言风格要简单、内容要层次分明。

以下将告诉你移动互联网和传统互联网有哪些不同，让你对移动互联网有一个全新的认识，并将这种认识运用到移动网站的设计中去。

适应情境

开发移动网站时，情境永远是应该优先考虑的问题。利用情境信息，能让移

动网站与用户当前所处的情境更加相关。位置和时间是最重要的情境因素，另外，新闻、天气以及用户的习惯、兴趣也很重要。举例来说，一位消费者开着车，正在寻找去往商店的方向（他可能为此靠边停车），这就是他所处的情境。你要站在网站访问者的角度思考。他们通常都带着某个具体问题访问网站，希望快速找到答案，而不会完整地浏览并查看关于你公司的所有信息。这种完整的浏览通常都是通过计算机完成的。

移动互联网的用户体验和传统互联网不同。2010 年，微软的一项广告研究表明，人们在移动互联网上的搜索行为通常都跟他们出门要做的事情有关，例如，手机用户可能平均每一小时就会进行一次本地信息搜索，而计算机用户可能每一个月才进行一次。

大部分手机用户在访问移动网站时，都会有以下一些行为习惯。

- ✔ 不是在规划行程，但可能是查看到达 / 出发时间，搜索附近餐厅，查找电话号码、地图和推荐。
- ✔ 不是在对比贷款利率和储蓄利率，但可能是寻找最近的银行。
- ✔ 不是在阅读深度报道（除非他们用的是苹果 iPad 或 Cisco Cius），但可能是查看新闻、体育比分和天气。
- ✔ 不是在查看你的整个秋季产品线，但可能是查找你的联系方式、优惠信息，也可能是想购买某件产品。

你可以开展一项调查，询问消费者怎样使用移动网站以及你的移动营销平台，从而推测常见的消费者情境。关于如何开展手机调查或邮件调查，请回顾第 5 章。你也可以收集用户的位置信息，从而了解用户所处的情境。

关注使用体验

移动网站可能直接影响消费者对公司的印象。举个简单的例子，假设一位消费者在度假购物，一直没找到合适的礼物，因此在网站上查找附近的商店，查看有没有合适的礼物，依据移动网站的设计不同，可能有以下三种情况。

- ✔ **网站基于 Flash 或者有很多脚本。** 由于大部分手机都不支持 Adobe Flash 和脚本，因此消费者看到的只是一堆打不开的链接。遇到这种情况，消费者自然会离开这个网站，放弃这家公司。

- **用户体验：不佳。** 无法正常显示网站链接，用户连网站的内容都看不到。相关示例如图 8-1 所示。

图 8-1
无法正常
显示网站
链接示例

- **网站打开了，但内容与消费者无关。** 如果网站没有针对移动设备进行过优化，那么内容很难做到条理清晰。当网站的内容不是消费者需要的信息时，消费者就会选择退出。因此，你必须深入挖掘消费者的需求，为其提供有针对性的信息。

- **用户体验：令人沮丧。** 用户无法轻易找到需要的信息，体验不佳。相关示例如图 8-2 所示。

图 8-2
用户体验
不佳示例

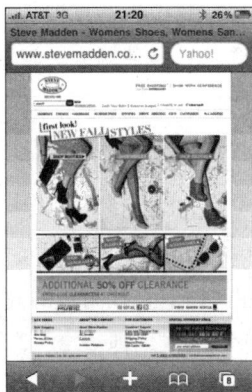

资料来源：Steve Madden

✔ **网站针对手机用户进行过优化。** 消费者能够迅速找到商店的联系方式、门店位置、优惠信息和在线购买途径，并且能够浏览产品、联系门店，找到其需要的信息，然后前往门店选购。消费者会想："这家商店真棒，我还会再来。"

✔ **用户体验：相关性好，能够让消费者记住。** 网站提供最佳使用体验，用户能够轻松浏览网站的各个部分并形成互动。经过优化的网站界面示例如图 8-3 所示。

图 8-3
经过优化的网站界面示例

资料来源：Steve Madden

　　在任何类型的移动营销平台都有类似的例子。消费者用手机访问网站时有以下三项要求。

✔ **速度。** 网页在移动设备上加载的速度要比在计算机上慢得多，即便是 3G 网络也不例外。这是因为移动设备的处理能力不如计算机。对于大部分手机用户来说，时间很重要，移动互联网上的弃加载率（失去耐心、放弃等待网站加载的概率）比传统互联网上高得多。大部分用户都知道，如果某网站加载很慢，那么很可能这个网站没有针对手机进行过优化，继续等下去只是在浪费时间。因此在设计网站时，一定要用最少的内容将意思表达清楚，将图片和视频的格式调整为适合移动设备的格式。

✔ **方便的导航。** 大部分移动设备没有鼠标，屏幕也很小，因此移动网站的导航链接不能和计算机的一样。移动网站的导航通常被放在页面底端，另外还有很多适合小屏幕的导航模式（继续阅读本章"设计和搭建移动网站"部分）。

✔ **相关的内容**。对于移动网站来说，最重要的一点就是内容要有实用性。用户访问移动网站时通常都带着具体目的，哪怕这个目的只是娱乐和消磨时间。要想了解如何提高网站内容与用户目的之间的相关性，请继续阅读本章"移动网站的内容"部分。

适应多种设备

为什么电脑端丰富的、互动的上网体验无法在移动端复制呢？答案非常简单：移动浏览器不支持计算机网站开发所使用的语言。这就好像要求一个只懂英语的人用另一种语言读写。本书写作时，功能型手机是美国市场占有率最高的手机，达75%，而功能型手机不完全具备计算机的功能和格式，因此无法完全呈现传统网站。智能手机在美国市场的占有率为25%，它比功能型手机具备更强大的浏览器，能够用来浏览多媒体网站。到2011年底，智能手机在美国市场的占有率已达到50%。为了弥补手机端和电脑端的差异，新的适用于手机的浏览器语言逐渐被开发出来。

然而，手机浏览器、屏幕大小、设备特征千差万别，这导致要设计一个在各种设备上都有良好使用体验的移动网站非常困难。事实上，就算使用相同的设备，用户体验也可能因为移动运营商不同而不同。

为每种手机和操作系统都创建一个移动网站是不切实际的，因为不同的移动设备和操作系统组合有成千上万种。你无法为每一位用户设计一个网站，因为这样做的前提是你必须知道每位用户在使用什么样的手机和操作系统。幸运的是，移动网站开发商针对这些问题（移动网站在不同手机上的显示问题）给出了解决方案。他们可以提供一个移动设备探测代码，将使用手机访问计算机网站的用户导向网站的手机版。他们还可以提供一个代码，探测哪种设备正在请求访问你的网站，然后用软件对网站进行动态优化（图片大小、宽度、脚本和代码），从而适应设备需要。当有人访问你的移动网站时，代码会自动探测出手机型号、浏览器和操作系统，从而让移动网站以最适合这种手机的方式呈现。根据手机型号呈现的移动网站示例如图8-4所示。

图 8-4
根据手机
型号呈现
的移动网
站示例

代码不会自己工作。程序服务商的平台要能够与代码互动，从而适应各种情况的需要，同时还要追踪最新进入市场的手机、操作系统和浏览器。你一定要和程序服务商确认你的移动网站能够针对各种环境进行优化，尤其是针对市场调研发现的大部分用户使用的移动设备。你可以通过网站日志或 comScore、尼尔森等第三方研究机构来掌握用户在使用什么样的设备。

在适用于所有移动设备的标准出现前，很多移动网站开发商都选择针对目标用户或电脑端网站访问者使用得最多的四五种设备来设计移动网站，开发两三种图片大小、链接和分栏不同的网站，比如分别开发苹果 iPhone 版、安卓版、黑莓版。为用户呈现哪一版取决于我们之前提到过的探测代码。对于其他手机，程序平台会自动对网站进行优化。更多内容参见本章"设计和搭建移动网站"部分。

移动网站的用途

传统公司网站通常集合了某家公司从促销到招聘的所有信息。而在创建移动网站时需要考虑具体用途，因为移动网站的访问者带有很强的目的性，不愿意从几千个链接中寻找他们需要的特定信息。

接下来的内容将帮你明确用户访问移动网站的目的，从而方便你为用户和潜在用户提供和他们最相关的信息。

移动用户的需求

设定移动网站的用途时应该考虑用户的需求，而不是公司的需求。回答以下关键问题能帮你找到一个既适合公司也适合用户的解决方案：

✔ **用户最有可能出于什么目的访问你的网站？** 列出用户访问网站时的各种目的，如寻找电话号码、寻找门店位置、查看商品库存、预约等。

✔ 你要在网站上向用户提供哪些服务？你可以提供内容，如文字、图片、视频、音频；也可以提供互动服务，如在线客服。

✔ **用户会通过移动网站购买产品吗？**如果答案是肯定的，那么你要确保网站能够提供支付渠道和安全保障。如果答案是否定的，那么网站也可以提供其他购买渠道，如通过计算机购买或前往门店购买。人们有时也会打电话购买，毕竟他们在使用手机。

✔ **要考虑社交媒体吗？**现在，非常流行在移动设备上进行社交媒体互动。如果你的客户和潜在客户中有社交媒体用户，那么一定要在网站中加入社交媒体。

以上这些还只是需要考虑的部分问题。没有人比你更了解自己的公司，因此在设定移动网站的用途时你要考虑周全。更多内容参见第 2 章。

移动网站的三种类型

在开发移动网站前，要了解移动网站的各种类型和用途。在各种组合中，你需要了解以下三种基本类型。

✔ **基本着陆页**。这是一种简单的单一网页，用来快速呈现基本信息。着陆页常用于制作网络广告。餐厅、小型零售商、服务性公司经常使用这种类型的网页。着陆页的内容包括：

- 主要联系方式；
- 营业时间；
- 地图／位置；
- 特别活动；
- 其他对于移动中的用户来说重要的信息。

✔ **推广性网站**。推广性网站围绕某个具体产品、活动或限时促销搭建。例如，一个音乐节可以搭建一个推广性网站，向参加者提供音乐节阵容／日程表、赞助商信息、地图、特别活动、本地动态和餐厅信息等。活动结束后，网站也可以随之关闭。

✔ **永久性网站**。永久性网站存续的时间很长，需要持续满足网站访问者的需求。公司总是希望客户源源不断，从航空公司、银行到社交媒体、信息门户，都要搭建永久性网站来持续满足移动端用户的信息需求。例如，航空公司可以建立一个网站，方便访问者查询航班的出发和到达状态、浏览订单、在线办理登机手续。

你可能会同时运营几个移动网站，为了避免受众不知道访问哪一个网站，不同网站的域名要具有区分度。以下内容将专门讨论选择移动网站域名的策略。

选择移动网站域名的策略

要让消费者访问移动网站，首先要让他们知道网站的地址。在选择移动域名前，应先了解如何区分域名的不同部分：

- 网址中点前面的部分叫作域名；
- 网址中点后面的部分叫作域名后缀。

域名很重要，因为受众首先要知道你的域名才会访问你的网站。在选择移动域名时，有以下几种策略。

- **使用和传统网站完全不同的移动网站域名**。例如，你可以使用 abccompany.com 作为传统网站的域名，而使用 abccompanymobile.com 作为移动网站的域名。也就是说，消费者要同时记住传统网站和移动网站两个域名。我们不推荐这种做法，除非你是在为某个产品或活动创建推广性网站，那么你可以用这个产品或活动给网站命名。
- **创建一个子域，让移动网站成为整个品牌的一部分**，如 m.abccompany.com 或 mobile.abccompany.com。这种方法不比创建两个完全不同的域名好多少，因为事实上用户还是要记住两个不同的域名。
- **使用 .mobi 作为域名后缀**，如 abccompany.mobi。后缀 .mobi 是一个顶级域名后缀，专门用于移动网站。访问者通过 .mobi 后缀可以得知该网站适合手机浏览。在这种方法下，用户依然需要记住使用 .mobi 后缀才能访问移动网站。
- **在服务器上使用探测代码，基于访问者的设备进行分流**（参见本章"如何将用户从网站的计算机版导向手机版"部分）。移动程序服务商可以提供一个代码，自动探测用户使用的设备，将计算机用户导向传统网站，将手机用户导向移动网站。这种方法通常被称为用户设备探测。这种方法非常好，但有时手机用户也可能想要浏览你的传统网站，因此在使用这种方法时，要在移动网站中加上一个通往传统网站的链接，以方便访问者查询更多移动网站中没有的内容，相关示例如图 8-5 所示。

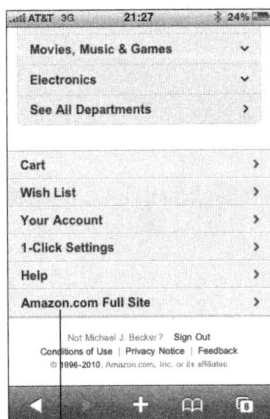

图 8-5
在移动网站中加入通往传统网站的链接示例

链接到完整版网站

不管使用哪种域名策略，都要保持域名简短。在移动浏览器中输入一串很长的网址本身就是一项很糟糕的体验。

如何从网站计算机版重定向到移动版

"如果用户在手机上输入了传统计算机版网站的网址，如何将他引向移动版呢？"这是我们经常会遇到的一个问题。实现重定向的方法很多，最简单的方法就是让你的网页设计者（或者你雇用的代理）在你的传统网站中加入一些代码，从而探测出用户是否在使用手机访问。探测到用户在使用手机后，用户的手机就会被重定向到专门为移动端访问者开发的网站。

HTML 代码有各种标准。大部分 Web 服务支持的标准为 Java / Java Server Page（JSP）。基于 Java / JSP 开发网站的公司可以将以下代码示例加入他们的主网站，从而探测移动设备，自动将移动浏览器重定向到移动版网站。顶尖移动网站开发公司 Mad Mobile 与我们分享了以下代码（记住：这只是一个示例。我们不保证它能在你的网站上顺利运行，因此在把以下代码加入你的网站前，你要先向开发人员咨询）。

```
JAVA (jsp)
==================== Getting some header values ======================== String
        user_agent = request.getHeader("user-agent"); String accept = request.
        getHeader("accept"); String x_wap_profile = request.getHeader("x-wap-
        profile");
String profile = request.getHeader("profile"); String opera = request.getHeader("X-
        OperaMini-Phone"); String ua_pixels = request.getHeader("ua-pixels");
================================================================
// Checks the user-agent if (user_agent != null) {
// Checks if its a Windows browser but not a Windows Mobile browser if (user_agent.
        contains("windows") &&! user_agent.contains("windows ce")){
return false;
}
// Checks if it is a mobile browser
Pattern pattern = Pattern.compile("up.browser|up.link|windows ce|iphone|iemobile|mini|m
        mp|symbian|midp|wap|phone|pocket|mobile|pda|psp", Pattern.CASE_INSENSITIVE);
agents
}
Matcher matcher = pattern.matcher(user_agent);
if (matcher.find()){ return true;
}
// Checks if the 4 first chars of the user-agent match any of the most popular user-
String[] ua = {"acs- ","alav","alca","amoi","audi","aste","avan","benq","bird","blac",
        "blaz","brew","cell","cldc","cmd -","dang","doco","eric","hipt","inno","ipaq
        ","java","jigs","kddi","keji","leno","lg-c","lg- d","lg-g","lge-","maui","ma
        xo","midp","mits","mmef","mobi","mot-","moto","mwbp","nec- ","newt","noki","
        opwv","palm","pana","pant","pdxg","phil","play","pluc","port","prox","qtek",
        "qwa p","sage","sams","sany","sch-","sec-","send","seri","sgh-","shar","sie-
        ","siem","smal","smar","sony","sph-","symb","t-mo","teli","tim-","tosh","tsm-
        ","upg1","upsi","vk- v","voda","w3c ","wap-","wapa","wapi","wapp","wapr","web
        c","winw","winw","xda","xda-"};

    for(int i = 0; i if (ua[i] == return true;
    }
    }
    // Checks the accept if (accept != null) {
    < ua.length; i++ ) { user_agent.substring(0,3)) {
    header for wap.wml or wap.xhtml support
    if (accept.contains("text/vnd.wap.wml") || accept.contains("application/vnd.wap.
            xhtml+xml")) {
    }
    }
    return true;
    // Checks if it has any mobile HTTP headers if (x_wap_profile != null || profile !=
            null || opera != null || ua_pixels != null) {
    }
    return true;
```

这个代码能够检测请求标头中的 UserAgent 行数据（当移动设备请求连接你的 Web 服务器时，这些数据能告诉服务器移动设备的型号），从而辨别用户使用的是否是移动设备。以下是一台苹果 iPhone 的 userAgent 行示例：

```
Mozilla/5.0 (iPhone; U; CPU iPhone OS 2_0_1 like Mac OS X;
en-us) AppleWebKit/525.18.1 (KHTML, like Gecko) Version/3.1.1
Mobile/5B108 Safari/525.20
```

用户被重定向到移动版网站后，还可以进行更加细致的探测。你可以利用来自 WURFL（http: // wurfl.sourceforge.net/）、**Device Atlas** 等设备数据源的深度数据（如视频功能、显示尺寸、屏幕分辨率）营造一种真正有针对性的体验。

设计和搭建移动网站

电脑端网站的开发使用的是一系列程序语言，包括 HTML、Flash、XML、Ajax 及 PHP 等。浏览器可以识别并理解用这些语言写的指令，也可以学习新语言。移动浏览器的原理相同。适用于移动互联网的语言包括 WAP、XHTML、cHTML 和 KHTML，但这些语言都是和设备、网络挂钩的，意味着它们不是在所有手机和网络中都有效。今天能够在手机上正常显示的网站不到 1%，在移动互联网成为一项成熟的产品前，我们还有很长一段路要走。

在搭建移动网站前，首先要决定面向哪些类型的设备，这会影响你的网站搭建工作。设备没有统一标准，因此你还要决定搭建哪种类型的网站。

- 在所有移动设备上采取同样方式显示的简单网站。
- 具备更多功能和设计潜力的中级网站。
- 针对多功能设备提供更好体验的高级网站。

选择哪种网站取决于你的受众。哪些人会访问你的网站、他们访问你的网站做什么呢？对网站进行分析后，你就能得知哪些设备会访问你的网站，从而决定搭建哪种类型的网站（更多有关网站分析的内容参见第 14 章）。

简单网站

简单网站是为最低标准的大众设计的，在几乎所有移动设备上都以同样的方式显示。简单网站通常只包含最基本的文本内容，没有花哨的元素，能让访问者轻易找到重要信息，使用简单的 HTML、CSS 和语义标记语言。

设计简单网站时需要：

- 选择一种可读的字体和字号；
- 使用一栏格式；
- 尽量缩短滚动条。

中级网站

如果简单网站还不够，那么下一步就是设计一个功能更多、使用体验更丰富的中级网站。例如，利用样式表、表单和网站地图能够打造出一个看起来很专业的网站，方便访问者获取需要的信息、用上设备的高级功能。更多有关样式表、表单和网站地图的内容参见 Janine Warner 的《移动网页设计入门》(*Mobile Web Design For Dummies*)。

设计中级网站前，你要决定利用和支持手机的哪些功能。测试很重要，使用同样的设备在不同的网络中打开网站也会有差异。

高级网站

高级网站支持视频、表单、地图以及苹果 iPhone、黑莓、Windows Phone 等手机的其他功能。如果希望智能手机用户获得良好的使用体验，那么你应该选择高级网站。尽管搭建高级网站很麻烦，但它会给高级手机用户带来更好的使用体验。

搭建移动网站的工具

搭建一个简单的移动网站不难，然而要搭建一个在多种手机和浏览器上都有良好效果的移动网站却是另一回事。选择哪种方案取决于网站的复杂性、你的专业水平和预算。你有以下三种基本选择。

- **与代理机构合作**。如果你有充足的预算、期望比较高、时间比较紧、在网站开发方面专业经验不多，那么与代理机构合作就是一个明智的选择。与代理机构合作有很多好处，能够保证一家公司旗下几个网站的一致性、方便维护和更新。代理机构能够帮你解决移动网站开发过程中的所有关键问题。选择代理机构时，你要确认代理机构具备你所要求的专业技能，在移动互联网、网站设计、内容开发、数据库和后端技术方面具备专业能力。

✔ **使用自动代码转换器。** 自动代码转换器是一种软件，能够识别已有网站的 HTML 代码，然后自动将代码转换成适合移动端的版本，生成一个静态的移动网站。代码转换器擅长处理简单的 HTML 网站。需要注意的是，尽管这是一种简单有效的解决方案，但它并不完美。这种移动网站网页的呈现基于模板，视觉效果比较差。只要你向移动域名注册商 DotMobi 购买一个 .mobi 域名，就可以免费获得一个代码转换器。UsableNet 还提供高端的代码转换服务，详情可访问 www.usablenet.com。

✔ **使用可视编辑器。** 如果你要从零开始创建移动网站，或者只使用电脑端网站的内容，那么可视的编辑工具就是一个好的选择。可视编辑器通常基于互联网，是一种可拖放、所见即所得的建站工具。这种工具让搭建网站变得十分简单。你能够轻易地上传图片、编辑页面版式。有些可视编辑器还有一些高级功能，如从 RSS（简易信息聚合）馈送中提取动态内容、将用户信息添加到数据库（RSS 是将互联网内容转换成数据馈送的标准工具。它能方便新闻等内容在互联网上传播）。如果你要搭建一个能在大部分手机上正常显示、具备一些复杂功能（RSS 数据馈送等）的网站，又不想花费高额的设计和开发成本，那么可视编辑器就是一个很好的选择。需要注意的是，可视编辑器只能给你一些模板，个性化的空间很小。大部分使用可视编辑器搭建的网站都由菜单统领，加上内容和链接的层层堆砌。很多可视编辑器都不具备将链接水平排列的功能，字体、图片和颜色选项也有限。顶尖的可视编辑器供应商包括 iLoop Mobile、Mad Mobile 和 Whoop（www.whoop.com）。

　　可视编辑器允许你使用最少的代码完成移动网站的开发，相关示例如图 8-6 所示。

图 8-6
可视编辑
器示例

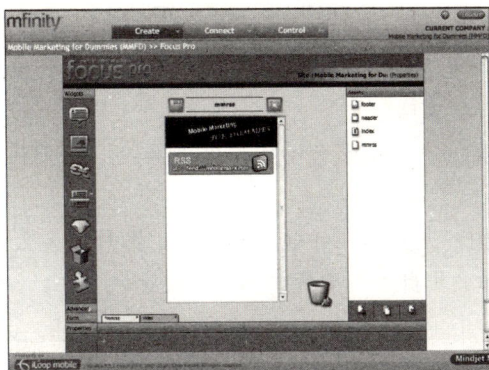

✔ **使用代码编辑器**：如果你懂网页代码和开发，那么代码编辑器就是最好的选择。代码编辑器允许你将代码上传到一个工具中，这个工具将保证你的网站在移动设备上正常显示。代码编辑器能够解决个性化的问题，这是可视编辑器无法做到的。很多可视编辑工具也有代码编辑功能。如果你的团队很庞大、成员的技术水平参差不齐，那么你最好使用同时具备代码编辑器和可视编辑器的工具。很多工具都能让你在代码编辑器和可视编辑器之间来回切换，这也可以帮助你的开发团队学习，习惯移动网站的开发。

使用标准网页代码开发移动网站

使用标准网页代码是不错的选择：它能节省时间、让网站的更新变得简单、让网站在不同浏览器和平台上更加稳定。标准网页代码包括以下几项。

✔ HTML：最早出现的标准，应用广泛。

✔ XML：HTML 的改良版，比 HTML 更灵活，主要用于信息的结构化、储存和传输。

✔ CSS（级联样式表）：能够指定 HTML 和 XML 的样式，规定它们在网页中的显示和位置。

选择一个最适合用户的标准。W3C（万维网联盟）发布了很多移动互联网的标准，可以访问它们的网站 www.w3c.org 查看更多信息。

在为移动网站写代码时，一定要规避以下缺陷。

- ✔ **框架**：不要使用框架，它有很多问题，而且很多设备都不支持。
- ✔ **表格**：使用表格布局可能会迫使你的用户做很多无意义的页面滚动，因此不要使用表格，尤其是嵌套表格。
- ✔ **弹窗**：一般来说，弹窗的突然出现会给用户带来困惑，拖延用户的行动，增加成本。
- ✔ **图片**：限制图片的使用，尤其是在导航和标头中。图片不要太大。另外，有时用户会关闭图片显示，因此要写上代替图片的文字。

移动网站的设计

不管设计哪种移动网站，都要记住以下原则。

- ✔ **确保品牌关键要素出现在标头中**。它能帮助用户找到你的网页。
- ✔ **重要的内容放在页面上方**。这样能减少滚动。
- ✔ **只在必需的时候使用图片和其他视觉元素**。如果你使用了图片，还想控制使用体验，那么最好针对不同大小的屏幕设计多个版本的图片。
- ✔ **文字要简短**。如果用长文本，如扩展版的文章，那么一定要保证页面设计简洁，能够让用户把注意力放在文章上，并且要保证页面的布局方便阅读。
- ✔ **设计要同时考虑高端用户和低端用户**。使用设备探测代码对不同终端的用户提供不同的版本。
- ✔ **设计要适合搜索**：好的设计能够增加移动网站的访问量。搜索在移动设备的用途中增长很快，消费者使用谷歌（Google）、Where、Yelp（www.yelp.com）和 Foursquare 等社交媒体搜索他们感兴趣的内容。要想提高网站在搜索结果中显示的概率，就要使用我们之前讨论过的设计策略，确保网站设计适合移动设备。你也可以直接联系本地的搜索服务商，如 Google、Yelp、Where、Citysearch（www.citysearch.com）等，确保你的网站在他们的数据库中。
- ✔ **考虑使用下拉菜单和图表**。如果用户的手机支持这些功能，那么你可以考虑使用下拉菜单和图表。当用户点击链接时，菜单就会滑开。这种功能最大程度上利用了手机屏幕的空间，为用户提供了一种很好的使用体验。
- ✔ **添加推荐引擎**。推荐引擎是一种工具，能够自动向用户推荐和他正在浏览或对比的产品相似的产品。如果你的网站提供了大量的内容、产品和服务供用户选择和购买，那么你一定要添加一个产品对比和推荐引擎（具体方法咨询网站设计人员）。好的推荐引擎能够提高整体使用体验。

✔ **添加高级导航功能。**你可以考虑添加一些高级导航功能，例如，分类（对页面内容进行分类）、跳转（链接到下一级网页）及路径导航（一种导航工具，通常位于页面上方，显示用户到达当前页面的路径，如"主页 > 产品 > 打印机 > 惠普"，这样用户就不用频繁使用返回键）。

✔ **利用位置信息。**你应该在任何可能的情况下利用消费者的位置信息，基于此调整呈现的内容（咨询网站设计人员如何收集位置信息）。

✔ **与社交媒体整合。**将社交媒体元素整合进你的网站，如 Facebook 的点赞功能、Twitter、LinkedIn、Foursquare 等。这会增加网站的访问量。

✔ **保证用户能联系到你。**一定要给用户一个通往用户服务的链接，方便用户给你发短信、打电话、发送电子邮件、查看数据库中的个人信息、向你发送信息等，从而获得帮助。

设计移动网站时一定不能忽视的一个问题就是要在内容、设计和表达上与电脑端网站保持一致。如果你的电脑端网站大面积使用蓝色、语言风格比较华丽，那么移动网站就不应该大面积使用绿色、表达直接。用户访问你的电脑端网站和移动网站时要能看出这两个网站属于同一家公司。

另一个重要问题是你打算支持哪些设备。移动设备的屏幕尺寸参差不齐，你的设计要避免用户最不愿意碰到的情况：水平滚动。移动设备的屏幕尺寸没有真正的标准，最常见的尺寸是 240×320 像素，然而屏幕的发展趋势是越来越大，如苹果 iPhone 的尺寸是 320×480 像素。随着移动互联网的普及，小屏幕逐渐淘汰。各种不同的移动设备类型参见 Device Atlas 网站。

一般来说，简单的风格和线性的内容比较方便用户找到他们想找的信息。在移动网站设计中，少即是多，因此你要克制住把网站设计得花哨、复杂的冲动。简单整洁、内容不多的网站是最好的选择。

移动网站的内容

所有配备了网络浏览器的手机都可以支持以下形式的内容：

✔ 文本和数据馈送；

✔ 链接；

✔ 图片；

- 视频；
- 点击拨号；
- 社交媒体馈送；
- 地图和方向。

为移动网站制作内容并不是什么巨大的挑战，方法和为任何网站制作内容相同。挑战在于如何向设备传输内容，因为有些内容（如视频）需要调整格式才能在各种移动设备、浏览器和操作系统上正确显示。

通过移动网站向设备传输内容的方式有以下四种。

- **静态内容**。顾名思义，静态内容就是那些极少或从不改动的内容。公司地址、产品描述、促销信息以及"关于我们"的信息通常都属于这一类。你只需要制作一次。制作静态内容时，你只需要调整一次格式。静态内容不能根据用户的手机性能进行调整。对于使用触屏手机的用户和使用非触屏手机的用户来说，网站的静态内容都是一样的。
- **动态内容**。动态内容会随着每一次网站被访问或刷新而改变。动态内容的优势就在于它能够适应设备类型和访问者所处的情境（如当内容与地理位置相关时）而改变。动态内容通常来自于内容管理系统，最常见的形式是 RSS 和 XML 数据馈送。如果动态内容储存在一个不支持数据馈送的内容管理系统中，那么你可以考虑找一家公司帮你把数据转换成标准 RSS 或 XML，这两种格式的内容都能持续不断地向网站传送。
- **可下载内容**。可下载内容包含很多格式，如 PDF 文件、可在移动设备上播放的视频等。可下载内容和动态内容一样能够以很多格式呈现，但系统不用向处理动态内容那样即时处理可下载内容，因为只有当用户点击链接时才会发出下载请求。当一部手机请求下载音频或视频文件时，内容管理系统可以向网站发送最适合该手机的版本（3GPP、MOV、苹果的 QuickTime 格式等），然后视频才会被完整下载到手机，通过手机默认的播放器进行播放。
- **流媒体内容**。流媒体内容主要是音频和视频，内容并非下载完成后再播放，而是在传输的同时开始播放，直到下载完成。视频流媒体最为常见的应用是移动电视，音频流媒体最为常见的应用是广播和体育直播。音视频流媒体是种非常特殊的服务，并非所有运营商和设备都支持。另外，这种服务收取的数据流量费也很高，除非手机用户开通了无限流量计划。开展这种服务时要格外小心，要记住这种服务暂时还未进入大众市场。

流媒体内容对速度要求很高。大部分用户只有在使用智能手机连接无线网时才会消费这种内容，如果你大量使用流媒体内容，那么这些要求会限制你的到达率。

测试内容

一个网站搭建完成后，你要在目标受众使用得最多的设备上测试它。以下是几种测试方案。

- 查看 comScore M：Metrics 和尼尔森的研究。这两家商业研究机构每个月都会发布报告，从中可以得知在北美和欧洲用户中使用率最高的手机。
- 查看顶尖移动网络和程序服务商的报告。被谷歌收购的 AdMob 会发布免费报告，从中可以得知在其网络中使用率最高的手机。Millennial 、GetJar、Netbiscuits 等顶尖广告、移动网络和程序服务商都会发布类似的报告。
- 利用 dotMobi（http://mtld.mobi）的移动网站测试工具 mobi.Ready 测试你的网站。这个工具能免费评估你的网站是否适合移动端用户，检查是否有违反行业规范的情况、是否符合移动互联网标准。
- 购买商业服务，如 Mobile Complete 公司的 Device Anywhere，这项服务帮你在真实手机和网络上测试你的网站。

尽管商业服务是一项很好的资源，但也不要忽略现场测试。人工选取一些设备（包括你的目标受众使用得最多的手机）进行测试。在十部手机上测试基本就能涵盖大部分情况。

更新内容

移动网站搭建完成后，你需要制订一个更新计划。很多公司忘记同步更新移动网站和传统网站。使用 RSS 馈送等工具能帮你保持移动网站和传统网站同步。

每隔三到六个月都要重新评估一次你的移动网站，进行一次市场调查，浏览网站报告和日志，查看你的网站访问量主要来自哪些类型的手机。如果有一大部分访问量来自某种新手机，那么你就可以考虑针对这种手机创建一个个性化的网站版本。

移动互联网VS应用程序：HTML 5的角色

程序语言是移动互联网的一部分，而且是迅速发展的一部分。程序语言被用来搭建、制作和呈现移动网站。移动互联网程序语言的目标就是为移动端的消费者创造良好的使用体验：用清晰易读的方式呈现内容、提高速度（从内容管理系统、静态页面、图片库、交易系统等各种数据源快速加载页面）、保证安全（保护消费者的个人信息和交易不被他人监测）。

最早用于移动互联网的程序语言是HTML，意为超文本标记语言。然而，计算机处理能力的发展远超过手机，HTML对于手机来说变得太"厚重"，也就是说代码太多，无法保证快速、易读、安全的使用体验。后来的HTML 2.0和HTML 4.0都是HTML的改良版，但也有同样的问题。在1990年后期，WML（无线标记语言）诞生了，它是轻型的HTML。它基于WAP（无线应用协议）向手机传输网页。WML／WAP很慢，对于多媒体服务来说作用有限，并没有传说中的那么好。

然而，对于很多老手机用户来说，WAP这个词就等于移动互联网。在WML／WAP之后，又出现了XML（可扩展标记语言）、xHTML（HTML和XML的混合）、cHTML和iHTML（针对具体网络的xHTML）以及Flash Lite（Adobe公司的手机多媒体应用）。

以上技术今天依然存在，世界各地的开发者会在需要的时候用到它们，这种需要取决于消费者使用的手机类型、浏览器类型、网络的性能、写代码的难度、维护网站的难度、安全考虑、与后端内容管理系统的互动等。

然而，网站开发的世界最近出现了一个不可忽视的新成员：HTML 5.0。它在2007年由互联网标准制定者W3C开发出来。近来，我们看到越来越多的公司开发了基于HTML 5.0的移动网站。HTML 5.0有很多优点，速度快、使用体验好、安全，最重要的是，它能提供一种类似应用程序而非传统网站的使用体验。原因在于它能让开发者访问设备硬件（如本地摄像头）、收集位置信息、在浏览器中提供可拖拉的使用体验等。你可以使用手机访问www.google.com，点击搜索框下方的"我的位置"，查看HTML 5.0的应用案例。谷歌在使用HTML 5.0提高这项服务的使用体验。

第 9 章　开发移动应用程序

本章要点

▶ 选择移动应用程序开发方案

▶ 设计移动应用程序

▶ 发布移动应用程序

▶ 管理手机素材

试问，什么促成了智能手机的普及？是时尚的设计，色彩丰富的触屏，还是快速的网络连接呢？

都不是。是应用程序（简称 APP）。移动应用程序就是小型的计算机软件，也是流行的移动营销方式。移动网站固然有它的长处（参见第 8 章），但应用程序才是智能手机的闪光点所在。

APP 可以设计得很酷，但一个 APP 被开发出来并不意味着客户会自动下载它、使用它、购买你的产品。市场上有很多 APP，因此你最好想办法让你的 APP 脱颖而出。

本章将教你如何开发移动 APP、如何制定 APP 战略、如何选择正确的开发方案。我们还将展示一些移动 APP 的设计案例，告诉你如何在 APP 商店中发布 APP。

移动 APP 战略

开发移动 APP 之前，需要做出很多决策，因为 APP 是高度个性化的。你可以为各种手机、各种功能、各种目的开发 APP。接下来的内容将教你制定移动 APP 战略，给你所有开发 APP 之前需要的信息。

开发移动 APP 的必要性

移动 APP 很酷，可以带来很多独特的互动体验。例如，它可以提供刺激有趣的游戏、娱乐服务、社交媒体和社区体验、金融服务（如寻找最近的 ATM、转账、兑换支票）、零售入口、图片库以及媒体入口（如 CNN 的 APP）等。

APP 在吸引消费者参与方面很强大，然而，并非每家公司都必须要有 APP。在随波逐流开发 APP 之前，你需要考虑以下问题。

✔ **你要尽可能多地到达消费者吗？** 如果你希望尽可能多地到达消费者，那么移动 APP 可能不是一个好选择。本书写作时，美国市场上只有 25% 的消费者拥有智能手机，移动 APP 的到达率仅限于这部分消费者。截至 2011 年第三季度，这个数字接近 50%，但这仍然意味着另外 50% 的消费者无法下载 APP。

✔ **你需要移动 APP 还是移动网站？** 本章的内容是关于 APP 的，但移动 APP 并非对每家公司都有裨益。有的公司会同时为客户开发移动 APP 和移动网站，如 Weather Channel（www.weather.com，见图 9-1）。如果一个移动网站就能满足大部分客户的需求，在开发 APP 前就要先开发移动网站（更多有关移动网站的内容参见第 8 章）。开发移动网站的成本一般比开发 APP 低，并且移动网站在多种手机上（包括最新的智能手机）都是兼容的。移动互联网的性能正在提升，包括谷歌在内的很多公司都在做这方面的努力。如果你的客户需要使用手机的本地功能（如摄像头、地址簿、定位功能、移动感应等）完成某项任务，那么开发移动 APP 就是一个好的选择。如果你只想向客户传播内容，那么移动网站可能是一个更好的选择。更多有关创建移动网站的内容参见第 8 章。

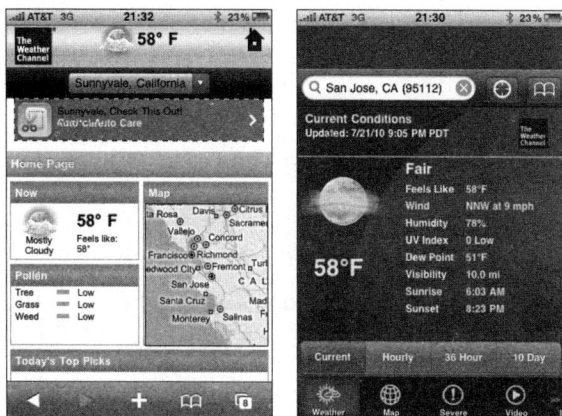

图 9-1
Weather
Channel 的
**移动 APP
和移动网站**

✔ **你是否有时间维护移动 APP？** 成功的 APP 和受欢迎的网站一样需要维护。如果你很难找到时间更新你的网站，那么你很可能没有时间更新你的 APP。

✔ **你的客户使用什么样的手机？** 不同的手机及移动设备（如苹果的 iPad）需要不同的 APP，屏幕尺寸也不同，在某些情况下你要为每种设备单独开发一种 APP。如果你的客户使用的手机类型很多样，那么你就要开发多种 APP，否则只能到达部分客户。

你必须为每个 APP 开发多个版本，以适应多种手机操作系统（苹果 iPhone、安卓等，参见第 1 章），否则你就只能到达部分客户。

决定为哪种设备开发 APP

如果你问一位智能手机用户为什么选择这种机型，你可能会得到很多种答案。智能手机有很多形状和尺寸，它们不只在硬件配置上不同，在风格上也不同。在决定为哪种设备开发 APP 时，要考虑每种操作系统（OS）的用户特征（更多细节参见第 1 章）。

✔ **苹果系统（如苹果 iPhone ／ iPod Touch ／ iPad）。** 苹果公司 2007 年发布的第一代苹果 iPhone 让整个 APP 领域火了起来。自那之后，苹果公司又推出了苹果 iPod Touch（不具备电话功能的苹果 iPhone）和苹果 iPad（屏幕更大的苹果 iPhone）。这些产品具备同样的操作系统和开发标准，即 iPhone OS。自然，它们使用的也是同一个 APP 商店，本书写作时该商店已有 20 多万种 APP。自"APP 时代"开始以来，苹果 iPhone 用户就享受着经过筛选的优秀 APP，因此他们对 APP 的要求也很高。但他们也是一群饥渴的消费者，经常下载新 APP，尤其是免费的 APP，试用这些 APP，然后删除它，继续寻找下一个。苹果 iPhone 用户构成了最庞大的单一市场 APP 消费者，因此你在开发 APP 时应该优先考虑苹果 iPhone 环境。

- **安卓系统。** 谷歌在 2008 年推出了安卓操作系统，紧跟苹果进军 APP 市场。安卓 APP 市场（见图 9-2）在 APP 种类和可用性方面很快上升到第二位，仅次于苹果。安卓用户与苹果 iPhone 用户相比通常更加具有"技术性"，不过这个现象正在改变。通过安卓设备首页的"市场"链接可以找到安卓市场，它本身也以一个 APP 的形式出现。

- **黑莓系统。** 如果说苹果 iPhone 带来了 APP 革命，那么黑莓就用便捷的手机键盘掀起了移动电子邮件的热潮。黑莓一直是国际手机市场的领导者，以比麦当劳销售汉堡更快的速度销售手机。但是黑莓在 APP 大潮中略微落后，尽管他计划赶上这股浪潮。黑莓的粉丝通常都是电子邮件的重度使用者。不管他是银行家、律师还是医生，黑莓用户的自我定位通常都是专业人士。

- **微软手机系统。** 微软用他过时的 Windows Mobile 6.5 操作系统勉强点燃了 APP 革命的火花。不过从 2010 年下半年推出的 Windows Mobile 7 来看，微软正在改变。尽管没有人能够预测微软的新操作系统会吸引什么样的用户，但低估微软是不明智的。

图 9-2
安卓 APP
市场

通过手机访问

通过计算机浏览器访问

✔ **其他操作系统。**还有很多智能手机操作系统也支持 APP，包括 Palm、塞班、高通 Brew、Java、Linux 和三星 Bada。APP 开发人员必须关注市场动态，关注 Gizmodo（www.gizmodo.com）和 Engadget Mobile（www.engadgetmobile.com）等网站。

选择为哪种操作系统设计 APP 时，不仅要看你的客户使用哪种设备，还要考虑每种设备的性能，以及使用者的习惯。假如你的客户主要是使用黑莓的公司高管，那么游戏 APP 对他们来说可能没有太大价值。

移动 APP 的开发方案

和开发网站一样，开发移动 APP 也有很多可供选择的方案。移动 APP 的技术性很强，自主开发的空间不大，除非你具备必要的代码知识、熟悉各种复杂的操作系统。

除非你是程序员，或者有一个 APP 开发团队，否则我们建议你与专业的 APP 开发公司合作。不过，不管你选择哪种方案，都应该了解以下内容，从预算和人力资源的角度做出正确的开发决策。

内部开发

内部开发意味着你和你的团队要从头到尾完成整个开发工作。内部开发有以下三种方式。

✔ **使用代码。**所有手机操作系统都有配套的软件开发工具（SDKs），帮助程序员编写代码、开发应用程序，如图 9-3 所示。这些开发工具通常都附带在操作系统的程序开发说明中。尽管这种办法能保证你开发出来的程序在特定的智能手机上完美运转，但这种方法通常也是成本最高的，并且要求你麾下有精通该手机操作系统的程序员。这可能意味着你的预算只够锁定一种智能手机用户，如苹果 iPhone 用户，但无法面向其他用户。要寻找开发人员，可以询问你的开发团队，或者在 Craigslist（www.craigslist.com）、LinkedIn 等职业网站上发布广告。

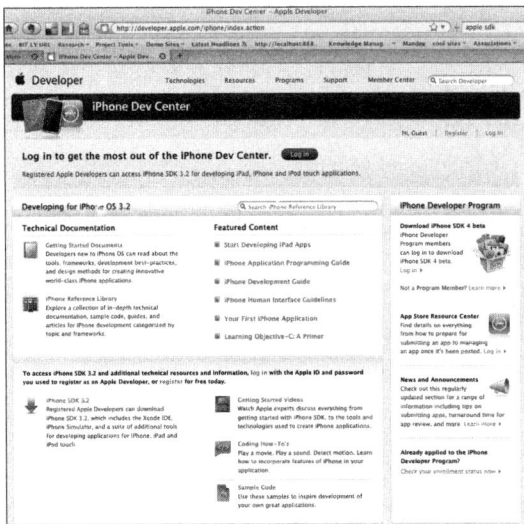

图 9-3
配套的软件开发工具

✔ **使用模板**。假如你有内容（如 RSS 馈送的博客）、有 Logo、希望尽快推出一个 APP，那么 APP 模板可能很适合你。这些在线模板能够帮你快速完成一个简单的 APP。这种方法会损失设计的灵活性（在模板之外你能控制的东西很少），但具备速度、性能和成本方面的优势。很多提供 APP 模板的服务商还会在模板中植入广告，这样你从推出 APP 的第一天开始就可以用它赚钱了。这类服务商有 Mobile Roadie（www.mobileroadie.com）、AppMakr（www.appmakr.com） 和 Applicable Media（www.applicablemedia.com）。使用这种方法，你可能被限制在几种主要操作系统中，如苹果 iPhone 和安卓。你只要上网一查就能找到很多开发人员和服务商。

✔ **使用设计平台**。设计平台能够让你在以设计为中心（类似 Powerpoint 和 Adobe Photoshop）而非以代码为中心的环境中为多种操作系统开发移动 APP。这种强大的方法要求你具备一定的专业技能和预算知识，而且要具备高度的灵活性，能够为多种智能设备开发 APP。如果你不想将所有赌注都放在一种设备上（使用代码），又觉得模板太过局限，那么设计平台就是一个理想的选择。这类服务商有 Whoop 和 Unity Mobile。设计平台的示例如图 9-4 所示。

图 9-4
Whoop 公
司的移动
APP 设计
平台

你比任何开发人员和服务商都更了解自己的公司和客户。你可以利用可视的故事板或创意简报大致描绘出你想要的 APP、想让它具备的功能，把故事板作为你的设计中心，交给开发团队。这样开发人员就会有的放矢，知道如何将你的想法变为现实，针对你的设想给出一些实际的建议。

委托代理

在数十亿美元产出的刺激下，APP 行业里出现了活跃的小型咨询机构，以及大一些的、能够帮你开发移动 APP 的代理机构。然而，在采取这种方案前，你要考虑以下两点。

- **你的 APP 开发预算有多少？** 在选购房子或车子前不可能不考虑预算，寻找 APP 开发商也是如此。很多 APP 开发商在开发前都要求委托方支付总费用的 50%。另外，在开发过程中增添的一些额外功能还需要额外付费。
- **你的移动 APP 应该达到哪些要求？** APP 开发商的服务不会好过你对他的要求。糟糕的要求通常会带来糟糕的 APP。在 APP 推出后再做改动很昂贵。你要考虑要求 APP 开发商针对哪种手机开发 APP，很多开发商只专注于一种操作系统，顶多两种。

能不能找到一家好的 APP 开发商取决于你肯不肯花时间。你应该花时间找一家好的开发商，因为这项决策对你的公司很重要。寻找 APP 开发商有很多方法，如下所述。

- **找出你最喜欢的 APP 的开发者。** 如果你有喜欢的 APP，那么可以在这个 APP 的 "关于" 部分或者在 APP 商店的页面中找到开发者的信息。
- **查询行业网站和获奖信息。** 查询 mocoNews.net 等行业网站，找一找哪些开发商和代理机构比较成功。查看哪些人得过苹果设计大奖（http://developer.apple.com/wwdc/ada/index.html）等奖项。优秀的 APP 开发商包括 Whoop、Trailer Park（www.trailerpark.com）、Banzai Labs（www.banzailabs.com） 和 Teleca 等。

移动 APP 的设计

移动 APP 几乎可以被用来做任何事情。我们不会用大量篇幅向你展示各种成功案例，但会告诉你一些 APP 都应该包含的性能。我们还将告诉你 APP 开发过程中有哪些常见的陷阱，以及如何避免。

充分利用触屏

真正实用的移动 APP 永远是优先考虑屏幕的。苹果 iPhone 等全触屏手机依赖手指的触碰完成导航，黑莓 Tour 和 Curve 等设备则依赖键盘和滚珠完成导航。要在充分利用触屏的同时照顾到非触屏手机，需要考虑以下问题。

- **你的 APP 是互动型的吗？** 如果你的 APP 中包含很多文字（如报纸），那么它可能更适合以移动网页而非 APP 的形式呈现。APP 天生就是用来进行互动的。
- **你的 APP 中有很多音频或视频吗？** 如果你的 APP 中有很多音频或视频，那么它很适合触屏环境。
- **你的 APP 是游戏性质的吗？** 最热门的游戏都是面向触屏设备的，原因在于触屏的空间和操作属性（在屏幕上操作或晃动设备、旋转屏幕）都很适合游戏。

考虑平台和硬件

决定好要为哪种设备设计 APP 后，你就掌握了两条可用信息：一条是用户类型，另一条是导航方式。这两条信息对于 APP 设计来说都至关重要。

智能设备有多种屏幕尺寸，设计 APP 时应该考虑这些因素。例如，尽管苹果 iPad 和 iPhone 使用相同的操作系统，但 iPad 的屏幕接近 8×10 英寸。为 iPad 而设计的 APP 应该考虑多出来的屏幕空间，让同一款 APP 的 iPad 版比 iPhone 版拥有更加灵活的导航方式。

移动设备上的 APP 是供正在走路、说话或同时进行多项任务的人使用的。关注移动中的使用体验的 APP 会获得成功，用起来就像家用电脑的 APP 则不会。

移动 APP 的发布

没有用户下载的 APP 是孤独的。幸运的是，发布 APP 的方法有很多种。唯一的问题是，你选择哪一种。

通过 APP 商店

最流行的 APP 发布方式就是通过各种 APP 商店。APP 商店的图标通常会出现在设备桌面上。尽管 APP 发布方式有很多，但 APP 商店就像是购物中心里标志最抢眼的豪华百货商店。APP 商店通常都有设备制造商的担保，或者是以设备制造商的名义开设的，享有用户的高度信任。

通过 APP 商店发布不仅便捷，还有灵活的收费系统。在 APP 商店发布 APP 时，你可以选择免费，也可以选择一次性收费，还可以选择经常性收费或订阅收费。

天下没有免费的午餐。尽管大部分 APP 商店都允许发布免费 APP（大约 80% 的 APP 都是免费的），但对于收费 APP，商店会抽取一定的费用，一般约为 APP 售价的 30%。因此，如果你通过 APP 商店发布 APP，那么你只能获得用户所付费用的 70%。不管你的 APP 是收费的还是免费的，你都还可以通过移动广告（参见第 10 章）和移动商务（参见第 13 章）来赚钱。

选择哪家 APP 商店取决于以下两个重要因素。

- ✔ **你的 APP 是针对哪种环境的**。你不能在和 APP 不匹配的商店发布你的 APP。例如，你不能在黑莓的 APP 世界中发布安卓 APP。
- ✔ **你的 APP 在哪家商店能被最多人看到**。要回答这个问题可以参考商店的 APP 数量、商店的 APP 总下载量。

APP 要先经过商店的审核才能发布。有时审核过程需要几个月的时间，因此在确定你的 APP 通过审核之前，不要提前宣传 APP 的发布日期。

APP 商店希望你的 APP 能加入，因此他们会给出提交 APP 的指南。你可以访问 APP 商店的网站查询。

- ✔ **安卓市场（针对谷歌安卓设备）**：http://market.android.com/publish
- ✔ **黑莓 APP 世界**：http://na.blackberry.com/eng/developers/resources/
- ✔ **苹果 iPhone 开发者程序（针对 iPhone，iPod Touch 和 iPad）**：http://developer.apple.com/programs/iphone/。只有通过开发者程序才能将 APP 发布到苹果 iPhone 的 APP 商店。
- ✔ **Windows 移动 APP 市场**：http://developer.windowsphone.com/Marketplace.aspx 以下是向苹果的 APP 商店提交 APP 的步骤。其他商店的步骤与此类似。

第 1 步，开设一个苹果开发者账户，地址为 https://developer.apple.com/programs/iphone。你需要预付 100 美元，以后每年都需要定期支付。

第 2 步，提交配置文件。

第 3 步，提交适当的证书。

第 4 步，创建 APP ID。

第 5 步，通过 iTunes Connect 提交 APP。

以上步骤的具体说明都在苹果软件开发工具（SDK）的帮助文件中。我们在此不做展开讨论，因为依据开发、使用和维护 APP 的策略不同，每一步的具体操作也不相同。

每家 APP 商店、每个开发者程序的操作过程都不同。你可以访问他们的网站查看具体要求。

如果你觉得这些工作太复杂，可以找一个完成过这些步骤的程序员或开发者代你提交。

通过运营商商店

过去很长一段时间，用户都只能从运营商的 APP 商店下载程序。如果说设备制造商的 APP 商店是现代购物中心中最抢眼的商店，那么运营商商店就是过去小镇上唯一的综合商店。在智能设备的时代到来之前，运营商商店的图标在手机菜单中通常都排在最前面，用户很难忽视运营商商店里的 APP。今天运营商商店依然存在，但已经被设备制造商的 APP 商店比下去。

在设备制造商商店的刺激下，运营商商店最近开始奋起直追。不管运营商商店能否打一场漂亮的反击战，它仍然是一个发布 APP 的好地方，尤其在你的 APP 专门针对某个运营商用户的情况下。例如，你的 APP 是为某个公司的员工而打造的，而这个公司用的是 Verizon[①] 的网络，这时你就可以优先考虑在 Verizon 的商店中发布你的 APP。

你要为运营商审查 APP 留出一些时间，也要准备好运营商会从你的 APP 售价中抽成，通常是 1/3 或者更多。有关运营商商店的信息可以查询下列网站。

- ✔ AT&T APP 中心：http://developer.att.com/developer
- ✔ Sprint：http://developer.sprint.com
- ✔ T-Mobile：http://developer.t-mobile.com
- ✔ Verizon Wireless：http://developer.verizon.com/

截至 2010 年 3 月，APP 商店有 60 多家，这个数字每个月都在增长。无线产业联盟（The Wireless Industry Partnership, www.wipconnector.com）每个月都会更新 APP 商店报告。查看这个报告可以找到最新和最成功的 APP 商店。另一个很好的资源是 Chetan Sharma 咨询公司（www.chetansharma.com/）的报告《全球 APP 市场评估》（*Sizing up the Global APPs Market*）。

直接下载

尽管设备制造商的 APP 商店很热门，但他们不是发布 APP 的唯一渠道。第三方 APP 商店越来越流行，尤其是在欧洲。GetJar 就是其中较大的一家。发布 APP

---

① 美国移动运营商。——译者注。

没有错误的渠道，要重点关注你的目标受众，了解他们从哪里购买 APP。只要你有时间，多一种发布渠道总是好的。

有些平台，如 Whoop，能够让用户直接下载 APP。用户只要点击短信、浏览器、邮件中的链接就可以直接把 APP 下载到手机。这让 APP 开发者可以用任何方式发布 APP。而且，直接下载和通过 APP 商店发布并不冲突。总之，APP 的曝光度越高越好。

手机素材

手机素材（也称个性化内容）指的是用来让手机变得更加个性化的图片和音频文件，如手机主屏幕背景图（墙纸）和手机铃声。

很多移动营销公司（如 SendMe、MyThum 等）专门销售手机素材。你也可以制作一些手机素材提供给用户，鼓励用户参与你的活动。例如，你可以免费赠送带有公司 Logo 的墙纸，或者将流行歌曲制成铃声提供给消费者，作为一种激励手段。

手机品牌墙纸和屏保

手机墙纸和屏保能够让手机变得个性化，概念与电脑桌面和屏保相同。手机墙纸就是手机主屏幕上的静态图片，手机屏保就是当手机处于空闲状态时出现在手机屏幕上的静态或动态图片。图 9-5 展示的就是一张手机墙纸。

图 9-5
手机墙纸

用作墙纸或屏保的图片可以是公司的 **Logo**，也可以是任何代表公司的图像，还可以是营销活动中的某个形象：角色、艺术景观、城市风景及自然风光等。

选择制图软件

制作手机品牌墙纸和屏保很简单，只需要一个制图软件、有一点艺术天赋的设计者、一个移动营销程序、一个素材推广计划或者激励促进计划。

制图软件有很多，有免费的，也有像 Adobe Photoshop 这样专业的。

你可以在 Download.com 网站（www.download.com）找到一些制图软件（既有针对 Windows 系统的，也有针对 Mac 系统的），也可以前往软件商店选购适合你的需求和水平的软件。

制作墙纸和屏保

制作手机墙纸和屏保时，一定要确保图片分辨率和文件格式是正确的。

- **图片分辨率。**你要针对十种常见的手机屏幕尺寸设置分辨率。屏幕尺寸通常是以像素为单位的。最常见的屏幕尺寸有：
  - 96×65
  - 101×80
  - 120×160
  - 128×128
  - 132×176
  - 175×130
  - 176×208
  - 176×220
  - 240×320（大部分黑莓手机的尺寸）
  - 480×320（苹果 iPhone 的尺寸）

  你要制作适应各种屏幕尺寸的图片。一般手机支持的分辨率为 72dpi[②]，但苹果 iPhone 等新型手机支持的分辨率为 163dpi。分辨率越高，图片的细节越清晰。

---

② dpi 表示分辨率，指每英寸长度上的点数。——译者注

记住比较好

分辨率越高，图片尺寸越大，图片文件也就越大，这会影响下载速度。要保证下载速度就要尽量压缩文件的大小。

记住比较好

✔ **文件格式**。大部分手机支持 JPEG、GIF 和 PNG 文件。你可以咨询内容管理系统服务商你应该使用哪种格式。

如果你制作的是动态屏保，那么你必须以 GIF 格式保存，因为其他图片格式不支持动态图片。

每个移动运营商都有自己的要求，你可以找一家手机素材服务商帮你传播这些素材。图 9-6 展示的是内容管理系统中的手机素材。

图 9-6
内容管理
系统中的
手机素材

不开玩笑！危险！

你可以只制作一张图片，然后通过移动营销程序中的内容管理系统自动调节图片大小。但是，使用这种方法可能损害图片的质量，尤其是当图片中含有文字时。一张宽度为 320 像素的图片自动缩小到 65 像素后，其中的文字可能就看不清了。好的移动内容管理系统会使用适合手机的图片，只有在别无选择时才会缩减图片尺寸。

铃声和其他系统提示音

铃声就是手机收到来电时发出的提示音。铃声在各种消费者群体中都很流行，很适合提供给消费者。手机用户可以通过多种渠道获取铃声，这些渠道包括运营商、手机自带以及第三方。

和墙纸（参见上一部分）一样，铃声也能让手机变得个性化。但和墙纸不同的是，铃声是公开的，手机铃声响起时，周围的人都能听到。因此，铃声可以显示出用户对某个品牌、活动或事业的忠诚度。

例如，在 2008 年美国总统大选期间，贝拉克·奥巴马（Barack Obama）团队推出了几种铃声，让奥巴马的支持者使用这些铃声以示支持。其中最流行的一种铃声是这样的：“我是奥马巴，是时候改变美国了，请响应我[③]。”奥巴马团队通过移动渠道进行的大范围宣传活动是由 Revolution Messaging（www.revolutionmessaging.com）公司的 Scott Goodstein 和奥巴马的移动营销顾问 Douglas Busk 规划并执行的，这两位也是移动政治营销的领导者。

制作铃声

铃声就是某种格式的音频文件，可以设置手机在来电时播放。

很多音频软件都可以用来制作铃声。你可以在网上找到免费软件，也可以购买一个。你使用的音频软件一定要能以正确的格式保存铃声。

制作铃声时，要参考以下参数。

- **长度**：一般铃声的长度为 20 ~ 30 秒。
- **文件格式**：大部分手机都支持 MP3 格式，但也有一些旧式手机不支持。另外，有些运营商（包括 Sprint 和 Verizon）有独特的格式要求。

  为了最大限度地适应各种手机，要将铃声设置为 128kbps 单声道，用下列格式和大小保存。
  - MP3：低于 200kbps
  - WAV：低于 200kbps
  - AMR：低于 45kbps
  - AMRWB：低于 90kbps
  - MMF：低于 100kbps
  - QCP：低于 60kbps

  更大的文件会花费更长时间下载，也会占用更多手机存储空间。

[③]　原文“answer the call”既有接电话的意思，也有响应号召的意思，一语双关。——译者注

发布铃声

制作完铃声后，可以将它们上传到内容管理系统，如图9-7所示。当用户通过短信、APP或移动网站请求下载铃声时，内容管理系统就会把铃声发送到用户的手机上。

你可以为某个活动提供特殊素材，这样会为活动增色不少。2007年，黑眼豆豆 (the Black Eyed Peas)[④] 在演唱会前录制了手机铃声，并且将手机铃声上传到合作伙伴的内容管理系统。黑眼豆豆登台演出那天，向观众开放了仅限当晚的手机铃声下载权限，创造了很多商业价值。

如果你没有艺术天赋，做不出好的墙纸、屏保和铃声，也不要灰心。你可以请人帮你制作，甚至可以找你的亲朋好友帮你。将素材制作外包给第三方是很常见的现象，并且成本也不高。专业营销机构可以向你提供优质的服务。你也可以去艺术院校找学生帮你完成艺术创作，他们的才华会给你一个惊喜！

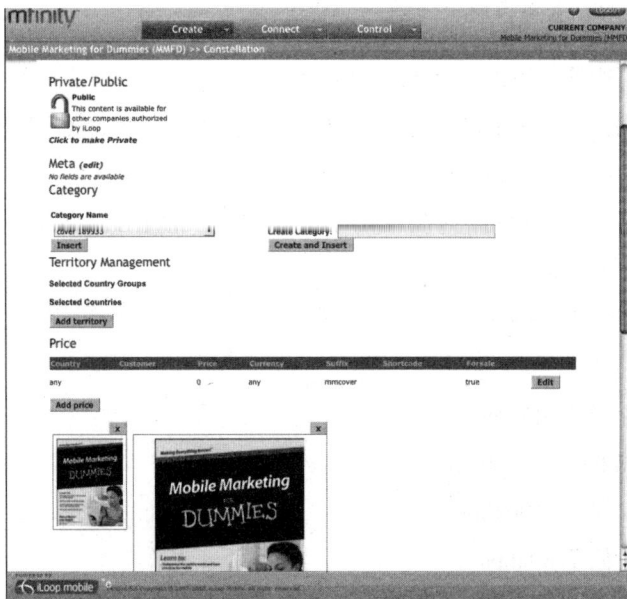

图 9-7
将铃声上
传到内容
管理系统

---

④ 美国著名音乐组合。——译者注

第 10 章　移动广告

本章要点

- 广告主、发布方和广告联盟
- 购买移动广告
- 销售移动广告
- 向移动端用户推送广告

　　随着移动设备的普及，越来越多的消费者开始使用短信、移动互联网和应用程序。营销者也开始转向移动广告。移动广告可以：

- 提高品牌认知度，让更多的人知道你的公司、产品和服务；
- 提高消费者的购买意愿；
- 直接将消费者导向交易，提高销量；
- 在你的信息、移动网站和应用程序中投放广告，创造新的收入。

　　如果你从未购买过广告，或者不确定如何运作移动广告，不要担心，本章将教你关于移动广告的一切，包括什么是移动广告、与谁合作、如何购买、如何销售等。

移动广告的优势

　　移动广告就是一种由广告主（买方）付费，将营销信息和赞助信息放在发布方的移动媒体中的行为。移动广告联盟和搜索服务商作为中介支持着移动广告。移动广告生态系统如图 10-1 所示。

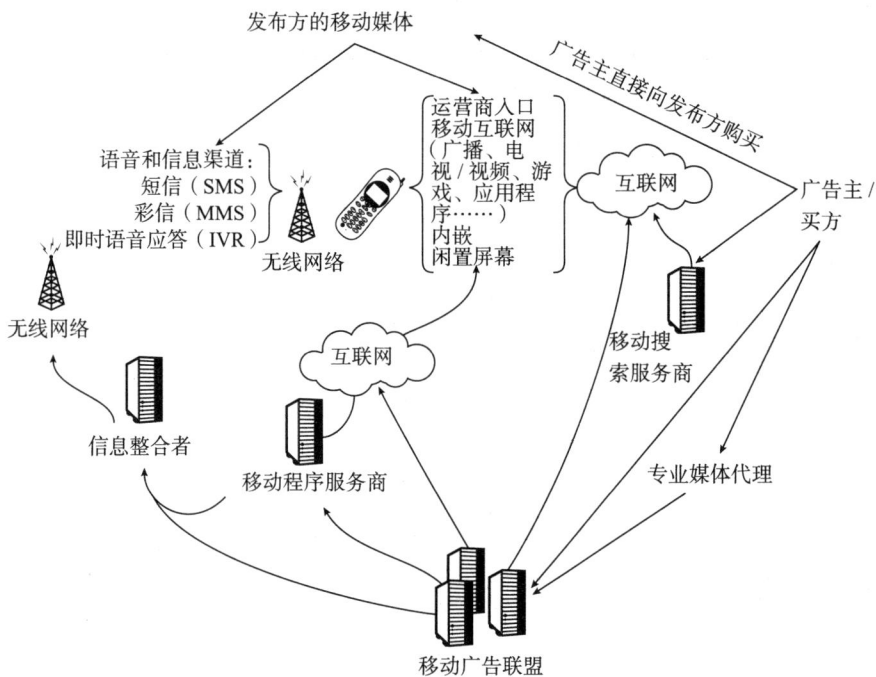

发布方的移动媒体

广告主直接向发布方购买

语音和信息渠道：
短信（SMS）
彩信（MMS）
即时语音应答（IVR）

运营商入口
移动互联网
（广播、电视 / 视频、游戏、应用程序……）
内嵌
闲置屏幕

互联网

广告主 /
买方

无线网络

无线网络

信息整合者

互联网

移动程序服务商

移动搜索服务商

专业媒体代理

图 10-1
移动广告
生态系统

移动广告联盟

此处所说的移动媒体包括：

➤ 短信、彩信、电子邮件；

➤ 移动网站，包括你自己的和别人的；

➤ 用户从 APP 商店下载的移动 APP；

➤ 在移动设备上播放的音频和视频内容。

移动广告和传统网络广告的传播很像，但是移动广告和传统网络广告相比具有三个优势。你应该熟悉这些优势，并将它们运用到你的营销中去。

➤ **到达率**。到达率是指在某个时间段内至少看到一次广告的人的数量。广告要尽可能到达更多人（即获得很高的到达率），用最低的成本获得最好的效果。

手机比其他任何媒介的潜在到达率都高，因为大部分人都有手机，而且越来越多地使用短信、移动互联网和应用程序。研究公司 Insight Express 指出，移动广告比传统网络广告更能提高品牌认知度和消费者购买意愿。

✔ **相关性**。广告或广告中的产品要与目标受众相关。如果广告中的产品或信息
与受众无关，那么广告就是无效的。广告联盟能够越来越好地基于各种因素
调整广告内容，这些因素包括消费者的位置、手机机型、移动方向、偏好和
兴趣、人口统计特征、行为习惯（例如已经拥有什么产品、正在阅读什么信
息）。基于这些实时信息，广告联盟能够确保你的广告出现在对你的产品感兴
趣的人面前。

✔ **时效性**。手机最适合即时参与。由于手机是移动媒体，比较私人化，而且页
面整洁（大多数手机页面只有一则到两则广告），因此当手机用户看到与自身
相关的广告时，一般都会选择立即响应。和其他形式的广告不同，移动广告
能在用户与品牌或产品产生联系时到达用户。例如，一则洗衣粉广告对于正
在超市购物的人来说具有高相关性，而对于正在计算机前工作的人来说相关
性则很低。

移动广告的类型

移动广告有多种形式。你应该了解每一种形式，从中做出正确的选择。你可
以考虑通过多种渠道和形式做广告，这样能提高广告的到达率。

移动媒体和设备的类型非常丰富，移动广告也具有多种潜能。以下部分将帮
你了解不同类型的移动广告以及它们各自的优势。

广告单元和位置

制定移动广告策略首先要考虑你想做哪种类型的广告。一种类型的广告就是
一个广告单元。每种移动广告位置和设备都对应一种广告单元，因此你需要使用
合理的广告单元，最大限度地利用每一个机会。以下是最常见的广告单元。

✔ **文字广告**。文字广告由文字组成，包括网址和电话号码。

✔ **横幅广告**。横幅广告指的是在移动网页、APP、视频、动态内容中显示的静
态或动态图片，如图 10-2 所示。

APP 中的雪佛龙[①]赞助信息

移动网页中的文字链接

短信中的移动互联网链接

图 10-2
横幅广告

广告的不同显示格式

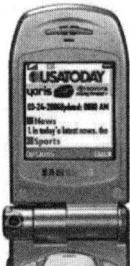

多媒体广告

- **音频广告**。音频广告指的是插入音频内容、音乐、广播、查号服务和文语转换服务的广告（例如，当文语转换服务朗读一个移动网页时，广告可能被嵌入内容中）。

- **多媒体广告**。多媒体广告是横幅广告的进阶版，只有最新的智能手机和移动设备才支持。一个多媒体广告单元可以包括文字、图片、视频、动画和音频，能够全屏播放，也能以浮窗的形式出现，还有很多可视的互动功能。另外，多媒体广告可以用上移动设备的最新功能，如位置探测、触屏互动、动作感应（如晃动设备）等。

移动广告可以在移动媒体的各种位置出现。

- **短信、彩信、移动网站前面或后面**：即信息和网站的开头或结尾部分。
- **内嵌**：广告可以嵌入信息、网页或 APP 中。
- **时间轴前端或后端**：即视频和音频的开头或结尾部分。
- **填充**：广告可以在网页加载、下载 APP 时出现，作为一种填充。
- **闲置屏幕**：广告可以在设备主屏幕闲置了一段时间（几秒钟或几分钟）后出现。

---

① 美国能源公司。——译者注

　　每种广告单元和位置都有自己的价值，但只有当广告以多种形式呈现在同一个消费者面前时才是最有效的。在制定移动广告战略前，一定要熟悉以上所有广告类型和位置。在每一个广告项目中都可以考虑使用三种以上的广告类型和位置。

移动搜索广告

　　每一个上网的人都会使用搜索引擎，广告主也会把广告放在谷歌、雅虎等搜索引擎上，吸引搜索用户点击。移动搜索和传统互联网搜索很像，只不过移动搜索使用的是手机罢了。

　　人们在进行移动搜索时一般会使用他们最熟悉的搜索引擎。不过，你还是应该了解移动搜索的特性，从而让你的广告更好地瞄准目标受众。更多有关如何投放搜索广告的内容，参见 Peter Kent 的《搜索营销入门》（*Pay Per Click Search Engine Marketing For Dummies*）。以下是移动搜索的一些重要特性。

✔ **移动搜索通常跟位置挂钩**。谷歌、雅虎、oneSearch、微软必应等搜索引擎都能基于用户位置搜索。有些本地搜索服务商也很出色，如 Yelp、Jingle Networks（www.jinglenetworks.com）、City Search、Where 等。举个例子，你在美国加州圣何塞，正在使用手机搜索比萨店，谷歌就会在结果中优先显示你附近的比萨店，如图 10-3 所示。如果你的目标受众是移动搜索用户，那么你的广告一定要跟用户的位置挂钩。

图 10-3
跟位置挂钩的移动搜索

✔ **移动端用户可以使用移动问答服务**。这种服务允许用户发布自己的问题，机器或真人会回答这些问题。这种服务的佼佼者包括Snackable Media、ChaCha、AskMeNow 和 MobileBits（www.mobilebits.com）。这种服务在搜索市场上并不普及，但可以加以利用，这样当有人提出与你的产品或服务相关的问题时，你的公司就会出现在答案中。

✔ **移动查号服务比网络查号服务更好用**。本地黄页等查号服务能够帮助人们找到附近的服务商。查号服务商销售他们名单上的位置，你可以付费要求被收录。被收录时，一定要加上你的移动网站地址（更多有关移动网站的内容参见第8章）。

与移动搜索服务商合作投放搜索广告非常简单。在大部分情况下，让搜索广告出现在手机屏幕上和计算机屏幕上并没有什么技术上的差别。

除了付费投放搜索广告外，你的移动网站也要针对搜索引擎进行优化，让你的网站能出现在自然搜索结果中。关于如何提高移动网站在搜索结果中的排位，参见第8章。

购买和销售移动广告

移动广告中有两个关键主体——买方和发布方，你可以是其中任何一方，视情况而定。以下是双方的角色定位。

✔ 付费在可用的移动空间上投放广告的公司就是移动广告买方（ad buyer）。例如，当你购买他人移动网站上的广告位时，你就是广告买方；当其他公司为你购买广告位时，他就是广告买方。

✔ 提供广告位、从买方那里收取费用的公司就是广告发布方（ad publisher）。例如，当你把移动网站上的广告位卖给广告买方时，你就是广告发布方；当你从其他公司购买广告位时，他就是广告发布方。

购买和发布移动广告需要有技术、关系和专业能力。如果你三者兼备，就可以自行购买、发布移动广告。但有时候，你需要找一家代理机构代替你购买和发布移动广告。

与媒体代理合作

如果你没有购买移动广告的专业技能，可以与外部广告买方（也称媒体代理）合作。媒体代理就是代替你谈判、购买移动广告位的广告买方。媒体代理可以帮你合理分配广告预算，从而让你的投资获得最大的回报。

以下是一些你需要用到专业移动媒体代理的情况。

- **你想在 MTV、CNN、ESPN、天气频道、迪士尼等黄金媒体上做广告。**这些媒体会出售广告位。他们通常倾向于和媒体代理合作，而不直接和广告主合作，除非广告主的预算相当庞大并且需求特殊。

- **你有庞大的预算。**当你的预算很庞大时，媒体代理能够帮你制定战略，将你的广告铺满所有适合的移动媒体，并且保证合适的到达率和频度（在一定时间段内一则广告出现的次数）。这个工作量很大，你应该聘请一家专业媒体代理。

- **你要在多种移动媒体上投放广告。**如果你想在多种移动媒体上做广告，如短信、彩信、移动互联网、APP 等，那么购买广告位和发布广告的工作量将相当巨大。你不应该试图自己完成所有工作，而应该找一家代理帮你。例如，短信广告可以找 4INFO（www.4info.com），展示型广告可以找被谷歌收购的AdMob。

- **你需要多种广告位资源。**广告位就是指广告在各种媒体上可以被放置的位置。即便是大型媒体（如 CNN、ESPN）可能也无法满足你的所有广告到达率和曝光率的要求。为了达到理想的效果，你可能需要找多家媒体公司、使用多种移动媒体。媒体代理可以帮你做到这些。

- **你想获得优惠。**媒体代理由于之前和卖方有合作关系、购买量很大，可以从卖方那里获得优惠。他们知道最好的广告位在哪里，能够帮你节省时间和金钱，合理分配花费在不同广告位上的预算，获得最高的投资回报率。

- **你没有时间。**如果你没有时间购买广告、与卖方讨价还价，那么你应该聘请一家媒体代理。

- **你需要专家。**对于不熟悉广告却有大量预算的公司来说，媒体代理能够提供更多的专业知识和资源，能够提高广告的相关性和针对性。

广告时代（Advertising Age，http://adage.com/datacenter/）等网站给出了最热门的媒体代理。聘请哪一家取决于你的产品、广告类型以及代理能够提供的资源。没什么简单的办法能够帮你决定哪家代理最适合你。你需要寻找备选，看看他们是否了解你的市场、价格是否有竞争力。一般来说，老字号公司值得信任，但也要考虑小公司，因为他们可能更急于和你做生意、能够提供某些特殊服务。有时候大公司不一定了解你的公司的独特之处，反而是小公司能够做得更好。

每一则广告都需要一个广告位才能被消费者看到，通常来说广告的投放点越多越好，因此每个广告主都需要同时从多个发布方那里购买广告位。如果你和正式的媒体代理合作，那么你就不用直接和发布方沟通。媒体代理会代你买入与你的目标人群相关的广告位，从而获得最高的投资回报率。

聘请媒体代理的好处之一就是，他们可以和多家发布方合作，提供广告效果的整体数据。更多有关监测移动广告效果的内容参见第 14 章。

与移动广告联盟合作

移动广告联盟集发布方的供应和广告主的需求为一体，从多家发布方购买广告位，同时提供多种广告单元，如图 10-4 所示。这样，广告主和媒体代理不用单独和每家网站合作就能到达使用不同移动网站的人群。例如，一位广告主希望瞄准年龄在 25~54 岁的女性群体，广告联盟就可以筛选出多家吸引这种群体的网站。这个年龄段的女性不管使用哪家网站，都会看到相同的广告，使用其中多家网站的人，还能多次看到同一则广告。

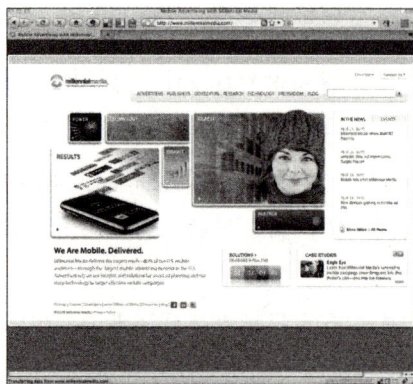

图 10-4
移动广告
联盟

注：Millennial Media 是一家顶尖的移动广告联盟

移动广告联盟能帮广告主瞄准具有某种共同特征的人群。例如，你想对住在波士顿、爱好体育、使用苹果 iPhone 的人群做广告，广告联盟就能帮你把广告投放到移动体育网站上，并且只对波士顿的苹果 iPhone 用户显示广告。广告联盟还能基于某种行为瞄准受众，例如，通过设置让住在波士顿的纽约洋基队球迷看不到网站上针对波士顿红袜队球迷的广告②。

有些广告联盟会向合作者提供 HTML 脚本（软件代码），让合作者粘贴在网站中，相关示例如图 10-5 所示。

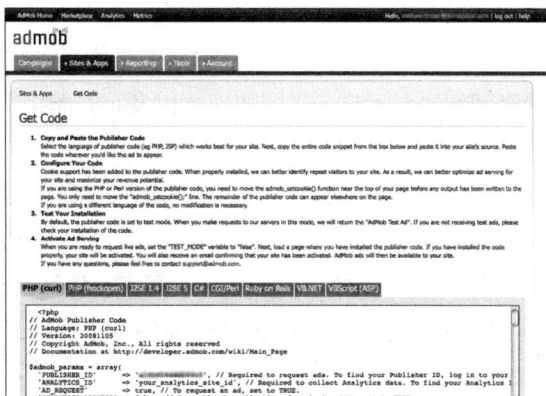

图 10-5
将代码复制粘贴到移动网站示例

把代码粘贴到网站后，每一个访问网站（或 APP）的人都能看到广告联盟基于相关性推送的广告。

最成功的广告联盟之一就是 AdMob（被谷歌收购）。下面将介绍如何通过 AdMob 投放移动广告。此外还有其他广告联盟，你需要自行研究哪家最适合你。

与 AdMob 合作需要通过以下步骤（其他公司的合作流程相似）。

第 1 步，访问 www.admob.com，点击"注册"。

第 2 步，填写注册表格，选择"提交"。

完成表格需要填写邮箱地址、密码、姓名、地址、国家、州、城市、邮政编码，还需要阅读并同意服务条款。

点击"提交"后，等待收取确认邮件。只有点击邮件中的确认链接、验证邮箱地址后，账号才会被激活。

---

② 纽约洋基队是美国职业棒球队，与波士顿红袜队有竞争关系。——译者注

第 3 步，激活账号后，返回 AdMob 网站登录。

你可能会被要求验证和更新账号信息，选择账户类型，如广告主、发布方或双重身份。

创建完账号后，就可以创建你的第一个广告了。你应该先点击页面顶端的"市场"链接；然后点击"项目"标签；最后点击"创建新项目"按钮，按照以下四个步骤创建并发布你的广告。

第 1 步，填写项目信息表。

设定开始和结束日期，填写每日预算，如 50 美元。每日预算就是你每天愿意花多少钱将你的广告投放到发布方的网站。假设你设定千人成本是 1 美元，那么你的广告每天将显示 50 次（1 美元 × 50=50 美元）。你还需要填写你希望的显示方式：标准（一天中以平均的时间间隔显示广告）或快速（以发布方能接受的最快速度显示完一天的所有广告）。

第 2 步，填写你希望在哪些地方投放广告：移动网站、APP、媒体或本地搜索引擎。

第 3 步，设定广告目标：目标设备、目标地区（国家、地区、州、城市）、目标网络（运营商网络、Wi-Fi）、目标人群的人口统计特征（性别、年龄）。最后，你还要出价。

第 4 步，填写广告类型：文字广告或横幅广告。如果选择文字广告，你就要输入广告的文字和推广链接。如果选择横幅广告，你就要上传横幅图片（文件大小不超过 75K）和链接。

填完表格后，你的广告就准备好了，等到开始日期就会被发布出来。

AdMob 不是唯一一家有自助广告管理工具的移动广告联盟。Millennial Media 也有同样强大、好用的工具，如图 10-6 所示。

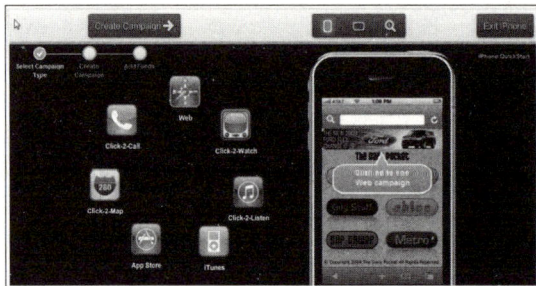

图 10-6
AdMob 的移动广告信息表

直接从发布方购买广告位

如果你不想从广告联盟购买广告位，那么就要直接从发布方那里购买。你可以在尼尔森的网站上查找一流的移动广告网站。尼尔森是一家知名的数据和研究公司，并且专注于移动数据板块。你可以访问尼尔森的网站查看如何获取他们的数据。

有些发布方也是整合者，会同时和多个广告位资源合作。这种整合性的发布方能够帮你简化广告投放的流程，因为移动设备、运营商和广告位都是多种多样的，需要很多创意性和技术性的工作。优秀的发布方能够确保广告兼容于各种环境。

锁定目标人群

广告联盟通常都基于广告和受众之间某种特性的交叉锁定目标人群，比如年龄、兴趣、位置和性别。

移动广告联盟的人谈起他们提供的服务时会用到很多行话。下面就是他们锁定目标人群时会用到的一些术语。

- **全网投放**（Run of network）。全网投放是指在移动广告联盟的所有发布方投放广告，频率由广告主设定。进行全网投放前，一定要了解广告联盟的到达率、受众数量和受众组成。广告联盟应该有这些数据，不过尼尔森每个月也会定期发布每家广告联盟的潜在到达率。尼尔森的数据需要付费购买（参见 www.nielsen.com），不过有时在 www.marketingcharts.com 也可以免费查阅尼尔森的报告摘要。
- **整渠道投放**（Channel）。你可以基于内容上的相关性锁定目标人群，如在所有体育网站上投放体育相关广告、在所有女性网站上投放女性相关广告、在所有汽车爱好者网站上投放汽车相关广告。有时，你不妨选择一些交叉渠道，瞄准交叉人群，如选择女性和体育的交叉渠道，瞄准女性体育爱好者。
- **自定义分组**（Custom subnet or sub network）。你可以将移动广告联盟的站点自定义为多个分组，如女性体育组和职业母亲组。你一定要告诉广告联盟目标受众的具体特征，但不要将范围缩得太小，否则最终会限制广告的到达率。例如，推广昂贵的电子产品时，不要把目标锁定在家庭年收入高于 15 万美元的人群，应该放宽到 10 万美元。这样你既瞄准了潜在客户，又向更多的受众推广了你的品牌。

- **买断式排期**（Takeovers or network blocks）。买断式排期在网络广告中通常被称为路障式排期，指的是在短期内（一两天内）大量投放广告（预算多、目标人群印象深）。买断式排期就是完全买断广告位（一个站点或站点的一部分），在一段时间内拥有这个站点的所有广告。买断式排期广告可以给目标人群（基于地理位置、人口统计特征等）留下深刻印象。

一般来说，买断式排期有两个目标：到达率（尽可能到达更多目标人群）和频率（让目标人群尽可能多地看到广告）。在一个广告项目中只能将其中一个目标发挥到最大限度，因为它们是负相关的。买断式排期并不能带来直接效果（吸引流量、引导用户完成某个行为），因此它一般是以千人成本计费或者统一收费。买断式排期是广告策略中必备的一项。

优秀的广告联盟可以让你基于相关性和用户行为自定义目标受众。目标受众越具体，广告成本越高。访问 mobiThinking（www.mobithinking.com）可以查看全球广告联盟名单，了解他们的特点和优势。

直接找发布方投放广告时，可以咨询他们建议你花费多少预算。发布方能基于用户和流量数据估算广告的最佳投放量，并且知道什么时间、怎样显示广告才能保证良好的使用体验、增加受众与广告的互动。如果发布方无法向你提供有用的数据，那么就不要从他那里购买广告位。

通过移动运营商投放广告

Verizon、AT&T、Sprint、T-Mobile 等移动运营商也会出售他们的移动网站广告位，这些广告位被称为运营商广告位。如果你的目标受众就是某个运营商的用户，那么这就是个好的选择。但你还要考虑运营商用户的其他特征。例如，向 Verizon 的用户做一个 iPhone APP 的广告就不起作用，因为 Verizon 不支持苹果 iPhone。

要了解所有运营商支持的设备、用户、区域覆盖、数据计划是一件很麻烦的事，尤其是当你要在多个运营商广告位上投放广告时。除非你真的需要到达某个运营商的用户，否则我们建议你与移动广告联盟合作。

移动广告的成本

移动广告的价格水平取决于受众与广告的互动程度，这点和网络广告一样。移动广告既可以按照显示次数计价，也可以按照受众对广告的响应行为计价。以下是几种常见的移动广告计价方式。

- **按千人成本计价（CPM）**。千人成本就是指广告每到达（广告出现在某个人面前）一千个人的成本。假设千人成本为 5 美元，那么你的广告每出现一千次，你就要支付 5 美元。需要注意的是，按千人成本计价不需要受众点击广告，甚至不需要受众看广告，只要在受众访问网页时广告显示出来即可。这也是为什么通常千人成本不被用作计价方式，而是被用来对比到达率和点击率等。

- **按点击量计价（CPC）**。按点击量计价意味着每当有人点击你的广告时，你就要为此付费。假设点击成本为 5 美元，那么每当有人点击你的广告时，你就要支付 5 美元。如果你的主要目的是为移动网站吸引流量或者把访问者变成客户，那么你可以选择这种计费方式。

✔ **按行为计价（CPA）**。按行为计价的意思是，每当有人点击你的广告后完成了某种行为，你就要为此付费，此处的行为包括访问网站、填写表格、发送短信等。如果你的主要目的是为移动网站吸引流量或者把访问者变成客户，那么你可以选择这种计费方式。

✔ **赞助**。赞助就是广告主直接付给发布方一笔钱，在一段固定的时间内赞助发布方的广告位。例如，你可以赞助一个 APP 的开发，多付一点钱让你的 Logo 出现在 APP 的启动页（APP 加载时出现的页面）上，持续几个月时间。

你必须首先想清楚愿意为哪些行为付费，才能讨论如何对媒体代理、发布方或广告联盟付费。你要确保相关方了解你的目标，这样才能找到一个合适的计费方式，确保你投入的每一分钱都有回报。

移动广告的投资回报

如果你想通过移动广告投入来获取回报，那么一定要确保广告的目标和广告的预算使用是匹配的。如果你为了达成目标严重超支，可能不是因为成本太高，而是因为：

✔ 广告没有高效地锁定目标受众；
✔ 传播方式有问题；
✔ 广告不能吸引受众采取行动。

下面我们将解释如何让广告更有针对性、吸引受众采取行动。

广告与目标的匹配

在投放移动广告前，一定要确保广告会到达正确的人群，即最有可能购买你的产品的人群。以下是你在聘请代理、花钱投放广告前需要考虑的三个问题。

✔ **你要到达所有人还是某个特定的人群？** 要瞄准某个特定的人群，就要知道他们使用哪些网站、APP 和手机。发布方可以为你提供这些信息，你在投放广告前一定要向他们索要。

✔ **你希望受众如何与你的广告互动？** 如果只是希望人们看到你的广告，那么会有很多选择；如果希望人们点击你的广告、完成购买或者通过社交媒体分享你的广告，那么选择范围就小一些。尽量让受众完成某些和你的营销目标密切相关的行为。更多有关受众行为的内容参见本章"邀请受众行动"部分。

✔ **如何得知广告效果？** 首先要确定成功的标准和广告效果的监测方式。发布方和广告联盟能够给你很多数据，展示广告效果。有的广告联盟还可以帮你建立预测模型，辅助投放决策，让你在效果不理想时做出变更。更多有关广告效果监测的内容参见第14章。

回答完这些问题后，你就能明确目标受众和预期成果了。下一步就是把你的目标和预期告诉发布方和代理，或者在广告联盟的工具中将它们设置成参数。然后你就可以制作广告了。

制作移动广告

为移动网站、APP等移动媒体制作广告时，一定要确保广告的尺寸和格式正确。如果你和代理机构或者广告联盟合作，他们通常会提供创意服务。如果你直接从发布方购买广告位，那么你需要自己完成创意工作。不过，即便你将创意工作外包出去，为了获得理想的效果，你还是要考虑以下问题。

✔ **尺寸。** 不同屏幕有不同的尺寸标准。典型的尺寸包括特大型图片横幅（300×50像素）、大型图片横幅（216×36像素）、中型图片横幅（168×28像素）、小型图片横幅（120×30像素）、文本行（包含10~24个字）。你需要制作各种尺寸的图片，这样广告联盟才能针对消费者的手机发送尺寸合适的图片。

✔ **格式。** 广告文件的格式取决于它针对的是哪种类型的手机和网络。决定格式的时候最好与专家商议，因为格式标准千差万别。例如，苹果iPhone不支持Flash（Adobe的多媒体平台，用于给网页添加视频、动画、互动媒体内容），大部分手机不支持JavaScript等多媒体。

✔ **分析工具。** 你一定要有一个分析工具用于监测流量和广告效果，如Google Analytics、Omniture（www.omniture.com）、AdMob 和 Bango（www.bango.com）。这些工具提供的数据能帮你改进广告策略。更多有关分析工具的内容参见第14章。

邀请受众行动

不管通过发布方、代理还是广告联盟投放移动广告，都要先考虑你希望受众看到广告后采取什么行动。仅仅让受众点击你的广告可能还不够，你的广告要能吸引他们采取行动，这些行动应该符合以下两条标准。

- **行动必须适合通过移动设备完成**。例如，如果你邀请手机用户点击广告访问你的网站，那么你的网站最好能在该用户的手机上正常显示。移动营销协会的移动网页广告指南如表 10-1 所示。
- **行为必须能够帮你达成目标**。例如，如果一段视频广告能帮你提高某个产品的销量，那么这段视频中最好包含足够的激励因素，以吸引消费者进行购买。

表 10-1　移动营销协会的移动网页广告指南

名称	技术细节	样例
特大型图片横幅	300×50 像素 通用标准： GIF，PNG，JPEG 格式的静态图片 文件小于 5K 扩展标准： GIF 格式的动图 文件小于 7.5K	Scene Cinemas SHOW TIMES CLICK HERE
大型图片横幅	216×36 像素 通用标准： GIF，PNG，JPEG 格式的静态图片 文件小于 3K 扩展标准： GIF 格式的动图 文件小于 4.5K	Scene Cinemas SHOW TIMES CLICK HERE
中型图片横幅	168×28 像素 通用标准： GIF，PNG，JPEG 格式的静态图片 文件小于 2K 扩展标准： GIF 格式的动图 文件小于 3K	Scene Cinemas SHOW TIMES CLICK HERE

（续表）

名称	技术细节	样例
小型图片横幅	120×30 像素 通用标准： GIF，PNG，JPEG 格式的静态图片 文件小于 1K 扩展标准： GIF 格式的动图 文件小于 1.5K	Scene Cinemas SHOW TIMES CLICK HERE
文本行	超大型不超过 24 个字 大型不超过 18 个字 中型不超过 12 个字 小型不超过 10 个字	Show Times Click Here

移动音频广告

我们经常忘记手机的本质是一个电话，能够用来进行语音通话。随着智能手机的普及，越来越多的用户开始用手机在线（通过网络）播放音频。近来，出现了一系列利用这些音频渠道的广告服务。

✔ **点击拨号音频广告。** 广告主通过短信、移动网站、APP 推广一个电话号码，如下图所示。当该号码被点击时，手机会自动拨号，广告会自动开始播放。提供这种广告服务的优秀服务商是 UpSnap（www.upsnap.com/）。

✔ **查号服务广告。** Jingle Networks 公司的查号服务也可以用作广告渠道。消费者可以免费拨打客服号码，收听几则广告，换取免费的查号服务。这是广告主可以利用的一个好资源。

✔ **网络电台广告。** 电台及相关音频服务正变得越来越移动化，出现了 TargetSpot（www.targetspot.com）这样的公司，能够从移动网络电台那里购买广告位。

移动网页内容包

移动网页中获取免费内容的横幅广告

点击广告后页面跳转到点击拨号页面，顶端有另一则横幅广告

点击后可跳转到提供内容的页面

点击拨号收听音频

内容前的音频广告

按千人成本计费或按每次点击计费

"你想摆脱债务吗？ Credit Helpers 已经帮助超过 7 万人减轻了债务，最高可减 60%。现在打电话可获得免费债务咨询。与广告主沟通，请按 7。"

呼叫电话中心

音频服务—UpSNAP 公司提供的内容

体育新闻

"在昨晚的全国锦标赛中，柏油脚跟队憾负老虎队[3]……"

音频广告

按每通电话计费

"想要收听你最喜欢的赛车手的比赛实况吗？马上订阅 DIRECTV，信用卡用户每月只需支付 29.99 美元。与广告主沟通，请按 7。"

呼叫电话中心

短信内容包

短信带有点击拨号获取内容的功能

记住比较好

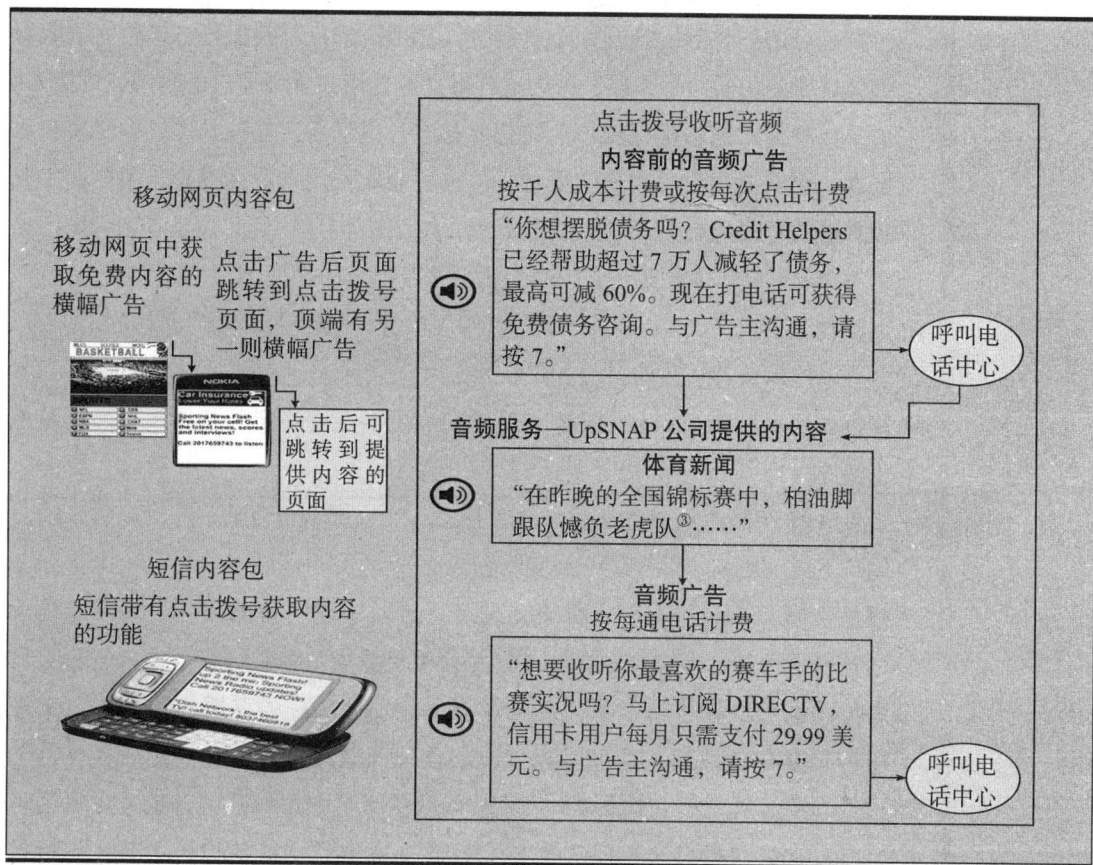

移动设备是一种对位置很敏感的媒介。你的广告不一定要邀请受众点击，而可以邀请受众完成某种基于位置的行为，如走进商店向营业员出示手机上的广告。

以下建议将告诉你如何吸引受众完成某种行为，以及保证这些行为适合通过移动设备完成（业内人士把这些行为称作点击后续行为）。

✔ **提交表单**。利用手机表单可以收集受众的邮箱地址、接收订单、开展调查。因为手机的屏幕和键盘很小，所以手机表单不应该过长，越简单越好。

✔ **点击拨号**。点击拨号可以通过两种方式完成：一种是直接点击广告拨号；另

---

③ 柏油脚跟队（Tarheels）和老虎队（Tigers）都是美国的大学篮球队。——译者注

一种是点击广告后跳转到一个着陆页，让用户选择是否拨号。想要立刻获得响应就要使用前一种方式，因为这种方式能让用户立即点击、自动完成拨号。而第二种方式能够确保用户真的想要与广告主联系，这种方式就像二次获取同意，能够提高拨号用户的质量，但也可能导致用户中途放弃（用户在完成拨号前就失去耐心）。不管使用哪种方式，都要向用户询问他是看到哪则广告后拨打的电话，方便你记录每则广告带来了多少回复。

✔ **出示优惠券**。你可以把移动广告用作优惠券，吸引正在选购商品的消费者，也可以让消费者从移动网站上获取折扣。

✔ **定位**。移动广告可以利用 GPS，把消费者导向某个特定的位置，如产品展示柜或 VIP 停车场。

✔ **提供 APP 下载**。如果你开发了一个移动 APP，那么可以通过移动广告来吸引用户下载安装。

✔ **播放视频**。不是所有手机都支持视频播放。一般发布方和广告联盟能告诉你各种手机的性能。视频格式必须符合手机要求。视频可以由内部创意人员制作，也可以外包给创意代理或者有创意部门的广告联盟。用户可以点击广告观看在线视频，也可以进入你的移动网站或者着陆页观看视频（电影预告、产品展示、访谈等）。如果你不想在网站中添加视频，也可以提供一个 YouTube 视频链接，但这种方式只对支持这种功能的设备有效（如苹果 iPhone、黑莓等）。

移动营销服务商，如 Rhythm Media Networks（www.rhythmnewmedia.com）、Smith Micro（www.smithmicro.com）、Kyte、Brightcove 和 VMIX（www.vmix.com）可以帮你优化视频，尽可能到达更多能够观看视频的受众。

✔ **开展移动商务**。你可以在广告中邀请消费者立刻购买，但这需要消费者提供信用卡等支付信息。要开展移动商务，你还需要一个移动 APP 或安全的移动网站。更多有关移动商务的内容参见第 13 章。

✔ **利用社交媒体**。邀请受众关注你的社交媒体账号，或者邀请受众分享你的移动广告。更多有关移动社交媒体的内容参见第 12 章。

如果你只希望人们看见、记住你的广告，而不要求他们采取行动，也是可以的。很多公司都利用移动广告来提高认知度、忠诚度，而不要求受众点击广告。不

过你要通过调查或研究来对比广告项目前后的认知度和忠诚度，测量广告效果。更多有关移动广告监测的内容参见第 14 章。

在自己的移动媒体上投放广告

你可以做广告的发布方，将广告位卖给广告主，也可以在自己的移动媒体上投放自己的广告。可以利用的广告位包括以下几种：

- 在自己的移动网站上投放广告；
- 在短信和彩信中插入广告；
- 在应用程序和可下载的内容中放置广告。

在自己的移动媒体上投放广告就是利用它们直接获取收益，或者至少是抵消掉创制这些移动媒体的成本。不管怎么说，移动广告都是一个赚钱的好方法。以下部分将介绍如何在上面提到的三种移动媒体上发布广告。

在自己的移动网站上投放广告

要在自己的移动网站上投放自家广告或者少量其他广告主的广告，只需要把制作好的广告复制粘贴到网站的合适位置就可以了。如果你真的想通过销售移动广告位赚钱，那么你应该找一个广告联盟，把广告位卖个多个广告主，让他们为广告位出价。

要和广告联盟合作，首先要将你的网站与广告联盟的网络连通。你的技术团队或程序服务商可以与广告联盟联系，询问如何将你的网站与广告联盟的网络连通。网络连通后，可以用以下任意一种方法将联盟的广告发布到你的移动网站。

- **使用移动网站可视编辑器**。通过移动网站可视编辑器发布广告很简单。这种编辑器和大型移动广告联盟的网络都是连通的，只要从广告联盟那里获取一个账号（用户名和密码），将账号信息粘贴到编辑器中，点击"保存"，就可以在你的网站中插入一个占位符。当手机用户访问你的网站时，程序会向广告联盟的系统索要一个广告，将广告放置在网站上，展示给手机用户，整个过程只需要几秒钟的时间。图 10-7 展示了一个移动网站的可视编辑器，iLoop Mobile、Mad Mobile 和 Mobile Card Cast 等公司都有这种工具。

图 10-7
移动网站
可视编辑
器示例

资料来源：iLoop Mobile,lnc.

> ✔ **在网页中粘贴广告联盟的代码。**不用可视编辑器、只用代码发布广告的步骤
> 会复杂一些，但也绝对可行，参见本章"与移动广告联盟合作"部分。

在短信和彩信中插入广告

产品、服务、促销的文字广告也可以插入短信中。这种广告通常被放置在短
信的末尾，以链接或文字的形式出现。短信广告不是展示性的广告，因为它只包含
文字。不过，短信广告可以链接到展示性广告，如图 10-8 所示。

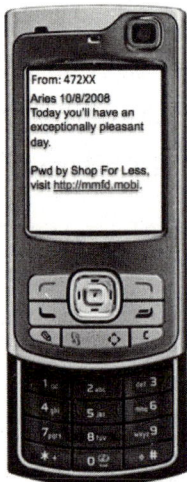

图 10-8
短信广告
链接展示
性广告

由于彩信广告中可以包含图片、文字、音频和视频，因此彩信是一种传播多媒体广告的好渠道，如图 10-9 所示。

图 10-9
彩信广告

资料来源：Mogreet

为了让广大受众看到广告，广告的格式很重要。服务商可以帮你压缩彩信中的视频等内容，让你的广告兼容于更多的运营商网络和设备。

在大多数情况下，短信和彩信广告不能通过广告联盟的网络发送，因为要用代码动态地将广告插入短信和彩信中是不可行的。关于如何制作彩信广告，参见第 6 章。关于如何制作短信广告，参见第 5 章。

并非所有运营商都支持彩信。把彩信作为唯一的传播手段可能会减少能够到达的人数。

在应用程序和可下载内容中放置广告

程序内广告（APP 内广告）是指放置在免费或收费移动 APP 中的广告。在 APP 内放置广告可以直接获取收益，抵消开发和维护 APP 所需的费用。APP 所有者也可以通过在 APP 内放置广告来提升品牌的认知度或争取用户的信任。广告还可以被放置在可下载内容中，如视频、铃声、播客，其作用和程序内广告一样。

要在移动 APP 和可下载内容中放置广告需要提前考虑，因为在制作 APP 和可下载内容的过程中就要设置好广告位。你可以咨询程序员或程序开发商，如何在 APP 和可下载内容中植入静态广告和来自广告联盟的动态广告。更多有关 APP 开发的内容参见第 6 章。

第11章　移动语音营销

通过手机到达受众的方式五花八门，因此人们很容易忘记手机可以用来与受众进行语音交流。移动电话毕竟还是电话。事实上，语音营销和其他移动营销方式一样有效，更何况语音通话是唯一一个所有手机都具备的功能。几乎人人都知道如何打电话，因此你不用担心客户知不知道如何响应你的语音营销。

语音营销可以通过人工完成，也可以是自动的，还可以二者兼具。你可以邀请受众给你打电话，也可以给受众打电话。理论上说，语音营销可以用一种人们熟悉的方法到达所有人。

本章将告诉你在设计移动营销项目时如何利用手机的语音功能、如何筹备和执行移动语音营销。我们会简单提及人工语音服务，但本章的大部分内容是关于自动语音服务的。

选择移动语音营销方案

你可以雇用真人应答客户的电话，但不用真人也可以提供语音应答、机票预订、本地餐厅推荐等服务。

下面的部分将帮助你在人工应答和自动语音应答间做出选择，还将告诉你如何选择自动语音服务商，因为开展自动语音服务需要一些技术支持。

要注意客户可能会在什么场合参与你的项目。如果客户在公共场所使用你的服务，你就要考虑他所处的环境，并对内容进行优化，并让处于嘈杂的公共场合的客户大声说出自己的个人信息不是好的选择。在这种场合下，短信或者基于移动互联网的服务方式可能更好。

人工应答

人工应答就是雇用真人或代理应答电话。尽管我们试图让一切都自动化，但有时人的工作还是得由人来做。有些工作太重要或者太复杂，不适合交给机器，有些工作也不被允许由机器完成。例如，金融服务公司就不允许客户给经纪人语音留言完成交易，客户必须与经纪人实时通话。一般来说，需要人工应答的电话服务包括：

- 道路救援服务，如美国汽车协会提供的道路救援服务；
- 参加抽奖活动；
- 获取产品样品；
- 完成通过移动网站或 APP 发起的交易。

即便对于你来说人工服务不是必须的，但在人工服务对客户来说更方便的情况下，你还是可以选择开展人工服务。例如，你可以在移动网站中添加一个点击呼叫电话中心的链接，这样客户就可以通过电话人工服务来完成预订，相关示例如图 11-1 所示。

图 11-1
在网站中
添加点击
呼叫电话
中心链接
的示例

点击呼叫电话中心

如果人工服务比自动语音服务能带来更多收入，那么就应该开展人工服务。你可以试对两种方案进行测试，看看投资回报率。例如，你可能会发现消费者不愿意对机器说出信用卡号而只愿意对真人说，但也有公司发现人们在对机器说出信用卡号时感觉更安全。每个公司的情况都不同。有时人们就是愿意与真人交流。

语音服务适合同时进行多项任务的客户

语音营销可以有效地让正在做其他事情的受众参与进来。例如，对于那些正在看孩子踢足球、正在排队，正在街上行走的人来说，让他用手机通话比让他盯着屏幕打字要方便得多。人们可以利用语音通话：

► 参与调查，给出意见，而不需要用手输入；

► 查询某些信息，而不需要访问网站；

► 安全地留下邮箱地址、信用卡号等信息，安全地收听留言、订单确认等信息；

► 收听音乐、播客、广播；

► 在寻找商店、酒店等地点时要求语音实时指路。

记住，在不能要求客户看屏幕、点按按钮的情境下（如客户正在开车），语音服务也不适合。

互动式语音应答

自动语音应答在业内被称作互动式语音应答（IVR）。互动式语音应答并不只是播放录音提示"客户服务请按1"这么简单。今天的互动式语音应答能够提供非常丰富的互动式使用体验。

互动式语音应答有很多功能，开展互动式语音应答服务的一般做法是参考别的公司用它做什么，然后把基本思路应用到自己的公司。以下就是一些互动式语音应答的用途，其基本思路可供参考。

- **基于位置辅助销售**：门店内的消费者可以拨打产品标牌上的电话，查看是否有其他门店销售同款不同色的产品。
- **基于位置搜索**：消费者可以拨打银行的电话，要求银行将最近的 ATM 机的位置以短信形式发送到手机。
- **说明**：选民可以拨打免费电话，输入邮政编码或电话号码，接收有关本选区的选民登记和投票的说明。
- **号码查询**：消费者可以拨打免费电话到查号台查找公司附近的商店，互动式语音应答系统会利用语音识别功能询问消费者想要查找什么。
- **提供等待选项**：和等待接通人工服务时播放的音乐不同，互动式语音应答系统会给用户提供多种选项，如留言、订阅短信、收听推广信息等。
- **参与式营销**：消费者可以拨打电话参与营销项目。几年前，索尼影业就采用了这种方法推广其惊悚片《针孔旅馆》（*Vacancy*），他们在电视上做广告邀请观众拨打电话 1-800 收听电影片段、参与各种互动。
- **内容传播**：消费者在酒店住宿的时候可以拨打电话收听语音广播或者请求电话叫醒服务。
- **信息请求**：消费者可以拨打电话留下自己的邮箱地址或现实地址，请求系统通过电子邮件或信件把某些信息发送或寄送给消费者。
- **自动预订**：消费者可以拨打在移动网站的横幅广告上看到的电话号码，进入预订系统。

可以听的网站

很多人有阅读障碍，或者只想收听内容而不想浏览内容。随着智能手机的出现、移动网站的进步、移动互联网速度的提升，如今你可以向客户提供在线内容收听服务，只要客户愿意，还可以把内容下载下来稍后收听。

VoiceCorp（www.voice-corp.com）公司就提供这种服务的技术支持，能够将多种文字转译成语音，也就是说，他们可以为客户朗读网页、移动网页或文章（参见下图）。

点击收听
页面朗读
音频

互动式语音应答是移动语音营销的基石，以上只是它的部分常见用途。本章接下来还会介绍如何开展互动式语音应答项目。

寻找语音服务商

如果你要进行人工语音服务，可以在网上查找外包公司。这些公司通常被称为电话中心服务商。

互动式语音应答服务商有以下三种。

- **承包型代理**：他们能够代你管理整个项目。
- **在线程序**：你可以登录在线程序自主管理项目。
- **软件**：你可以将软件安装在公司电脑上，在公司网络中管理互动式语音应答系统（大型公司最好采用这种方案）。

领先的互动式语音应答服务商有 CommerceTel、SmartReply、Angel.com 和 Nuance（www.nuance.com）。这些只是部分公司，在网络上搜索一下能找到更多。

筹备互动式语音应答项目

运行互动式语音应答项目需要做一些准备工作。你需要计划好目标、写好脚本、录好音频、为打进电话的用户提供选项。以下是筹备互动式语音应答项目的步骤，我们将在下一小节介绍如何执行。

项目计划

在开始语音项目前，你要想清楚以下问题。

✔ **项目的目标是什么？**是进行客户服务、拓展市场还是增加收入？不要将不同的目标混在一起，除非你确定主要目标一定能达成。

✔ **谁来提供语音？**你可以选择提供人工语音、录制好的语音或者计算机基于文字生成的语音。一定要确保客户对你提供的语音不反感。如果你决定进行人工服务，可以选择一个专业配音，也可以选择一个比较大众的声音。选择哪种取决于你的客户。

✔ **怎样安排时间？**寻找服务商、筹备项目都需要时间，你还要考虑项目持续的时间，以及如何随着时间的推移对语音项目进行完善。

✔ **如何测量项目效果？**监测项目效果能够方便你对项目做出调整。你或者你的语音项目服务商必须能够监测项目效果（更多有关监测和分析移动营销项目的内容参见第 14 章）。

如果你的语音项目覆盖的地域很广，那么要注意时区差异。你需要考虑是提供 24 小时服务，还是在语音信息或广告中说明服务限定的时段。

互动脚本

语音脚本就是语音提示的文字版，它帮助你决定说什么、如何说。即便是内容相同的脚本也可能带来不一样的结果。

编写语音脚本时要写下你希望客户听到的内容，以及语音提示如何引导客户。下面是一个简单的语音脚本样例。

客户：拨打（免费）电话，互动式语音应答系统应答。

互动式语音应答系统："您好，欢迎致电我们的移动营销项目。参加抽奖，请按 1，并按提示留下您的邮箱。给我们留言，请按 2，然后按提示操作。"

客户：按1，说出邮箱地址。

互动式语音应答系统："谢谢。您已参加抽奖。稍后我们将通过短信和电子邮件向您发送后续信息。"

这个脚本很简单，但大致意思很清楚。你要准确地写下互动式语音应答系统要说的话以及客户会如何反应。在编写脚本时，要考虑以下问题。

✔ **你的目标是什么？** 你利用这通电话想达到什么目的，你是否像上面的例子一样希望打电话的人留下邮箱地址参与你的抽奖活动。

✔ **电话接通后客户首先听到的内容是什么？** 他会听到一段语音还是音乐、接下来是什么、什么时候开始提示选项等。

✔ **你会播放什么样的选项提示？** 例如，"按1前往××，按2前往××"是很常见的选项提示，但如果能重新组织语言，变成"按1，您能获得人工服务的帮助；按2，您能使用邮政编码搜索附近位置、收取短信"，效果会更好。

✔ **如果用户使用的是固定电话而非手机怎么办？** 这种情况下，你可以告诉他们无法参与你的项目，因为项目最后需要向参加者发送短信。

✔ **如果互动式语音应答系统给出的选项只有1和2，而用户按了3怎么办？** 你要在脚本中写入错误信息，让系统在这种情况下说"对不起，选项无效"，让用户返回上一步。表11-1列出了语音脚本的关键要素。图11-2展示了一个互动式语音应答流程案例。

表 11-1　语音脚本的关键要素

关键要素	描述
引言	电话接通时播放的录音。你可以录制多个音频，例如，一个是打招呼，另一个是音乐。你还可以把几个音频文件编辑到一起作为引言
选项提示	"按1前往X，按2前往Y，按3前往Z（X、Y、Z是你提供的服务）"
每个选项的响应，如当用户按1后	用户作出选择后会有相应的响应信息，如"感谢您选择X，您的请求正在被处理"
错误	"对不起，我们无法识别您的选择（您的选择无效，请重试）。按1返回主菜单，按2返回上一级菜单"
致谢	谢谢
结束语	再见
运营商不支持	"对不起，您的移动运营商不支持该项目。感谢您的来电"

JUMP TO: Other IVR	9	[Jump to IVR# / Name / or Other IVR InBound800ID]
Secondary IVR Greeting (Opt Out Greeting)	1, 2, 9	We're sorry to see you go. At ABC Company, we honor and respect your right to choose the forms of communication you receive from us. If you would like for us to stop sending special sale and offer notifications to you by prerecorded telephone calls, please press 1 now. If you are a member of our mobile marketing program and would like to opt-out of all future text message savings alerts, please press 2 now. If you would like to register a phone number and opt-in to be notified of future sales and savings offers from us, please press 9 now, or to end this call, simply hang up.
Custom Repeating Menu (Secondary IVR)	1, 2, 9	Press 1 to stop receiving prerecorded savings calls. Press 2 to opt out of text message savings notifications. Press 9 if you would like to be notified of future sales and savings offers from us, or to end this call, simply hang up.
Voice Custom Get Phone (Opt Out)	1	To be removed from future prerecorded calls announcing special savings and news, please enter your 10-digit phone number on your keypad, beginning with the area code first. Please enter it now.
Voice Custom Done (Opt Out)	2, 9	Thank you. Your number will be removed from receipt of future prerecorded telephone calls.
Text Custom Get Phone (Opt Out)	2	To be removed from future text messages featuring special savings and news, please enter your 10-digit phone number on your keypad, beginning with the area code first. Please enter it now.
Text Custom Done (Opt Out)	1, 9	Thank you. Your number will be removed from our mobile marketing program. You will receive a text message confirming your opt-out shortly.
SMS MT Confirmation (Opt Out SMS Message)	n/a	You will no longer receive text messages from ABC Company. Thanks for being a great customer.
JUMP TO: Other IVR	9	[Jump to IVR# / Name / or Other IVR InBound800ID]
Goodbye Menu (Opt Out)	n/a	Thank you for calling ABC Company' Customer Preference line. Goodbye.

图 11-2 互动式语音应答流程案例

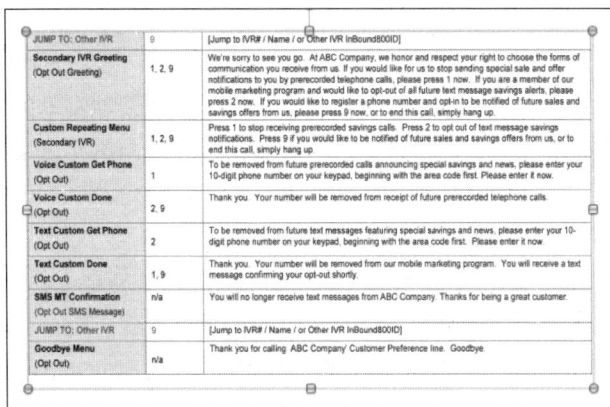

对于任何脚本来说，关键在于以下几点。

- 保持简洁明了。
- 把行为放在选项提示的最后，如设置"要收取短信，请按 1"，而不是"按 1 收取短信"。
- 尽量使用专业配音。使用专业配音的成本不是很高，却能改善用户的使用体验。

美国航空公司的客服脚本

美国航空公司（American Airlines）有一套能够识别客户的独特互动式语音应答系统。客户第一次拨打电话时，会得到一个简单的提示："您希望我在您下次拨打该电话时认出您吗？"如果用户选择了"是"，下次他再拨打该电话时，系统就会识别出他，自动帮他查询航班状态，提供他最有可能需要的信息：

"Eric，您好，欢迎回来。您似乎想从达拉斯飞往纽约，您的航班将在下午 1 点 15 分起飞，登机口为 D23。如果您还需要什么帮助，请向我下达指令，如'更新'。"

这套系统在帮助客户解决问题、提供信息方面非常出色。它提供的信息准确实用，同时对打电话的人有针对性。大部分这种系统都由 Nuance 公司开发，这是一家优秀的互动式语音应答服务商，他们提供的互动式语音应答系统能够安装在公司里，帮你完成互动式语音应答。

录制语音提示

准备好语音脚本后，下一步就是录制语音提示。除了录制脚本的每一部分外，还要录制需要用到的错误信息、帮助信息、致谢信息。录制语音提示有多种方式，如下所述。

- ✔ **在线录制**。互动式语音应答服务商可能有在线工具，这种工具可以把音频直接录制到系统中去。
- ✔ **程序录制**。你可以使用电脑上安装的录音程序录音，如 GoldWave、Mixcraft 或 StepVoice Recorder。要获得更加丰富的录音效果，可以使用 Easy Hi-Q Recorder。
- ✔ **专业服务**。如果你不想使用自己或员工的声音，也可以聘请一个专业配音演员或服务商帮你录制音频文件。很多这类服务商的配音演员都能模仿演艺人员的声音，如模仿杰克·尼科而森（Jack Nicolson）、塞谬尔·杰克逊（Samuel Jackson）或者 Lady Gaga[①]。模仿演艺人员的声音能制造出很多乐趣，因为受众听到演艺人员的声音时会感到惊讶。另外，聘请配音演员模仿演艺人员也比请演艺人员自己来录制要便宜得多。你可以访问 www.brandaffinity.net 查看更多信息，这家公司提供演艺人员声音模仿服务。还有其他公司提供类似服务，你只需要上网查一查就能找到。

如果你要自己完成录音，千万不要使用廉价麦克风！麦克风的质量对录音质量有直接影响。尽量用质量好的麦克风。

互动式语音应答系统中的声音对于受众来说代表了品牌的品质，同理，电视和广播广告中的声音也代表公司的形象。你要测试不同的声音，看看哪种声音最能让受众对你的公司产生好印象。

设置应答

如果互动式语音应答服务商能帮你完成设置，你可以跳过这一部分。但如果你要自行使用服务商的软件，你需要遵循以下步骤完成设置。每个软件都不同，但

[①]　前两位是美国著名演员，Lady Gaga 是著名歌手。——译者注

基本原则是相同的。

第 1 步，为项目命名，如"二月抽奖"，以便于进行项目监测。设置开始和结束日期。

第 2 步，绑定一个电话号码。

消费者通过拨打这个号码参与你的项目。你可以把这个号码放在短信中发送给消费者，邀请消费者回拨，也可以放在移动网站中，设置一个点击拨号链接。

第 3 步，设置项目参数。

需要设置的参数包括一个用户在一定时间段内可以参加活动的次数，如果电话没有接通是否可以语音留言等。

第 4 步，编辑互动式语音应答菜单，用树状图形象地描绘菜单选项，并上传每一个选项的音频文件，如图 11-3 所示。

软件会引导你完成上传，确保用户不会在错误的时间听到错误的音频信息。

第 5 步，设置用户完成选择后触发的行为。

例如，当用户按 1 时，可能会触发某个行为。不同服务商提供的触发行为不同，最常见的包括以下几项。

- **触发短信或彩信**：向用户发送某条短信或彩信。
- **触发语音邮件**：将捕获到的语音邮件发送到某个电子邮箱，或者发布到某个 FTP 站供稍后下载。
- **转接电话**：将电话转接到另一个号码。
- **播放音频**：播放菜单中的另一个音频文件。
- **触发网络服务**：将用户的电话号码和活动数据发送给第三方服务商，如短信服务商、移动网站服务商，这样第三方服务商可以接通电话、采取某种行动，如发送一条短信。

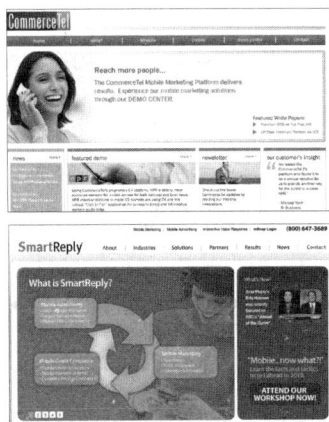

图 11-3
设置互动
式语音应
答选项

执行语音营销项目

移动语音营销的一大优势就在于它比传统固定电话营销具备更多的功能。下面将介绍如何利用手机的先进功能开展几种最为常见的语音营销。

直接拨号

最简单、最常见的语音行为召唤就是邀请用户拿出手机拨打（免费）电话。用户来电后，你可以让他等待与人工服务通话，也可以将他转接给互动式语音应答系统。

每部手机都具备拨号功能，用户很容易理解。要开展直接拨号活动很简单，只要把你的电话号码放在广告中，邀请人们拨打就可以了。

点击拨号

就像点击超链接会跳转到一个网页一样，对于大部分手机来说，点击移动网站或 APP 中格式正确的电话号码就会自动拨号，如图 11-4 所示。这种功能被称为点击拨号。事实上，供点击的链接不一定要以电话号码的形式出现，它可以是链接到电话号码的图形或者文字，如"现在收听"。

图 11-4
移动网站
模板

点击拨号的例子

点击拨号功能也可以用在移动搜索的结果中。你要确保每种本地搜索的结果中都有你的电话号码。如果不确定，可以搜索一下你的公司查看结果。

短信转语音

当（潜在）用户向你发送短信时，你可以回一个电话给他。例如，用户可能看到一条"发送短信'HEARUS'到 472××"的行为召唤，当他这样做时，他就会接到一通自动拨打的电话，听到语音选项提示，如图 11-5 所示。

常见的短信转语音项目包括以下几项。

- **娱乐服务**。例如，在 TheLiveLine（www.theliveline.com）网站提供一项服务，用户可以通过短信选择演艺人员。在几秒钟时间内，用户就会接到一通回拨的电话，播放由他选择的演艺人员录好的音频。这是一个进行推广、加深用户参与的好方法。
- **零售**。英特尔公司委托互动式语音应答服务商 SmartReply 在阿根廷和秘鲁完成过一个项目。当消费者在零售店内选购装有英特尔处理器的产品时，可以通过短信获取更多产品信息（广告出现在货架上）。如果消费者询问的是技术问题，就会接到一通回拨的电话，收听来自互动式语音应答系统的大量产品知识，并且可以通过手机导航到相关话题。这种方式可以替代对店内销售人员进行技术培训以及复杂的文字说明。

✔ **赞助语音服务。** 2008年北京奥运会期间，Visa赞助了一项语音服务。用户可以发送短信接收回拨电话，收听奥运会运动员的故事。例如，发送短信"菲尔普斯"到234××，用户就会接到一通回拨的电话，播放事先录好的菲尔普斯的奥运故事。

✔ **体育赛事精彩回放。** 用户可以通过短信接收体育赛事的最新比分，拨打短信末尾的号码还可以收听比赛的精彩回放。例如，"NFL[②] 最新比分——第三节结束：电光队 VS 野马队，比分31∶10。拨打212-555-1234收听第三节精彩回放"，如图11-5所示。

✔ **社交媒体项目。** 语音也可以用在社交媒体项目中，消费者可以通过语音留言参与活动，如提供新曲翻唱，或者用自己的声音给产品图像配音，Beema（www.beema.com）公司就开展过类似的活动，如图11-6所示。

图 11-5
短信触发
电话回拨

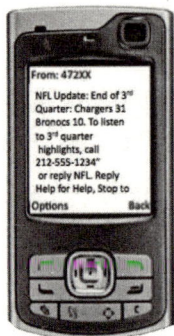

图 11-6
Beema公
司的社交
媒体语音
营销

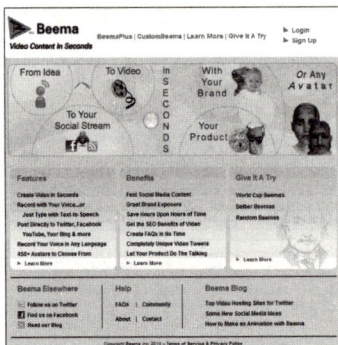

---

② 美国国家橄榄球联盟。——译者注

短信不是一种安全的信息系统。如果你要传输敏感信息（如信用卡信息和其他敏感数据），可以通过互动式语音应答系统完成。

实时聊天

实时聊天也是一种流行的语音服务。用户可以在移动网站或 APP 中输入电话号码，提交后会接到来自互动式语音应答系统的电话。

语音广播

你可以使用提前录好的音频信息进行语音广播，这种服务也被称为语音信息推送。系统会自动拨打很多电话，进行广播。

用户接听电话后，会立即听到一段提前录好的、自动播放的信息。用户听完信息后，可以选择与机器互动或者转接到人工服务。

如果用户没有接通电话，系统就会把不具备互动功能的语音信息发送到用户的语音信箱。这种电话常被用于航班提醒、打折提醒和积分项目提醒等服务。

有关向手机发送预录信息的法规非常繁复。发送促销信息需要签名级别的明示同意，而且从不同地区打电话规定不同，向不同地区打电话规定也不同。更多规制问题参见第 3 章。另外，不要忘记时区差异，不要让你的提醒在半夜吵醒用户。

互动式语音广播

利用互动式语音应答系统可以向客户提供广播服务。NPR（美国国家公共广播）就出色地将互动式语音应答用在了他的广播、iPhone APP 和移动网站（www.npr.org/services/mobile）上。手机用户可以快速找到头条新闻和分类新闻，只要点击新闻旁边的电话号码，手机就会自动拨号，然后该新闻的广播版就会通过手机播放。这种服务具有替代传统网络广播的潜力，因为它是基于用户需求的，也能在线播放。NPR 下一步甚至可以每天早上将头条新闻广播发送到用户的语音信箱，用户每天早上只要收听语音留言就可以获取新闻。

第12章 移动社交媒体营销

本章要点

▶ 移动化对社交媒体的影响

▶ 在社交媒体战略中加入移动元素

▶ 吸引移动社区参与活动

移动社交媒体营销的关键就是鼓励客户在社交媒体上发布关于你的产品和服务的内容与评论，参与你的营销活动。在理想的情况下，客户会通过移动设备与你在社交媒体上互动，甚至自发围绕你的产品或服务建立移动社区。

移动设备让人们能够随时随地参与社交媒体营销活动。移动社区更是具备巨大的潜力，因为各种移动技术都可以应用到移动社区中去。

本章我们将介绍如何在社交媒体营销中加入移动元素。首先，我们将教你如何利用在线社区、开展适合手机用户的社交媒体活动；其次，再教你如何吸引手机用户参与你的活动。

在社交媒体战略中加入移动元素

消费者不会整天带着计算机四处跑，也不会每 15 分钟打开一次计算机查看新鲜事。他们偏爱短频快的信息获取方式。

根据 Facebook 的数据，有超过 1 亿 Facebook 用户通过移动设备访问他们的页面，并且移动端用户比电脑端用户活跃 50%。如果你想到达这些用户，你的社交媒体战略也要相当活跃才行。

通过移动设备在社交媒体上发布内容很简单，用户也喜欢使用移动设备访问社交网站，因此你要考虑在社交媒体战略中加入移动元素。

不管你是否已经有一个社交媒体营销战略，以下内容都可以告诉你如何让社交媒体战略对移动端用户更加友好。

认识社交网络和移动社区

移动社交媒体指的是通过移动设备发布或分享的社交媒体内容，如通过手机发表的对《华尔街日报》（The Wall Street Journal）文章的评论。

移动社交网络指的则是围绕共同兴趣被吸引到一起、通过移动设备展开互动的一群人。纯粹的移动社交网络几乎是不存在的。大部分社交网络都起源于传统互联网，可以通过多种方式访问（参见第 1 章）。例如，当你通过手机注册、登录 Facebook 账户时，你就是移动社交网络的一部分，此时发布或分享的内容就是移动社交媒体。很多社交网络的移动端访问量都越来越高。这些社交网络如下所述。

- **Facebook**：Facebook 是一个拥有超过 5 亿用户的社区。
- **Foursquare**：Foursquare 是一个基于位置的游戏社交网络。用户通过造访现实地点来参与社区互动、获取勋章。
- **Gowalla**：Gowalla 和 Foursquare 很像，用户也要造访现实地点，与朋友互动。
- **Twitter**：Twitter 是一个实时网络，用户可以用不超过 160 个字符来分享自己的意见和想法（一般通过短信、移动互联网或移动 APP）。
- **Google Latitude**：用户可以共享他们的位置、在地图上看到附近的朋友并联系他们。
- **Yelp**：Yelp 是一个本地搜索和评论社区。用户可以评论任何实体——餐厅、酒吧、健康和医疗服务等。

- ✔ **Loopt**：Loopt是一个社区，可以帮助用户发现附近的人，以及他们在干什么、要去哪里等。
- ✔ **Buzzd**：Buzzd 是一个社区，提供全美各个城市的餐厅、娱乐场所和商户的实时评分。
- ✔ **Brightkite**：Brightkite 是一个移动社区，帮助用户了解朋友的近况。
- ✔ **MocoSpace**（**www.mocospace.com**）：MocoSpace 是一个面向青少年的社区，移动端的访问量巨大。

记住比较好

并非所有社交媒体网站都是相似的。尽管很多社交媒体网站具有相似的功能，但最终重要的还是用户。例如，截至 2010 年 7 月，Foursquare 的用户人数是 Gowalla 的 5 倍，两者的用户构成也不同，Foursquare 的用户男女比例是 2：1。

为了与移动端用户进行有意义的互动，你应该考虑你的客户主要使用哪些社交网络（上面的列表只是一部分），然后将你的战略应用到那些网络中去。以下是一些了解客户在使用哪些社交网络、识别移动端客户的方法。

- ✔ 询问已有客户他们使用哪些社交网络，在他们使用得最多的两三个社交网络上开展营销。如果你通过手机短信完成这项调查，那么你的营销目标也就是手机用户，更多有关短信调查的内容参见第 5 章。你也可以通过移动网站（参见第 8 章）或移动 APP（参见第 9 章）完成调查。
- ✔ 提供社交分享链接，美国鞋业巨头 Steve Madden 在其移动网站（http://m.stevemadden.com）中加入了 Facebook 点赞功能，如图 12-1 所示。社交分享链接可以让用户通过社交网络与他人分享内容。你可以在网站、电子邮件、移动网站中加入分享链接，同时监测客户如何分享你的内容。你可以通过www.sharethis.com 等服务商制作分享链接，他们还可以帮你监测客户使用哪种社交网络分享内容。

图 12-1
Steve Madden
在移动页
面加入的
Facebook
点赞功能

资料来源：Steve Madden

不要将视野局限于移动社交网络已有的应用。如果你能想到一个将你的服务与社交网络整合起来的好办法，可以看看能不能通过社交网络的 APP 完成，如果不能，你可以联系社交网络公司合作开发一个程序。例如，2010 年 2 月，美国电视业巨头 Bravo 与 Foursquare 合作，鼓励观众造访带有 Bravo 标签的 500 个地点，获取 Bravo 勋章，参加抽奖。

✔ 使用社交媒体监测工具在社交网络中搜索与你公司有关的关键词。查看搜索出来的内容是不是通过移动设备发布的。

✔ 对比社交网络用户的人口统计数据，查看某个社交网络的用户特征与你的目标客户特征是否匹配。YouTube 等社交网站提供用户人口统计数据，如图 12-2 所示。

✔ 如果你有客户的邮箱地址，可以在主要社交网络上查找和这些邮箱地址匹配的用户，获得客户使用社交网络的真实数据。

图 12-2
YouTube
等社交网
站提供用
户人口统
计数据

如果你的公司瞄准小众市场，那么你的（潜在）客户使用的可能是你没听说过的小众社交网络和 APP，你可以通过搜索来发现相关社交网络和 APP。例如，宠物用品零售商 PetSmart 就专为养宠物的人开设了一家社交网站 Pets.com。如果你找不到针对小众市场的社交网站，或许你可以自己创建一家！下面的内容将告诉你具体怎么做。

创建移动社区

Facebook 和 Twitter 这样的社交网络十分庞大，依靠这种社交网络足够到达大部分客户和潜在客户。他们还提供内置工具方便用户使用手机分享内容。然而，你也可以通过这些大型社交网络将人们吸引到你自己的移动社区。

自主创建移动社区的好处包括以下几点。

- 可以基于位置、设备等共同点在社区内创建不同的分组。
- 可以更好地监管内容、屏蔽违规用户。
- 可以通过密码保护或加入批准来控制访问。
- 避免依赖第三方。毕竟社交网络是一种新鲜的媒介，它可能改变、关闭或与其他公司合并。
- 提供某些仅限客户的服务。例如，你可以让遇到问题的客户提问，让其他遇到同样问题的客户从客户的角度作答。
- 提供某些仅限客户的激励措施，如音频、视频下载。

你的社区不一定要是永久性的。你也可以围绕某个活动创建社区，在限定时间内为了某个目的将人们集中起来。例如，2009 年，快餐连锁 Hardees（www.hardees.com/mobile）配合新产品的发布开展了一项叫作"为我命名"的精彩活动。他们邀请社区用户为新产品命名，很多提名都非常有趣。这项活动同时吸引了大批社区用户和媒体参与新产品发布。

MySpace社区的进化

MySpace 社区（www.myspace.com）创始于 2004 年，最开始面向青少年，不过很快也获得了成年用户和大公司的青睐。然而，随着 Facebook 的快速成长，很多大公司转向 Facebook，MySpace 社区从 2010 年起开始专注于音乐，它拥有整个互联网中最大的音乐社区。如果 2008—2009 年间有非音乐公司在 MySpace 社区上做了巨大投入，那么如今他们可能要重新选择一家社交网络从头开始，因为他们的客户可能已经转向另外的社交网络。

直销协会等组织也会围绕活动创建社区。消费者也会通过 Bleam 等 APP 创建临时的社交网络。Bleam 是一种支持通过蓝牙或 Wi-Fi 创建临时本地网络的移动 APP，用户可以从 iPhone APP 商店中购买 Bleam。

如果你不想置办创建社区所需的基础设施，也可以使用其他公司的设施，如向 ShoutEm（www.shoutem.com）、Socialight（www.socialight.com） 和 INgage Networks（www.ingagenetworks.com）寻求帮助，这些公司可以帮你创建、管理和维护社区。

如果你的公司出现在社交网络上，那么你一定要经常进行内容监管。公众在社交网络上发布的内容是没有经过审查的，这既有利也有弊。如果你不对内容进行监管，谣言和负面信息将会迅速滋生和传播。

创建自己的移动社区和 APP 不是一项简单的工作。首先，你需要选择一个平台创建社交网络。更多有关从零开始制定社交媒体战略和创建社区的内容，参见 Shiv Singh 的《社交媒体营销入门》（*Social Media Marketing For Dummies*）。下面的步骤将引导你制订一个移动社区计划。

第 1 步，考虑客户在你的移动社区中可以做什么。

例如，查找其他客户的位置、与社区分享自己的位置、为使用同款手机的用户创建群组。

第 2 步，考虑客户使用哪些移动设备。

如果你正在对客户进行短信营销，那么你可以从程序服务商那里拿到客户的移动设备数据。否则，你就要通过调查收集数据。

第 3 步，考虑大多数客户的手机功能。

多利用手机的内置功能，少用客户使用起来很困难的功能。假如你的大多数

客户使用智能手机，那么你的社区就可以利用智能手机的功能，如 GPS、拍照、视频拍摄甚至是动作感应。假如你的客户不使用智能手机，那么你的社区就应该建立在短信、移动互联网、拍照等功能上。

第4步，选择创建社交网络的平台。

有些社交网络平台只针对移动互联网用户，如 MocoSpace 和 peperonity（www.peperonity.com）。还有一些社交网络平台主要针对计算机用户，不一定具备移动功能。

第5步，考虑如何对社区或 APP 进行监测。

人们最终都希望投资能获得回报，就算这种回报只是客户满意度的提升而不是销量的提升。你的社区要能够监测到新用户、回头用户、上传和下载量以及用户参与度等指标。

与移动社交媒体用户互动

只有当你邀请人们与你互动并给他们足够的理由，他们才会参与你的社交媒体活动。在这方面，移动社区比基于传统互联网的社区更有优势，因为移动设备为用户提供了各种参与互动的好方法。

本节将介绍如何邀请人们通过文字、图片、视频和 APP 参与互动，并在此基础上鼓励他们购买你的产品，或采取其他行动帮你达成公司目标。

鼓励用户通过移动渠道加入社区

人们通常倾向于即时分享而不是等到事情发生几小时、几天、几周后再分享。举个例子说，一些消费者正在排队等候观看一场足球赛，这时他们在大屏幕上看到了你的广告，如果他们喜欢这则广告，可能就会立即与周围的人分享对你的正面评价，而不是等到回家后再用电脑发布对这则广告的评论。在这段时间内可能发生了很多事情（例如，他们支持的球队获胜了），这些事情可能占据他们的脑海，导致他们轻易将你的广告抛在脑后。

如果你鼓励人们使用移动设备即时发布评论，那么你可能会获得更多互动。例如，如果你的广告鼓励球赛观众在社交网络上发布他们观赛的照片，从而获得赢取奖品的机会，那么你的广告可能立即获得转发，哪怕过后会被消费者遗忘。

以下建议可以帮助你吸引移动端用户与你在社交媒体上互动。

- 在所有营销信息中加入行为召唤，邀请受众加入你的移动社区。例如，邀请受众发送"加入"到 12345，加入社区。

- 在移动网站上推广移动社区，如图 12-3 所示。更多有关移动广告的内容参见第 10 章。

- 确保你的移动社区适合移动搜索。这样，当有人通过手机搜索你的公司时，就能找到你的移动社区。更多有关移动搜索的内容参见第 10 章。

- 邀请意见领袖加入你的社区。通过激励措施鼓励他们分享你的内容，例如，给他们意见领袖特权、将他们作为专家放在社区首页上。

- 鼓励门店客户与你互动，在门店内放置标牌邀请他们通过移动设备上传照片或发表意见，相关示例如图 12-4 所示。

图 12-3
在移动网
站上推广
移动社区

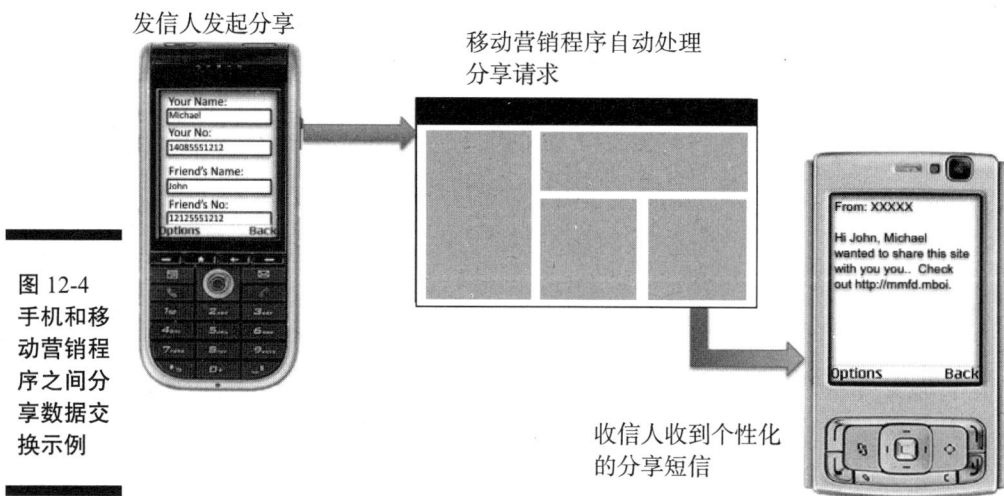

发信人发起分享

Your Name:
Michael
Your No:
14085551212
Friend's Name:
John
Friend's No:
12125551212
Options   Back

移动营销程序自动处理
分享请求

From: XXXXX

Hi John, Michael
wanted to share this site
with you you.. Check
out http://mmfd.mboi.

Options   Back

收信人收到个性化
的分享短信

图 12-4
手机和移
动营销程
序之间分
享数据交
换示例

> ✔ 把 Facebook 或 Twitter 作为客服渠道，告诉受众遇到任何问题都可以通过这些
>   渠道向你求助。例如，Best Buy 公司在门店打出"需要我们就给我们发推特"
>   的广告语，推广他们的 Twelpforce 服务（员工通过 Twitter 回答客户的问题）。
> ✔ 通过电视、广播、户外媒体做广告，邀请受众使用移动设备访问你的移动
>   社区。

移动社交媒体分享

如果用户无法通过手机进行分享，那么你鼓励他们分享你的内容也无济于事。大部分主流社交网络都有移动 APP。例如，Twitter 就有很多移动 APP，还有一个移动网站。如果你的客户使用 Twitter，那么你可以鼓励他们下载已有的 APP，也可以向他们推荐一个与你的公司契合度最好的 APP。

但是，如果你的客户使用的是小众社交网络，或者你自己创建了一个社交网络，那么你可能需要自主开发移动 APP，或者对你的平台做一些调整，添加移动分享功能。

社交媒体 APP 有时被称为移动社交软件。很多独立开发商都在针对特定手机机型和小众社交网络开发 APP。有时他们还会开发整合大大小小不同社交网络的APP。iSkoot 就有这样一个 APP，能够让用户同时访问 Twitter、Facebook 和其他很多社交网络。移动 APP 示例如图 12-5 所示。

图 12-5
移动 APP
示例

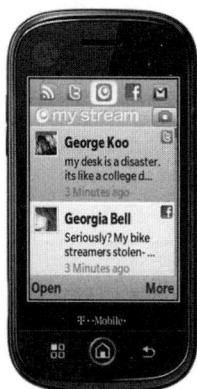

　　iSkoot 还有为各个移动运营商定制的产品，如 AT&T、T-Mobile、Verizon 和
Skype。这种整合性的 APP 正变得越来越好用。你可以在线搜索或在 APP 商店中
搜索这些 APP。学习自主开发 APP 请参见第 9 章。

　　如果找不到合适的 APP 或移动社区平台来让（潜在）客户分享内容，你也可
以把短信和电子邮件作为分享渠道。有些社交网络允许客户通过发送短信或邮件来
发布内容。有关这方面的信息请咨询你的社交媒体软件服务商。

社交媒体内容监测与响应

　　消费者喜欢被倾听。今天，他们的声音以文字、图片、视频的形式散布在社交
网络上。倾听消费者发出的声音很重要，这样你才能响应他们、进行有意义的互动。
倾听的一部分是监测消费者对你的评价，另一部分是提供各种对话和互动的可能。

　　人们在社交媒体上发布的内容有时很正式，例如提出观点和评论，有时却很
自由，如讲述故事和经历。人们一般通过以下三种方式发声。

- ✔ **直接与你分享**。例如，直接给你发短信、邮件或社交媒体私信。
- ✔ **直接与他人分享**。有时人们会绕过你，在你不知道的情况下直接与他人分享。
  例如，Facebook 上的私人群组成员可以和群组内其他成员分享内容，而不让
  你知道。
- ✔ **公开分享**。有时人们会公开发布内容，并在发布时 @ 你。例如，Twitter 的内
  容就是公开的，也可以 @ 公司或个人，如图 12-6 所示。

图 12-6
公开发布
内容

与 Chick-fil-A 有关的内容

记住比较好

当人们直接向你发送信息时，要理解和回复很简单，因为信息通常在你的收件箱里或者在你的页面内。但当人们公开发布信息时，这些信息并不总是在你眼前，因此你必须主动寻找。

你可以在网络上搜索人们对你的公开评论，也可以利用社交媒体监测服务自动完成这项工作。企业社交媒体监测成本很高，如果你的预算不够，也可以使用功能少一些的免费工具。

如果你是社交媒体新手，那么 Google Alert 就是一个很好的入门工具。当你积累了一定的经验、有更深层次的分析需求时，可以转向功能更多的工具。

社交媒体监测能够帮你了解客户的观点，从而完善社交媒体战略。例如，你可以使用监测工具找出社交网络上每一条包含你的公司名的信息，然后：

✔ 分析是哪些类型的人、在哪些类型的社交网站上谈论你的品牌；
✔ 从人们对你的品牌、产品和服务的评论中寻找规律；
✔ 查看客户谈论你的品牌、产品和服务的频率。

小贴士大用途

在对你监测到的社交媒体内容进行回应时，要注意，即时发布内容的客户也希望你能即时回应。而要高效地做出回应，就要随时做好准备。

如果你和你的员工不是整日坐在计算机前，那么你们可以通过移动 APP 回应。以下是一些能够帮助你及时与社区成员互动的办法。

✔ 让客户选择是否接收社区更新的短信提醒。大部分主流社交网络都允许你通过短信与客户互动。

✔ 确保你能在社交网站的移动版或 APP 中输入内容、直接发布。如果你使用的社交网站有移动版，那么你只需要一部手机和一个好的浏览器。如果你使用的社交网站没有移动版，那么你就需要使用该社交网站的移动 APP 或者短信发布内容。

✔ 开展手机投票和调查，在你的社交网络页面上发布结果。通过这种方式，你可以收集很多客户的观点和意见，然后一次性对他们做出回应。

✔ 鼓励你的员工回应，前提是他们要以公司员工的身份做出回应，并且知道如何回应。

✔ 向客户提供你的联系方式和客服电话，便于客户找到即时回应的渠道。

很多时候，社区成员会在你之前回复成员的问题。在像 Facebook 这样的社交网络上，任何人都能看到公开发布的问题，你要给社区成员一个在你之前回复的机会。一定要感谢那些帮助你回复的人，同时对于那些对你的公司或客户不友好的人，也要准备好应对措施。

图片、视频和其他多媒体内容

移动社区最大的吸引力之一就是允许用户轻松上传媒体文件。很多手机都有拍照功能，能够录制音频、视频的手机也越来越多。

主流社交网络都允许人们发布照片和视频，他们的 APP 和移动网站也具备同样的功能。以下是通过多媒体内容吸引移动社区成员参与互动的一些建议：

✔ 提醒正在购物或与你互动的客户拍摄、上传照片，例如，邀请他们拍摄使用你的产品的照片；

✔ 举办视频或照片竞赛，邀请社区成员用他们的手机帮你拍摄广告；

✔ 当你赞助或参与了某项活动时，鼓励你的社区成员也参与进来，邀请他们拍摄照片或视频上传到网站或 APP；

✔ 邀请客户提交音频、视频文件，向其他消费者推荐你的产品。

照片和视频的监测比文字监测困难，文字中的恶意内容更容易被发现。如果你担心用户上传恶意内容，那么可以调整社区的隐私设置，对上传的内容进行审核。

第 4 部分

移动商务与营销分析

由第五波（www.5thwave.com）的里奇·坦南特（Rich Tennant）绘制

"让我们玩转标题。"

让一切变得更简单！

移动设备可以被用来完成各种交易，包括销售终端购买、订阅和互联网商务。当人们与你的移动营销活动互动时，你还可以通过移动设备监测和分析他们的交易数据和行为数据。

第 13 章，告诉你如何让移动交易成为可能、如何建立移动商业账户，让你的客户能够通过移动设备下单。

第 14 章，帮助你了解移动营销分析和监测，从而方便你查看和改善移动营销的效果。

第13章 移动商务

本章要点

▶ 通过移动设备销售产品

▶ 建立移动商务收费渠道

▶ 通过移动运营商和增值短信收费

▶ 利用移动钱包

移动商务就是通过移动设备销售产品。与向客户发送信息鼓励他稍后购买不同，移动商务通常包含交易过程。通过移动商务获取收益的方式有两种。一种是销售可以在移动设备上消费的产品和服务，如铃声、APP、游戏、内容订阅（笑话、星座运程、当日新闻等各种内容）、慈善捐献等。

另一种是销售实物产品和服务，如销售 T 恤、汉堡、计算机，以及提供拖车、出租车运营、计时停车等服务，这些可通过信用卡、PayPal 等非运营商渠道收费。

移动收费渠道被运营商和各种支付平台掌控，要向移动端客户收费，就要和他们建立密切合作。事实上，移动商务的每个方面都有一套把关流程。

本章将介绍移动商务的基础知识，教你如何开展移动商务以及如何收费。

选择销售平台

通过移动渠道销售产品有三种基本平台，每种平台支持的产品和服务类型都不同。下面的内容将告诉你这三种平台各支持哪些产品和服务，方便你选择。

✔ **第三方平台。**网络上有很多独立的移动内容和产品整合者，只要使用搜索引擎搜索一下铃声就会发现，有成百上千家网站在销售这种移动内容。这些网站要么代销售方销售内容、收取佣金；要么是先从销售方买来内容后再转卖。第三方平台的优势在于，与单独销售方相比，他能吸引的访客较多。这种平台收取的佣金一般在产品售价的 30% 以上。如果佣金比你自己吸引流量的成本要低，那么你可以选择这种方案。当然，你要选择那些访客与你的目标客户重合度最高的网站，换句话说，消费者总是会被那些和他们自身相关的服务吸引。

✔ **运营商商店。**移动运营商有销售移动内容的"商店"。第三方平台和运营商商店的差异在于，运营商可以把费用计入消费者每月的电话账单中。这种支付方式对于消费者来说更方便，但也意味着你的大部分收入要分给运营商。为了提高你的内容被消费者选购的概率，你应该同时和各大运营商合作，但是这个过程可能很漫长。运营商要么买断移动内容的版权，要么从售价中抽取佣金。这两种方式都不如你自己销售移动内容的利润高。假如你通过增值短信销售内容，运营商抽取的佣金可能高达 60%。

✔ **自创移动商店。**采用这种方式，你可能要自行创建移动网站，或者通过短信提供内容直接下载。这种方式的优点在于，你能自主掌控整个销售过程；缺点在于，前期投入较大，因为你需要让消费者知晓你的商店。如果你有某个在线平台已经获得了一定流量，那么你可以把它作为销售平台。

搭建移动收费渠道

要想通过移动设备销售产品、完成交易，首先，你必须有一个移动媒体渠道，如：

- 一个短信项目（参见第 4 章、第 5 章）；
- 一个彩信项目（参见第 6 章）；
- 一套语音服务（参见第 11 章）；
- 一个移动网站（参见第 8 章）；
- 一个移动 APP（参见第 9 章）；
- 一个利用近距离无线通信技术的捆绑支付渠道（参见第 1 章）；
- 可销售的产品（移动内容或实物产品）。

其次，不管你使用哪种移动媒体，都必须能让用户发起交易。这意味着要在用户流程中加入一个发起交易的流程。

下面将教你一些选择合作伙伴、开展移动商务的必要知识。

创建商业账户

要让移动支付成为可能，首先要创建商业账户。商业账户可以通过银行、信用卡公司或 PayPal（www.paypal.com）等第三方创建。

商业账户能把客户的支付与你的公司连接起来，让交易平台识别哪笔交易属于你。

一般来说，建立商业账户要求你的公司是合法注册的，因此你要经过一个申请程序，提交你公司的财务状况、产权状况和历史信息。

很多公司都愿意为你开办商业账户、与你协商费率。如果你是一家小公司，我们建议你从与 PayPal 或小银行合作开始。如果你的公司规模可观，那么你可以选择企业解决方案。

创建移动收费系统

移动收费系统有以下两个组成要件。

- 和交易中各方的**商业关系**，包括：
  - 为支付提供软件和用户界面的移动商务程序服务商；
  - 控制支付授权和资金转移的把关人；
  - 销售执行中心（如果你计划销售实物产品）；

- 内容供应商（如果你计划销售可下载内容）。
✔ 移动媒体中的**结账功能**。例如，你的移动网站中可以有一个"立即购买"按钮，链接到订单，让客户填写订单信息，如图 13-1 所示。

图 13-1
移动媒体
中的结账
功能

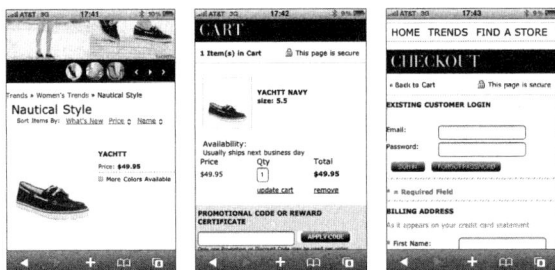

如果你选择使用第三方支付平台，那么处理这些关系很简单，只要通过链接或代码把客户导向第三方支付平台的界面就可以了。第三方支付系统通常都协调好了幕后关系，让你们的合作更加方便。不过这些服务不是免费的。因此，如果你计划通过移动渠道进行大量交易，那么建立自己的账户和支付渠道将节省一大笔钱。

以下是开展移动商务所需的四家主要合作伙伴。

✔ **运营商**。除了第三方 APP 商店外，移动商务的方方面面几乎都是由大型运营商来管理。对任何一种移动内容收费基本都要经过运营商的同意。当用户回复增值短信确认付款或者通过移动网站确认付款时，实际上是运营商在代你收款。更多有关通过增值短信或移动网站收费的内容参见本章"通过运营商收费：增值短信和移动网站"部分。

✔ **移动商务程序服务商**。移动商务程序服务商就是专门负责移动支付技术问题的公司。他们与运营商、信用卡公司等合作，帮助你通过移动设备销售产品和服务。这类公司有很多，以下只列出其中一些能提供终端到终端解决方案的公司，包括 PayPal、Mocapay（www.mocapay.com）、Obopay（www.obopay.com）、Usablenet（www.usablenet.com）、Digby（www.digby.com）、DeCare Systems Ireland、Spotlight Mobile、Bango、ShopText、mFoundry、Billing Revolution、Branding Brand Communications（www.brandingbrand.com，参见图 13-2）和 Square。

✔ **内容供应商**。如果你想销售铃声、APP、游戏、订阅信息等内容，那么你需要内容供应商帮你制作这些内容。如果你通过移动网站销售这些内容，内容供应商通常会帮你完成网站内容制作和维护。如果你自己制作并维护内容，你就是内容供应商。你也可以与那些从多家内容供应商处购买内容的整合者合作。

✔ **整合者**。整合者（参见第 2 章）是连接程序 / 内容供应商与无线运营商的桥梁。没有整合者，你就无法将内容传输给顾客。整合者通常和大部分运营商都有合作，这样你就不用针对每个运营商开发一个独立的收费系统。大多数情况下，你不会直接与整合者合作，而是与程序服务商合作。

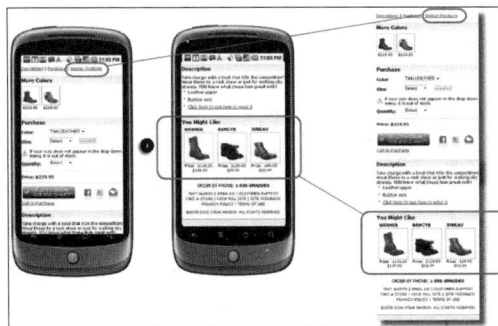

图 13-2
移动商务
程序服务
商 Branding
Brand
Communi-
cations

让移动支付更便捷

如果你开发了一个电子商务网站，你可以假设访问网站的用户有全键盘、鼠标以及一个可以用来浏览、选购产品的彩色显示屏。但要开展移动商务，你不能假设每一个消费者的移动设备都有相同的功能。

即便是最先进的手机，在硬件和支持的软件上也有所差异。要为客户提供便捷的移动支付渠道，必须注意以下问题。

✔ **键盘**。有些移动设备有全键盘，有些没有。最大限度地到达受众是移动商务的目标，为了达到这一目标，必须开发不完全依赖全键盘输入的内容和用户界面。有些商家要求用户在填写支付表单时输入姓名、地址、手机号码、邮箱地址、信用卡信息、用户名和密码。你只需收集交易必需信息，否则客户可能因为过程太冗长而放弃交易。

✔ **导航**。有些移动设备有类似鼠标的光标，有些则依赖滚动条。要解决用户界面问题有两种方案：一是开发多个版本的移动网站，如一个适用于苹果 iPhone 等智能手机的版本、一个适用于功能较少的移动设备的简化版本；二是开发一个既可以使用触屏（针对智能手机）、导航又很简单（针对其他手机）的网站。

Steve Madden 的移动商务网站就是一个很好的例子，它采用简单的界面，融合了产品描述、购买、类似产品链接、图片以及社交媒体分享等功能，如图 13-3 所示。

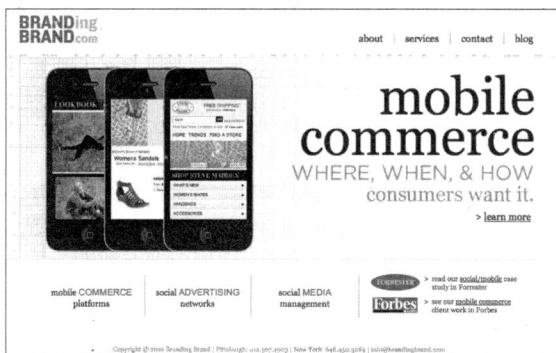

图 13-3
Steve Mad-
den 的移动
商务网站

✔ **数据流量**。如今家庭或办公室宽带互联网已经不再按时间或流量计费，但移动互联网还部分采取这种计费方式。因此，你要尽量减少客户必需打开的页面，从而降低流量费用。另外，支付页面不要有太多图片，要能够快速加载。不限量的数据流量计划越来越受欢迎，但还是不要让客户等待页面加载的时间过长。

✔ **屏幕尺寸**。抛开平板电脑和苹果 iPad 不谈，不管移动设备多么强大，它的屏幕通常都比计算机小。移动商务网站开发者永远要考虑针对移动设备有限的屏幕大小裁减网站的可视尺寸。你使用的移动网站开发程序（或移动网站开发者设定的参数）必须能让支付页面保持合适的大小，保证支付过程中不会有什么内容和选项被用户漏看。

✔ **安全。**移动渠道并非先天比传统互联网更不安全，但消费者通过移动渠道完成交易时通常比使用传统互联网更加注重个人信息安全。这部分是因为移动渠道比传统互联网更年轻，而且移动设备具有便携性和私密性，消费者自然更加在意它的安全。你既要让移动网站简单、好用，又不能牺牲安全和隐私。亚马逊（www.amazon.com）在这方面做得很好，既能让用户通过设置一键完成支付，又能保证安全。

通过运营商门户销售内容

运营商门户就是运营商所拥有的移动网站，这些网站向本运营商的客户提供产品和内容下载，如图 13-4 所示。

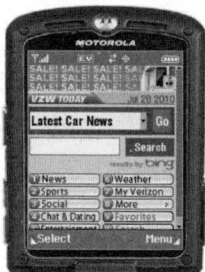

图 13-4
运营商门户网站

每一家移动运营商都有自己的移动门户，向用户提供运营商及合作伙伴生产的内容和服务。你可以通过运营商门户销售内容，但过程可能不如你想象中的简单。你必须完成以下步骤，才能通过运营商门户销售内容和服务，并保证最终顺利收款。

建立直接关系

很多公司为了直接在运营商门户上销售内容和服务，会分别和多家运营商建立直接关系。每家运营商的合作要求大不相同，但合作方式通常有以下几种：

✔ 运营商给出一个总价，购买你的内容；
✔ 运营商给出一个最低销量保证；
✔ 你和运营商进行收入分成（通常不是平均分配）。

要与运营商建立直接关系需要时间，通常是12~18个月，甚至更多，而且还是在你已经开始与运营商接触的前提下。

建立渠道关系

很多运营商都有在线的渠道关系入口，供内容开发者注册。渠道关系和上一部分讨论的直接关系不同，你不需要直接与运营商签订协议。在渠道关系中，你可以获得运营商门户的使用权限，运营商提供简单的使用条款和培训材料，并向你支付内容特许使用金。表13-1列出了不同运营商的开发者项目入口。

表13-1　运营商开发者项目入口

运营商	网址
Sprint	http://developer.sprint.com
Verizon	http://www.vzwdevelopers.com/aims
T-Mobile	http://developer.t-mobile.com
AT&T Wireless	http://developer.att.com

以下是建立渠道关系的步骤。

第1步，访问运营商网站，注册第三方服务项目。

第2步，让运营商对你的内容或服务进行认证。

你的内容要想出现在运营商的门户上，必须经过认证。每家运营商的认证流程都不一样，也因你提供的内容和服务类型而异。详情参见运营商网站。

第3步，接受使用条款。

条款内容包括运营商向你付费的金额和时间。在极少数情况下，你可以对标准使用条款进行微调。

与中介合作

有些中介公司与移动运营商建立了多年合作关系，可以帮你把内容放到移动运营商的门户上。

中介是一条很好的渠道，因为他们享受规模经济，并且比你自己单独和每家运营商合作的覆盖面更广。

Airborne Mobile（www.airbornemobile.com）、Thumbplay（www.thumbplay.com）、

Zed（前身是 9 Squared，www.squared.com）和 Mobile Streams（www.mobilestreams. com）都是这类中介公司。他们中的每一家都有自己的商业模式，除去中介收取的抽成、交易费、筹备费和维护费等，你还可以获得一定的利润。

通过运营商收费：增值短信和移动网站

通过运营商收费对你的客户和公司来说都更加方便。运营商可以代你从客户那里收取费用，并把费用计算在客户的手机账单里。手机账单示例如图 13-5 所示。

图 13-5
手机账单
示例

Description	Date	Time	Usage Type	Application Price	Total
Prem_sms 76278 Papa ver 2	06/11	02:58P	Q2	$.99	$.99

客户缴纳费用后，运营商会把你的应收金额转给你，并从中扣取一定的服务费。

通过运营商收费，主要用于销售内容、投票及手机慈善捐款，而非实物产品。适合通过运营商收费的项目包括：

- 短信内容，如笑话、星座运程；
- 游戏、铃声、图片下载；
- 彩信；
- 投票；
- 手机慈善捐款。

通过运营商收费免去了收集信用卡号、寄出纸质账单等直接付款带来的麻烦。这听起来很棒，但也有陷阱。无线运营商很早就认识到这是一个机遇，对此建立了明确的规定、流程和费用。下面将介绍如何通过增值短信和移动网站进行收费。

通过增值短信收费

运营商收费最普遍的方式之一就是通过增值短信。增值短信（PSMS）指的是通过彩信或短信对消费者消费的内容（如铃声、游戏、APP、提醒）进行收费。尽管增值短信包含彩信，但业内人士一般还是将它称为增值短信，本书沿用这种称呼。

在考虑如何通过增值短信向客户收费前，要明白你的客户同时也是移动运营商的客户，移动运营商会保护他们的客户，保证为他们提供良好的使用体验，因此要利用增值短信必须通过很多步骤，具体如下所述。

第1步，说明你想销售的内容。

音乐（包括铃声和完整的音乐作品）、视频（尤其是幕后的和很难找到的内容）、让设备变得个性化的图片和墙纸、手机游戏都很适合通过增值短信销售。尽管你也可以销售实物产品，但通过增值短信销售会让产品价格变得十分昂贵，因为售价的一部分是要交给无线运营商的（更多内容参见"增值短信收入分成"部分）。

第2步，给定产品的售价。

你的内容值多少钱？客户是最好的评审。因此，一般来说，你可以做一个快速的焦点小组访谈，问问人们愿意为你的产品付多少钱，这会很有帮助。这就好像美国综艺节目《谁想成为百万富翁》（*Who Wants to be a Millionnaire*）的求助观众环节一样，群众的眼睛总是雪亮的！

第3步，从程序供应商那里获取一个（共享）短码。

更多有关获取和租用短码的内容参见第4章。短码对你通过增值短信销售内容来说不可或缺。

第4步，完全自主开展增值短信服务不容易，我们建议你与程序供应商合作。

最重要的是，你的程序服务商能帮你写一个程序（项目简介），让运营商批准你的项目。在谁能够通过增值短信向他们的客户销售内容的问题上，运营商很谨慎。每家运营商的规定都不同，这就是为什么你需要一家程序服务商帮你简化申请流程。增值短信项目申请表示例如图13-6所示。

图 13-6
增值短信
项目申请
表示例

你可以让整合者帮你填写项目申请表，或者参考移动营销协会网站（www.mmaglobal.org）中的范例。领先的整合者包括 OpenMarket、mBlox、Sybase 和 Ericsson IPX。

第 5 步，准备一个演示样板网站。

这个网站应该准确展示你要销售的内容类型、客户的购买方式以及如何通过手机获取。无线运营商、整合者、审计部门在批准你的项目前一定会审核样板网站，并且必须符合他们的规定才能让你的项目申请获得批准。

在向运营商提交项目申请（参见第 3 章）后，马上就要准备好样板网站。如果运营商开始处理你的项目申请时你还没准备好样板网站，那么你的项目申请表可能又会回到队伍最末重新等待处理。一个项目的申请获批时间大概需要 6 个月。

第 6 步，提交项目申请后，开始考虑推广你的服务。

不管你是互联网新手还是老手，都可以借助以下几个网站推广，Commission Junction（www.cj.com）、LinkShare（www.linkshare.com）和 Amazon Associates（affiliate-program.amazon.com）。你还可以考虑使用 Google AdWords，与其他公司展开战略合作，让你的短码传播得更广（从电子邮件签名到印刷媒体、电视、广播广告），让潜在客户知道你的服务！

所有增值短信服务都需要向用户获取二次许可。更多有关获取用户许可的规定参见第 3 章和第 4 章。

与增值短信商店合作

如果你要销售某种十分独特的内容，可以考虑与一些愿意二次售卖你的内容的网站和商店合作。传统互联网和移动互联网上都有很多大型增值短信商店，可以帮你销售产品，并从中抽取佣金，如Jamster、PlayPhone和Myxer。运气好的话，有些无线运营商也会愿意二次售卖。你可以在每年两次的CTIA（美国无线通信和互联网协会）大会上见到他们，看看他们是否愿意二次售卖你的产品。

增值短信收入分成

如果你打算对每条增值短信收费5美元，这5美元不会全部归你所有，因为运营商要从中抽取费用，作为代你收费的报酬。

增值短信分成指的是你通过增值短信销售内容后从移动运营商那里拿到的金额。运营商帮你处理交易、对客户收费、提供设施供你管理增值短信交易，作为回报，运营商会从你的产品销售所得中抽取30%~60%的费用。

分成的时间取决于总销量，分成的多少也因运营商而异。假设一条增值短信内容售价1.99美元，运营商大概要分走0.6~1美元，你的分成就是剩下的部分（1~1.4美元）。

尽管运营商抽取的份额看起来很高，比支付平台（如PayPal、Visa、MasterCard）抽取的高，但作为回报，运营商可以帮你免去很多麻烦。他们会负责客户服务、收费等问题，让像你这样的公司得以快速、低成本地进入增值短信市场。

一般来说，产品的定价越高，你获得的分成也会越高。假如你的定价是9.99美元，那么运营商可能给你7美元分成（70%的分成），假如你的定价是0.99美元，那么你获得的分成可能只有0.45美元（45%的分成）。

增值短信报告

记录每一笔交易对于你最终获取增值短信收入来说很重要。这个过程被称为对账（reconciliation）。

　　每个月底，你和整合者都要核对这个月增值短信交易的准确数量，确保你、运营商和整合者三方对于总收入没有异议。双方不一致的情况时有发生，因此一定要准备好日志记录系统，以备在交易记录出现不一致的情况下出示你的日志记录。

　　如果增值短信报告来自于运营商或整合者，那么要核对他们的数字和你的销售记录，计算你预期的收入分成，以免出现你不知道的隐性支出。

手机捐赠

　　2007 年，行业领袖 Jim Manis 和他在手机捐赠基金会（Mobile Giving Foundation, www.mobilegiving.org）的团队与美国的移动运营商密切合作，完成了一场手机捐赠活动。在手机捐赠活动中，消费者可以通过增值短信完成小额捐款。捐款额通常在 5 ~ 10 美元。然而，和一般的增值短信收入分成不同，运营商不会从手机捐赠中抽成，100% 的捐款都会交给慈善机构。慈善机构只需要象征性地支付微不足道的交易费用和程序服务费（不同服务商收费不同）。

　　在 2010 月 1 月海地地震捐款中，手机捐赠获得了广泛应用。包括联合国儿童基金会和红十字会在内的大型慈善机构在短短一周内通过手机捐赠募集了超过 4000 万美元的捐款。红十字会通过传统媒体和新媒体渠道（如电视、电子邮件、社交媒体和相关渠道）邀请人们发送"海地"到一个公共短码，为海地震后重建捐款 10 美元，如右图所示（这种项目的条款参见 www.mobilegiving.org）。

　　只有获得手机捐赠基金会认证的非营利组织才能开展手机捐赠活动。详情参见手机捐赠基金会的指南（http://mobilegiving.org/Files/MGFGuidelines.pdf）。

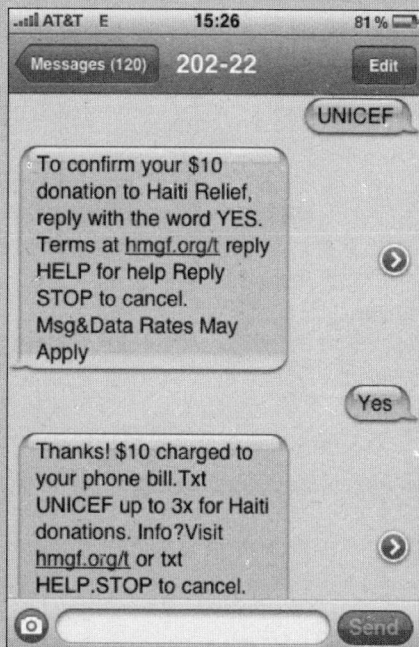

　　运营商不会同时把对账报告和收入分成发给你。通常，无线运营商和整合者会在交易发生后的 90~120 天向你付款。也就是说，不要指望在增值短信业务完成后马上拿到收入。记住这点对于避免现金流危机很重要。尽管支付窗口期很长，有些增值短信业务还是在美国乃至全世界都获得了成功。我们希望你成为下一个成功者！

通过移动网站收费

通过移动网站收费比通过增值短信收费简单得多，因为你不用获取公共短码、不用通过短信获取消费者同意。如果你想通过移动网站销售移动内容，可以与Bango等支付程序服务商合作，他们已经和移动运营商建立了关系，通过网页中的确认链接就可以收费，不用通过增值短信，如图13-7所示。

与增值短信、信用卡等支付方式相比，这种支付方式对消费者来说更加方便，通常能够获得更高的参与度（意味着你会售出更多产品）。

你可以咨询移动支付程序服务商，在你的销售区域内运营商是否支持通过移动网站收费。

图 13-7
通过移动
网站收费
示例

事实上，通过移动网站销售产品和通过传统网站销售产品并没有什么不同（除了具有更多优点外），都要先搭建一个收费系统。要搭建收费系统，你必须做好以下两点。

1. 考虑收费需求

你是要与 PayPal 这样成熟的支付平台合作，还是自主搭建收费系统？像 PayPal 这样的第三方支付平台会从每笔交易中抽成，从而降低你的收益，但他们也会帮你省去很多麻烦。如果你要挑战自主搭建收费系统，就要开发支持信用卡和支付公司（如 Visa）支付的软件和界面，还要在后台将收费系统与其他销售渠道（如在线商店）进行整合，这样才能记录交易。

2. 执行收费

PayPal 等第三方支付平台能够直接接入你已有的移动网站，但如果你要从零开始自主搭建收费平台，就要自己制作能够与你的移动网站相匹配的程序。有些公司能帮助你搭建这样的收费平台，如 Billing Revolution 公司，他们能帮你完成整个收费过程。

利用手机钱包

对于开展移动商务的公司来说，最理想的情况应该是：每个人都有一台移动设备，可以用来直接交流、连接互联网、完成支付、进行身份识别，以及具备娱乐功能，每个与他们交流的人都能从他们的设备上读取数据。消费者的钱包不会再被信用卡和纸钞挤爆，不会再出现信用卡不被商户接受而必须放弃购买的情况，消费者也不用再估算账户余额。每一笔支付都是安全的，每一笔交易都掌控在消费者的指尖。

移动商务是一个快速发展的领域，能够让消费者在现实环境中通过手机完成支付，事实上，手机已经变成了钱包。人们还是会随身携带钱包和手机，但这远不如将所有购买力都集中在手机上来得方便。市场上领先的移动钱包服务商包括 Western Union（www.westernunion.com）、Gold Mobile（www.gomowallet.com/）、mFoundry 和 Alcatel-Lucent（www.alcatel-lucent.com）等。

在不远的将来，越来越多的支付都将通过手机钱包完成。任何想要开展移动商务的主体（包括你）都要想办法让销售点支持手机钱包。

接受手机支付

手机支付的本质就是使用手机为产品和服务付款。

- ✔ 它可以是一串数字代码，作为支付方式向收银员出示。生成数字代码很简单，就是组合一些数字而已（出于安全考虑要有 4~6 位），然后在销售终端（POS）将这串数字设置为优惠代码。当收银员或客户输入这串代码，销售终端系统会将其识别为支付，就和礼品卡或者内部账户一样。

✔ 它可以是加密的资金转移二维码，相关示例如图 13-8 所示。二维码和数字代
码的作用相同，只是二维码可以通过销售终端的读取器扫描而已。通过某些
在线服务和软件可以生成二维码。任何移动商务公司都可以制作二维码，手
机显示二维码和显示其他数据没有区别。

图 13-8
加密的资
金转移二
维码示例

移动积分项目

通常，积分项目就是指零售店向客户发放积分卡，登记客户的手机号码，从
而记录客户的购买行为，在客户积分达到一定水平时奖励折扣或赠品。例如，当消
费者在某家中餐厅的积分卡上积满 12 顿午餐时，就可以免费获得第 13 顿午餐。

移动积分项目和传统积分项目类似，只是移动积分项目中的购买次数和积分
是通过手机记录的。积分也可以通过移动设备在移动网站上进行兑换。

开展移动积分活动和开展其他移动营销活动类似，步骤如下所述。

第 1 步，建立客户（在积分项目中的忠实客户）数据库。

数据库可以（也应该）收录各种来源的数据，包括通过网站注册信息收集、
店内收集、直接通过短信收集。

第 2 步，建立积分／奖励系统，让客户通过手机积分。

积分最好通过 APP 完成，参见本章 "星巴克的苹果 iPhone '积分卡'" 的例
子。还有一种方法是通过客户代码进行积分。这个过程要通过 POS 系统或程序服
务商的系统完成，因为他们记录着客户的账户和交易信息。

第 3 步，基于客户行为发放奖励。

消费者的行为可以通过 POS 系统记录，并通过数据库进行管理。

积分项目和本书介绍的其他很多项目一样，不是仅限于移动营销的。只是移动化会给这些项目锦上添花。

星巴克的苹果iPhone "积分卡"

星巴克有一个利用移动 APP 开展移动商务的绝佳案例。星巴克卡移动 APP（Starbucks Card Mobile APP）既是一个积分系统又是一个移动支付系统，它基于二维码技术。本书出版时，星巴克在美国的所有门店（超过 1000 家）都支持使用该 APP 支付。

用户使用该 APP 可以从信用卡往星巴克账户里充值，在销售点扫描手机二维码就可以完成支付。这个 APP 有效替代了实物积分卡。而且，由于这项支付技术建立在星巴克已有的支付框架内，所以星巴克开展这项服务的基础设施投资非常小。

移动礼品卡

移动礼品卡和普通礼品卡的功能一样，只是没有那张塑料卡片而已。移动礼品卡既具备移动支付功能，又使用类似移动银行的系统，能让消费者查询余额。

移动礼品卡可以像实物礼品卡那样被出售，销售渠道既可以是传统互联网，也可以是移动设备。你还可以通过 APP 进行礼品卡的发放和兑换，Wildcard 公司就开发了这样一个 APP，使用二维码技术进行兑换。其他公司，如 Target，把礼品卡信息放在移动网站上，这样用户也能使用手机购买、查询和兑换礼品卡。从这个角度来看，销售移动礼品卡所需的技术和发放移动优惠券所需的技术一样。

移动礼品卡的充值也很简单，可以通过手机银行或者在销售点进行充值。移动礼品卡的余额还可以转移、共享。

礼品卡可以基于二维码或数字代码，例如，Visa 和 Neustar 公司就有一个基于二维码的礼品卡项目。移动礼品卡让零售商和礼品卡发行方得以简化礼品卡的制作和发行过程。例如，礼品卡公司 Fifth Third 就和 Transaction Wireless 公司合作面向全美的商户和餐厅提供移动礼品卡。移动渠道让这种跨品牌的合作成为可能。

第14章 移动营销的投资回报率

本章要点

▶ 移动营销活动的监测和分析

▶ 建立数据库、客户档案和客户关系管理系统

▶ 收集数据与分析报告

▶ 计算投资回报率

　　不管是直接营销还是移动化的传统营销项目，都需要进行效果监测，这是营销人员必不可少的工作。在过去数年中，营销人员肩上往往承受着证明他们的投资获得了回报的巨大压力。投资回报率（ROI）就是计算投资的每一分钱获得了多少回报。换句话说，你需要证明你的努力是有价值的，展示你的努力对于达成公司目标有多少贡献。

　　移动营销分析能够对你的移动营销效果提出有价值的意见。移动营销分析指的就是对移动营销项目进行测量、监控和追踪的过程。通过移动营销分析，你可以：

✔ 监测个人用户参与移动营销项目的时间、频率、位置和其他变量；

✔ 对比你的所有移动营销项目，在某些情况下还可以实时对比，从而立即对项目进行改进；

▶ 使用数据计算投资回报率，查看移动营销项目是在为你赚钱（正投资回报率）还是在亏钱（负投资回报率）。

本章将介绍集中收集数据和分析数据的方法，帮助你改善移动营销项目。

监测和分析对象

移动营销分析就是从移动营销项目中收集数据的过程，从而比较一个指标随着时间的推移如何变化，或者对比不同的指标。移动营销分析对移动营销策略的影响体现在两个方面：

▶ 帮助你制定移动营销战略；
▶ 帮助你评估移动营销战略的效果。

要评估移动营销的效果，就要分析战略中的哪些部分是有效的、哪些部分是无效的。为了进行分析而收集的可量化的数据通常被称为指标。指标可以是以一定计量单位表达的任何数字，用来量化某样东西的多少。例如，华氏度就是一个温度指标，英里／小时就是一个速度指标。

营销人员经常使用各种指标，尤其是在数字化营销、直接营销和零售中。理论上说，你可以监测成百上千个指标，表 14-1 列出了你需要监测和分析的主要移动营销指标。

表 14-1　移动互动和主要移动营销指标

移动互动	主要移动营销指标
短信	单次参与者
	响应人数、选择加入人数、选择退出人数、总退出率（选择退出的人占总人数的百分比）
	传输成功的短信和传输不成功的短信
	各运营商网络中的参与度，哪家运营商网络中的参与者最多
	按照地域区分的参与度
	短信中网址的访问量
	每用户平均收入（ARPU）
	每项活动的总收入
彩信	以上列出的所有短信指标
	未支持的设备数量
	被移动运营商拒绝的彩信

（续表）

移动互动	主要移动营销指标
内容下载	单次下载量
	总下载量
	失败的下载量
	总收入
移动网站	单次访问量
	重复访问量
	进入和退出点
	蹦失率（只浏览了一个页面就离开的访问者数量）
	页面浏览量
	访问者的地理位置
	访问者使用的设备
	访问者使用的移动运营商
	花在每家网站／每个网页的平均时间
	转化率
移动广告	每印象成本（CPI）
	每点击成本（CPC）
	每转化成本（CPC）或每取得成本（CPA）
	总点击量（广告被点击的次数）
语音项目	来电日期和时间
	来电数量
	平均每通电话的持续时间
	收费通话时间
	平均通话时长
	平均每通电话的交易数量
	平均每通电话的收入
	处理的错误信息
移动APP	下载量
	按设备类型区分的下载量
	单次活跃用户
	失败的下载量
	下载耗时
	下载时所处位置
	用户对APP的评价
	用户使用APP的时长

（续表）

移动互动	主要移动营销指标
移动电子邮件	点击率（CTR）
	转化率
	订阅和退订
	打开率
	退订率
	转发和分享
蓝牙和 Wi-Fi	总通信时长
	总内容下载量
	平均在每个位置进行通信的频率和时长
	用户手机机型
	用户使用的移动运营商
	按位置区分的连接点

上表并未列举所有指标，只是列出了一些比较显著的指标。

指标并不只是可以用来测量项目有多成功，事实上，指标经常能帮你认识到移动营销项目中有些部分没有收到效果，以便于你进行调整。

建立数据库

移动营销数据库就是一个容纳你的所有移动客户的所有信息以及你运营的所有活动和项目的数据库，如图 14-1 所示。通过移动营销数据库，你可以将你的移动营销活动与数据库中的客户更紧密地联系起来，在个人或群组身上应用各项指标。

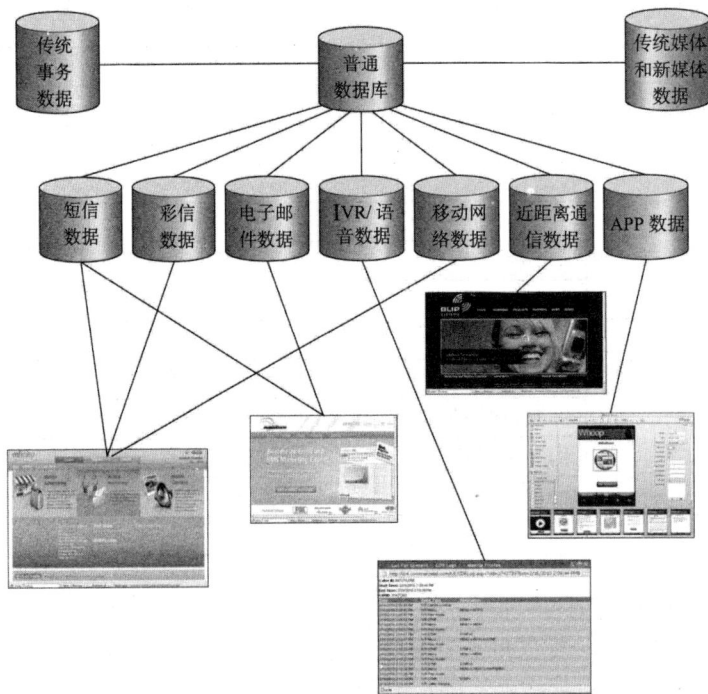

图 14-1
移动营销
数据库

要同时操作多个数据库，依据你和多少家移动营销公司合作而定。很多公司支持多个移动媒体渠道（参见第1章），但没有一家公司支持所有移动媒体渠道。对于某个特定的项目来说，数据库通常由移动营销程序服务商建立和掌控。你也可能已经有客户关系管理（CRM）系统或数据库。

不管你的移动营销数据库是由程序服务商掌控，还是整合在你的客户关系管理系统中，或者是某种混合模式，你都需要建立一个数据库文件，用来接受从各种类型的互动中收集来的数据，以供分析。

以下将展示你需要考虑添加到数据库中的（潜在）客户信息类型。

人口统计数据

人口统计就是研究人群，因此人口统计数据就是描绘人群具体特征的数据。各种对你的公司有帮助的人口统计数据你都应该考虑（对于每家公司来说有用的数据各不相同）。你可以考虑加入数据库的数据包括：

- 年龄（以出生日期的形式或者年龄范围的形式，如 14~24 岁等）；
- 性别（男性／女性）；
- 婚姻状况（单身、已婚、离异、同居等）；
- 子女数量（无子女、一个、两个、三个、三个以上）；
- 教育程度（高中、本科、硕士、博士等）；
- 职业（各种选项）；
- 收入（一般以收入范围计，如每年 50 000~75 000 美元）；
- 国籍（美国、法国、英国、中国等）；
- 地区（常住地、工作地，经常出差的客户还可能在航空公司拥有固定座位）。

记住比较好

在专业用语中，以上所有数据都被称为元数据（metadata）。如果数据库工程师问"你想捕获哪种元数据"，你可以回答他"我需要人口统计元数据，包括年龄、地域、心理数据（即偏好、态度、意图等数据）"。这种说法会显得你很专业。

心理数据

你可能需要收集和整理受众的心理数据。所谓心理数据就是用来衡量一个人的生活方式的量化数据。例如：

- 行为，如经常旅行；
- 态度、兴趣、信仰；
- 价值观和意见；
- 个性；
- 购买动机；
- 使用行为。

你可以在数据库中添加心理数据，帮助你更加细致地描述和识别客户和潜在客户。在你为了面向具有某种心理特征的细分市场制定促销战略时，也可以参考这些数据。

偏好数据

偏好数据就是受众主动提供的有关他们偏好的数据，例如，他们喜欢什么、不喜欢什么（最喜欢的食物、音乐等）。其他偏好数据还包括消费者希望你在一周中的哪一天、什么时间给他发短信或打电话，以及希望在一段时间内你与他联系的次数（如，一个月十次，但每周不超过三次）。

在数据库中加入偏好数据并合理使用它们，能够让你更好地取悦参与你的移动营销活动的客户和潜在客户。

行为数据

行为数据包括消费者过去的行为、基于过去互动预测的行为、基于其他数据预测的行为信息。在数据库中添加行为信息能够告诉你某个消费者响应你的某个活动的可能性有多大。例如，如果一位消费者的行为信息显示他比较拖延，那么他可能不会响应你的限时优惠活动。

你可以从 comScore 和尼尔森这两家记录手机用户行为的研究公司获取一些很棒的行为数据。

利用行为数据在营销领域还比较新潮。你可以跟你的程序服务商、渠道整合者谈谈，了解他们在这个领域有什么作为，以及他们在与谁合作。

位置数据

位置信息是一种动态信息，能够被用来调整你与受众的互动，让互动与消费者所处的位置情境相关。例如，如果消费者正在浏览移动网站，你的数据库知道他的位置，你就可以向他显示和他的位置相关的广告，或者将他们导向附近的某个位置。在获得了客户许可的情况下，你还可以实时追踪客户的位置，基于他们的位置向他们发送信息。

辛迪加数据

辛迪加数据就是从成千上万个销售点收集来的消费者的个人交易数据集。这种数据由市场研究公司收集、清理，变成数据集，从而保护个人隐私。营销人员通过这些数据可以更好地了解他们的目标受众的购买行为，并使用聚合数据：

- 更好地监测自己的产品和竞争对手产品的销量；
- 监测自己和竞争对手的移动营销效果；

✔ 辨别哪些分销商在分销自己的产品；

✔ 有效地细分受众，发现最佳潜在客户；

✔ 进行购物篮分析，了解客户在购买自己的产品时一并购买哪些产品。

辛迪加数据很有用，事实上，它通常比你自己收集的数据要好，因为它不仅聚合了你的客户的信息，还聚合了竞争对手的数据。

尽管数据和信息会给你带来巨大的帮助，但这些数据和信息也会给你带来巨大的责任。你必须保护好收集的数据。如果你不保护它（误用或者外流），你可能会面临很多商业和法律问题。在收集和使用数据前，你一定要认真考虑伴随而来的责任，最好咨询法律顾问。更多有关移动营销法律法规的内容参见第 3 章。

填充数据库

在决定好客户（潜在）数据收集类型，以及与内部团队或移动营销程序服务商合作创建好一个数据库后，就可以开始丰富数据库内容了，即将有关活动和客户的信息填充进去。

以下将介绍当客户与你互动时，你如何收集他们的个人信息。有关如何监测活动中的互动数据，我们会在下一节介绍。

通过短信收集数据

通过短信可以自动收集数据，也可以要求活动的参加者提供数据。当一位消费者通过短信选择加入你的活动时，移动营销程序会自动捕获参加者的手机号码。通过这个手机号码，程序服务商可以发现以下信息。

✔ **是否曾参与过你的其他项目**。你可以通过对照发现这个号码是否曾被用来参与你的其他项目。

✔ **无线运营商**。发现用户使用的是哪家无线运营商。

✔ **大概位置**。通过号码中的国家和地区代码能够粗略估计用户的位置（国家、州、城市和时区）。这种方法不能用于实时位置探测，因为它不能告诉你用户现在的位置，只能告诉你用户的手机是在哪里注册的。

✔ **转网历史。**发现这个号码是否曾从一家运营商转移到另一家。①
✔ **技术信息。**发现手机是否支持二进制数据（如图片和视频）、短信和 WAP 推送（WAP 推送是一种传输内容和移动网站的方法，详情咨询移动营销程序服务商）。

移动营销程序服务商、渠道整合者甚至 Neustar 的无线信息渠道服务（WMRS，www.neustar.biz/interoperability/wmrs.cfm）都可以帮你收集以上信息。

除了以上信息，营销人员还可以要求用户通过短信提交各种类型的数据，包括人口统计数据、心理数据、偏好数据。假如你的营销项目不适合儿童，那么你可以要求用户在选择加入时提交生日信息。你需要确定你的短信程序具备收集这些数据的功能，而且与你的提问方式相匹配。

通过移动网站和 APP 收集数据

你可以要求（移动）网站访问者或 APP 使用者填写表单，从而收集客户和潜在客户的信息。用户提交表单后，你就能获得你所要求他们填写的数据。

例如，面向青少年零售市场的优秀营销公司 Access 360 Media 就使用网页表单来收集消费者的各种偏好信息，如图 14-2 所示。

图 14-2
收集消费者各种偏好信息的网页表单

移动网站的表单一定要短，否则手机用户会没有耐心填写，只需列出一些基本信息即可。如果你需要更多信息，可以使用其他用户体验更好的移动渠道（如语

① 美国运营商允许用户携号转网，目前国内还不允许。——译者注

音）或者传统渠道（如互联网）。你一定要确保了解你的受众，不是所有人群都使用移动互联网这样的移动技术。

记住比较好

你需要询问程序服务商能不能让你创建数据模式和表单。像 iLoop Mobile 这样的公司有很多强大的移动客户关系管理工具能够帮你实现这些功能。

客户关系管理与移动营销

某些情况下你需要合并移动营销数据和客户关系管理（CRM）系统中的数据。这个过程很简单，你可以通过以下三种方式完成。

- ✔ **人工操作**。你可以要求移动营销程序服务商给你一份报告（Excel 工作表格式或 XML 数据结构），方便你人工整合移动营销数据和客户关系管理数据。
- ✔ **数据馈送（data feed）**。你的移动营销程序服务商可以向你开放 XML 数据源的访问权限，然后这个数据源就可以定期（如每天一次或每五分钟一次）向你馈送数据，便于你定期将数据自动整合进客户关系管理数据库。
- ✔ **实时数据**。你可以要求移动营销程序服务商向你传送用户和系统互动的实时数据，如图 14-3 所示。例如，你可能想要即时了解哪些客户选择了退出你的移动营销活动，从而及时更新其他项目的营销同意管理系统。

图 14-3
iLoop Mobile
公司 mfinity
平台的实时
数据传输设
置页面

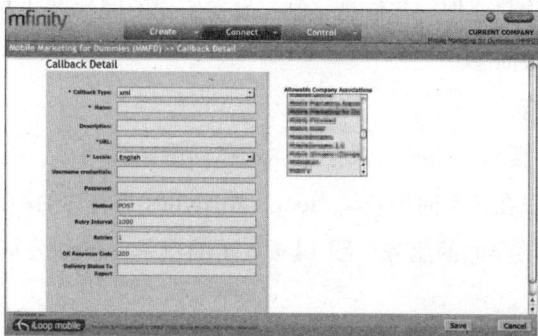

资料来源：iLoop Mobile,lnc.

监测互动：点击、通话、投票等

移动营销程序能够监测移动端用户与它进行的大部分或全部互动，包括任何通话、短信、点击、拍照、扫描、按键、接受、提交、投票、请求以及回复等。

记住比较好

但是，根据你使用的移动营销方法的不同，这些信息的监测和报告形式也大不相同。在执行项目前，你应该咨询移动程序服务商，确保你需要的数据（你想要用来测量和报告项目效果的数据）能够被监测并保留下来。

使用第三方监测工具

要监测消费者在移动网站和 APP 上与你进行的互动，有很多移动营销分析工具可以选择。如果你想监测移动网站上的互动，那么可以考虑使用 Google Analytics，它能让使用者获得丰富的网站信息，创建账户的流程也很简单。

第 1 步，访问 www.google.com/analytics/。

第 2 步，注册一个新账号（或者使用已有账号）。

第 3 步，添加网站。

输入你的网站网址，创建一个账户名，选择网站的时区。另外，还要提供网站联系人的姓名，同意使用条款。

第 4 步，完成以上步骤后，按照监测说明操作。

基本就是从谷歌复制一段 HTML 代码。这段代码可以被粘贴到你的移动网站代码中。这段代码的作用就像一个标签，供谷歌监测网站用户的行为。在这个问题上，你可以向你的网站设计者或合作伙伴求助。谷歌会向你发送一封邮件，其中包含了一些必要信息，你只要把这些信息复制、发送给你的网站设计者就可以了，他们会帮你把一切变得很简单。

第 5 步，点击保存。

成功将监测代码复制、粘贴、保存到你的移动网站代码后，谷歌会立刻开始监测你的网站。你可以在任何时候登录 Google Analytics 查看你的网站流量。

Bango 公司也提供类似的服务。图 14-4 展示的就是 Bango 公司的多渠道移动端用户行为报告。

图 14-4
Bango 公
司的多渠
道移动端
用户行为
报告

资料来源：Bango

可供选择的报告工具很多，包括 Flurry（www.flurry.com）、Medialets（www.medialets.com）、Motally、Bango、Omniture 公 司 的 SiteCatalyst（www.omniture.com/en/products/online_analytics/sitecatalyst）以 及 Mobile Behavior 等。图 14-5 展示的是 Mobile Behavior 公司的报告工具。

图 14-5
Mobile
Behavior
公司的报
告工具

资料来源：Mobile Behavior

如果移动程序服务商不让你使用第三方报告工具，那么你应该换掉他们。第三方的确认非常重要。

通过服务商获取指标

移动程序服务商可以帮你从活动中获取丰富的指标。一般来说，获取指标是一个很直接的过程，作为营销者，你应该评估哪些移动指标是适合测量的。

以下是一些你应该向移动程序服务商咨询的常见指标、工具和问题，问清楚这些问题，你才能制定移动分析策略。

- **可获取数据的频率**。例如，报告多久更新一次。很多服务商只提供前一天的简报，不提供实时数据。

- **数据的概括程度（移动营销的具体事务数据除外）**。例如，他们是否只提供包括短信总数和移动网页总浏览量的总结报告。

- **具体数据元素**。你应该询问移动程序服务商他们能提供哪些数据元素，如表 14-1 列出的那些。

- **数据分类和筛选功能**。你能否在线对数据进行分类和筛选，还是你需要将数据导出来在 Excel 这样的电子表格程序中进行分类和筛选。

- **仪表盘工具**。仪表盘工具就是基于 Web 的可视化工具，能够让营销者对数据进行操作和可视化。

- **图表**。这是个类似于数据概括程度的问题，你应该询问移动程序服务商能否给你提供条形图、饼图、时间线图等可视化数据。

- **自定义选项（提醒、触发、浏览）**。换句话说，就是系统能不能在退出率达到一定限度或短信活动达到前所未有的新高时给你发送电子邮件提醒。

- **整合能力**。数据能否与数据库或其他数据传输专用工具进行整合。

- **帮助与支持**。移动程序服务商能否为你提供商业上和技术上的帮助。

- **隐私控制**。移动程序服务商能否做好隐私控制。例如，能否在报告中抹去用户的手机号码。

- **过程分析（用户流和消费者获得）**。移动程序服务商能否评估消费者在不同类型活动中的参与度。例如，消费者如何从最开始的获得变成忠实客户或进入客户服务项目。

不管服务商提供标准服务还是为你定制报告工具，如果移动营销服务商无法提供以上大部分服务，那么你应该考虑换一家移动程序服务商。

在与移动程序服务商或代理机构敲定报告格式前，一定要明确谁是这些信息的拥有者。另外，还要保证你能够接受他们的数据安全保障措施。你应该让自己成为数据的拥有者，这样如果你要换一家移动程序服务商，即便之前的数据是通过这家移动程序服务商的平台收集的，你也可以将数据带走。更多有关这方面内容和有关移动营销行为准则的内容参见第 3 章。

分析报告

分析报告就是集合各种移动营销指标，以一个报告的形式呈现给你，以便于你综观所有数据，洞察数据。你可以利用分析报告作出对你的公司最好的决策（参见图 14-5）。换句话说，对项目数据进行分析是移动营销的关键一环。如果你不能洞察移动营销的效果，那么又怎能知道移动营销是否成功了呢！

今天，移动营销领域的很多公司都能提供深入的分析报告。你还能对仪表盘工具进行设置，方便你以各种格式查看对你来说重要的指标。

报告通常是对一天、一周、一个月的移动营销活动的总结，但也可以是未经处理和格式化的数据文件，这些文件需要你进行额外的工作对数据进行呈现。每家移动营销程序服务商生成报告的用户界面都不同，因此在选择移动营销程序服务商时，需要先咨询报告功能。

移动端用户与移动营销程序互动时，数据积累的速度十分惊人。几乎每一次点击、拍照、通话都能够被记录。

从日志文件到可读报告

除了移动程序服务商与你分享的所有报告外，你应该记住还有更多的信息储存在移动程序服务商的服务器日志文件里。移动程序服务商的系统会捕捉很多数据，然而出于时间限制、技术挑战，或者他们没有意识到这些信息有价值，他们可能不会在第一时间与你分享这些信息。你需要主动向他们索要这些信息。他们可以为你定制报告和数据访问，开始记录此前没有记录的信息。例如，在短信互动中，移动营销程序可能会这样记录：abc 投票是 4085551212 54321。其中：

- "abc 投票"是某个短信投票活动的关键词；
- "是"代表投票响应；
- 4085551212 是用户的手机号码；
- 54321 是无线运营商的编号，能够告诉移动营销程序该手机号码属于 Verizon Wireless、T-Mobile 还是属于 Sprint。

分析数据会占用很多计算机资源，因此移动营销程序通常在核心程序外处理数据，或者每天早晚处理数据，如每天凌晨 4 点。你一定要向移动营销程序服务商问清楚哪些数据是实时处理的、哪些数据是过后处理的。你还应该弄清楚哪些数据是你要求就可以获得的，也就是说，数据在日志文件里，但不是已经在系统里供日常使用。

上面的例子非常简单。日志文件里包含了很多数据，包括成功和错误代码、服务器 ID、时间记录等。日志文件中的数据对于普通读者来说通常是不可读的（技术上来讲，日志文件是以另一种语言书写的），但将日志文件中的数据转换成可操作的结果完全是另一回事。你的移动营销程序服务商需要将日志文件中的代码转换成一系列数据库表格，转译日志文件中的数字，例如，543221 = AT&T。然后再将这些数据整理成报告。

事务报告可以有两种形式：一种是原始数据转存，另一种是分析报告。在前一种形式下，你收到的报告会包括每一种事务的排列项。你可以使用 Excel 等工具分析数据、制作报告。在后一种形式下，移动营销程序服务商会直接给你一份经过计算的分析报告，报告不只会展示投票，还会告诉你一共有多少投票，哪个选项获得的票数最多。

移动程序服务商无疑有很多收集和分析事务数据的经验，然而，他们通常不只服务于一家公司，因此不清楚你具体想要怎样的数据，以及什么样的数据分析对你来说是有意义的。与其假定移动程序服务商知道你需要什么，不如直接告诉他们你想在事务报告中看到的结果和数据。在活动开始前，你就要和移动程序服务商讨论这些，否则你可能要熬夜埋头于日志文件中找寻你想要的答案了。如果你在项目开始前与移动程序服务商敲定这些问题，他们就可以给你一份完美的报告，并且是实时的。

移动营销报告中通常既可以包含指标数据，也可以包含指标图，格式也多种多样（如 Excel 电子表格、Adobe Acrobat PDFs 等）。目前的趋势是可视化，通常是以图表形式呈现，这样读者就能快速看出活动效果。图 14-6 展示的是一张移动广告的趋势。

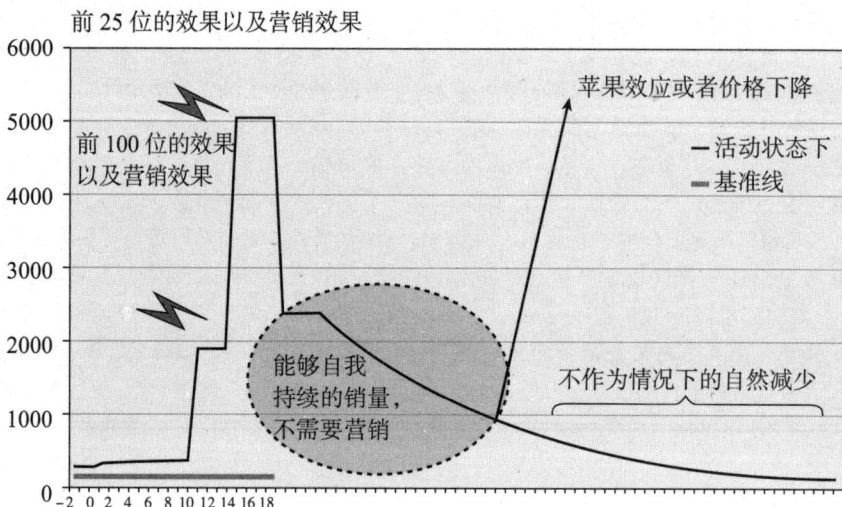

图 14-6
移动广告
趋势

计算移动营销投资回报率

移动营销投资回报率（ROMMI）是一项很重要的指标，因为它能让你知道你是否在达成目标，以及得到的是否比付出的多。移动营销投资回报率有两种：一种是直接收益项目的投资回报率，另一种是间接收益项目的投资回报率。

直接收益项目的投资回报率

计算直接收益项目的投资回报率只是一个简单的数学问题。对于直接带来收入的移动营销项目，投资回报率就是（预期）销售收入与（预期）支出的比值。计算公式为：

移动营销投资回报率＝（移动营销带来的收入增量 × 边际收益−移动营销支出）÷ 移动营销支出 ×100%

以下是对每一个变量的解释。

- 移动营销带来的收入增量（IRAMM）就是你通过开展移动营销而获得的额外收入的总和，以货币单位表示（如美元）。它的反面是不开展移动营销时获得的收入。例如，假设你在开展移动营销前收入是 22 000 美元，你估计开展移动营销后收入将增长到 30 000 美元，那么移动营销带来的收入增量就是二者之差 8000 美元。
- 移动营销支出就是开展移动营销的总成本，包括所有战略、创意、执行和技术成本。有关估算移动营销成本的详情参见第 2 章。
- 边际收益就是增加产品或服务销量所增加的利润（百分比）。要计算边际收益，你需要知道带来收入的产品（服务）的售价以及生产这些产品（服务）所花费的可变成本。有了这些信息，你就可以用下面的公式来计算边际收益。计算过程分两步。首先要计算单位收益，其次再计算边际收益。
  - ●单位收益＝单位售价－单位可变成本
  - ●边际收益（%）＝单位收益 ÷ 单位售价 ×100%

例如，你在销售 T 恤，单价是 10 美元，制作成本是 1.5 美元。单位收益就是 8.5（10–1.5）美元，边际收益就是 85%。

如果你要用移动营销来提高多种产品的销量，那么也可以使用同样的模式。只不过要分别计算每样产品的各项指标，然后将数字加总。

例如，你经营连锁的零售工厂店，你希望通过移动营销吸引人流前往你的商店，增加 T 恤的销量。你投资开展了一项直邮营销活动，希望通过手机优惠券让这个项目变得移动化。将移动营销元素添加到已有营销项目中的总成本是 5000 美元，你预期移动营销元素会将收入从 22 000 美元提高到 30 000 美元。你之前已经计算过 T 恤销售的平均边际收益是 85%。

在这个案例中：

移动营销投资回报率＝（8000×85%−5000）÷5000×100%＝36%

在这个案例中，你在移动营销项目上每花费 1 美元就能多带来 0.36 美元的收入，效果不算差。

将行业数据作为底线

作为一个敏锐的移动营销者，你应该阅读预测趋势和行业数据的行业报告，浏览相关网站以及博客。这方面的数据和报告已经堆积如山，包括 Keynote Systems（www.keynote.com）、comScore、尼尔森、eMarketer（www.emarketer.com）和 Marketing Charts 在内的第三方数据公司都提供这些资源。你可以利用这些资源建立营销效果的底线，从而提高你的移动营销效果。

你可以从 Mobile Marketer 这样的公司免费获得优秀的移动营销案例，只要通过其网站搜索即可。

间接收益项目的投资回报率

对于间接带来收入的移动营销项目来说，投资回报率的计算比直接带来收入的移动营销项目要复杂一些，但也不是一项不可能完成的任务。这两种项目存在相同的假设：你想要估算移动营销项目对于达成公司目标来说的总价值。

间接带来收入的移动营销项目的目标不是提高销量，而是获取一些可检测的指标（选择加入、印象、点击、流量、兑换等）。例如，数据库中有多少新加入的客户（选择加入）、移动广告给多少消费者留下了印象（印象）、门店／网站／移动网站新增了多少流量（流量）、客户兑换了多少积分（兑换）等。要计算投资回报率，你要知道这些指标对你来说意味着什么。查看你的历史数据，先计算可检测指标，然后计算间接指标（留下一次印象）的价值和移动营销预期（实际）成本之间的比值，就可以得出移动营销的投资回报率。计算公式为：

间接收益项目的投资回报率＝（指标的预期价值−移动营销支出）÷ 移动营销支出 ×100%

以下是每个变量的解释。

- 指标的预期价值是指预期某项指标会带来的总收入。假设基于历史数据，估算你的网站每给消费者留下一次印象平均会带来 0.2 美元的收入，那么这 0.2 美元就是这项指标的预期价值。
- 移动营销支出是指开展移动营销的总成本，包括所有战略、创意、执行和技术成本。有关估算移动营销支出的详情参见第 2 章。

例如，一家旅行社想要赞助一次现场活动。赞助费是 35 000 美元（包括移动营销项目成本）。旅行社估计这次赞助会留下 250 000 次印象，那么每次印象的成本就是 0.14（35 000 ÷ 250 000）美元。旅行社的历史数据显示，一次印象的平均价值是 0.2 美元，则：

这个间接项目的移动营销投资回报率＝（0.2−0.14）÷ 0.14 × 100% = 43%

基于这些估算，这项赞助是值得的。

第 5 部分

总结

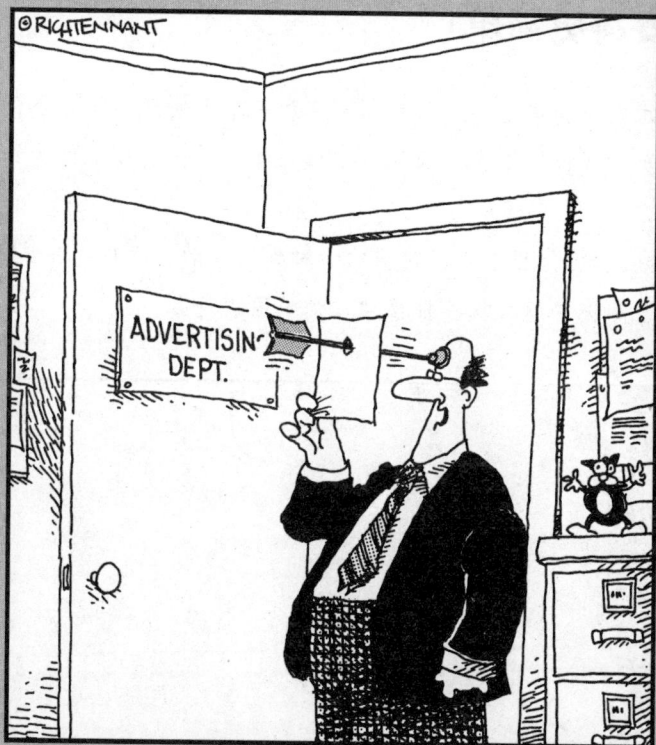

"出色的广告文案击中我了。"

让一切变得更简单！

移动技术在快速进步，移动营销战略和策略也随之不停地变化。这种趋势在短期内会一直持续下去。因此，本部分将一览你需要记住的知识，为你指明未来的方向。

第 15 章，告诉你目前可以使用的十种到达移动端用户的营销方式。

词汇表，帮你快速查找各种移动营销术语的定义。

第15章 到达移动端用户的十种方式

本章要点

▶ 移动媒体渠道的功能

▶ 通过广告、商务和位置信息连接用户

▶ 通过移动化的传统媒体与用户互动

如果一条营销信息无法到达消费者，那么不管这条信息多么个性化、多么有号召力也无济于事。功能型手机、智能手机、平板电脑等移动设备的强大之处就在于他们直接连接着某个个体，并且提供了很多种让你的营销信息到达这个个体的方式。

本章讨论目前存在的通过移动设备到达用户的十种方式。

短信（SMS）

目前，几乎所有手机都具备收发短信（SMS）的功能。短信只支持文字，且长短大概限制在 140 个字以内。这是短信的一大优点，用户可以快速读完，而不必把时间浪费在阅读不重要的信息上。短信很适合用来发送提醒、优惠券以及其他重点突出的信息。你也可以在短信中加入移动网站链接、下载链接和手机号码。有关短信营销的内容参见第 4 章和第 5 章。

彩信（MMS）

彩信就是能包含更多文字、图片、视频、音频等多媒体元素的短信。你也可以把彩信看作是直接通过手机号码发送到手机收件箱的电子邮件。彩信很适合用来发送产品宣传册、贺卡以及动态展示产品或服务的音频、视频信息。有关制作和发送彩信的内容参见第6章。

移动电子邮件

现在，人们经常会在家、在办公室、在床上、在卫生间或者观看孩子的足球赛时查看电子邮件。电子邮件仍然是人们交换和分享私人信息、文件的最佳方式之一。人们的生活越来越忙碌，因此越来越多的人开始使用移动设备查看电子邮件。电子邮件也是对于你和你的客户来说成本最低的信息传输方式之一。有关针对移动设备设计和发送电子邮件的内容参见第7章。

移动网站

手机只要安装了网络浏览器就可以链接互联网，因此人们几乎可以在任何地方访问互联网。使用手机访问互联网的用户通常都是要查找方向、联系方式、评价等能够帮他们快速做出决定的信息。然而，手机不如计算机那么强大，你一定要针对手机优化你的网站，确保手机用户能获得良好的使用体验。在了解了针对计算机和手机设计网页的区别之后，你就可以为你的产品、促销以及公司搭建移动网站了。有关设计移动网站的内容参见第8章。

移动 APP

移动 APP 能为智能手机用户以及苹果 iPad 等移动设备用户提供丰富的、类似电脑软件的使用体验。移动 APP 就像是安装在移动设备上的电脑软件，它们的用途十分广泛，从查询账户余额到玩游戏，无所不能。然而，向用户提供移动 APP 的好处还不仅仅在于提供产品和娱乐。你还可以把广告和品牌信息加入到移动 APP 中，甚至可以出售移动 APP 赚钱。有关开发移动 APP 的内容参见第8章。

互动式语音应答（IVR）

手机有很多酷炫的功能，因此人们很容易忘记手机的第一功能是接打电话。事实上，对于在某些情境中忙于某件事情的人来说，电话是一种十分方便的联系方式。例如，当人们在街上行走或者排队时，让他们点击移动网站或短信中的电话号码完成自动拨号，然后电话下单或者收听语音信息，比让他们盯着屏幕输入要方便得多。互动式语音应答（IVR）是一种技术，让你不必雇用真人也可以给用户打电话或者接听用户的电话。有关如何在移动营销战略中加入 IVR 的内容参见第 11 章。当然，你也可以雇用真人来帮你接打电话。关于这一部分，我们在第 11 章中对比了二者的优劣。

移动社交媒体

既然可以通过移动设备在社交网络上与客户交流，何必还要局限于计算机呢！很多人选择使用智能手机都是因为社交媒体。当你在移动营销战略中加入了社交媒体时，你就可以与用户实时展开对话。有关如何让你的社交媒体营销战略移动化，参见第 12 章。

移动广告

很多拥有移动设备的人会经常盯着设备屏幕。而任何能吸引眼球的地方都有广告机会。在移动网站上投放广告的方式与在常规网站上投放一样，但移动网站广告并不是移动广告的全部。你还可以在移动 APP、移动视频、移动电子邮件、电话、短信和彩信中投放广告。有关如何投放广告以及销售移动广告位的内容参见第 10 章。

移动商务和基于位置的互动

当你的营销目标是让消费者立即购买产品时，移动设备能够发挥出类似接单员的功效。你可以通过移动网站、电话订单系统销售产品，出售可下载的内容，接受信用卡支付以及通过消费者的手机账单来收费。手机还具备数字钱包的功能，可以通过零售点的销售终端系统或二维码扫码器完成支付。有关移动商务的内容参见第 13 章。

营销人员总是很关注（目标）消费者与他们互动时所处的地理位置，而移动设备能向营销人员透露（目标）消费者的实时精确位置。你可以通过某些移动技术探测用户的位置，从而向他发送与位置相关的信息，或者呈现一个相关的广告。另外，你还可以在相关地点放置营销信息，这样当人们靠近这些地点时就能与你互动。几乎每一种移动营销活动中位置都是一个关键因素。在本书中，每当提到与位置相关的技术时，我们都会提供一些基于位置进行营销的策略和建议。

移动化的传统媒体

营销的本质是交流与互动。营销者的工作就是与消费者交流、互动，把关于产品、服务和活动的信息、新闻告知受众（消费者、客户、合作伙伴），以便于他们了解你的组织在做什么，以及如何与你产生联系。通过移动渠道与消费者互动，需要提前获得消费者的同意，或者让消费者主动与你联系（参见第 1 章和第 3 章），对此最好的办法就是在传统媒体上放置移动行为召唤，邀请消费者拿出移动设备联系你，将你的传统媒体移动化。更多有关移动营销渠道和策略的内容参见第 1 章和第 2 章。

词汇表

....

3G：第三代无线通信服务，能够提供速度更快、不断线的数据传输，传输声音的功能也更加强大。这种高速数据传输使得在线观看视频、高速访问互联网、视频会议成为可能，其速度以 Mbps 计，一般在 144Kbps 到 2Mbps 之间。在 3G 出现前有 1G（第一代网络）和 2G（1990 年到 2000 年早期的第二代网络）。2010 年出现了最早的 4G 网络（第四代网络）。

广告印象（ad impression）：广告每在一位消费者面前曝光一次就计为一次广告印象（不管广告是附在短信前、短信后、网页上、视频中还是相关媒体中）。

广告单元（ad unit）：任何能够出现在应用中的广告位的广告载体。例如，矩形横幅就是一种常见的广告单元。

广告（advertisement）：任何以推广某个商业品牌、产品或服务为目的的，在应用中呈现的文字、图形、多媒体内容的集合。

行动广告（advertisement action）：促使广告主和消费者进行互动和交流的广告。通常行动广告要促成的行动包括点击某个电话号码给广告主打电话、点击某个超链接访问广告主的移动网站、点击某个链接将广告主的联系方式添加到消费者的手机

通信录。

广告主（advertiser）：为了推广某种商业信息、产品或服务，付费将推广信息放在媒体中的个人或组织，也被称为"广告买方（buyer）"。

整合者（aggregator）：程序服务商、内容供应商、手机运营商之间的中介组织。整合者可以将信息推广到多家无线运营商网络中，也可以提供移动营销活动监督、管理、收费等服务。

提醒（alerts）：一种通知，通常以短信或彩信的形式出现，包含某些对时间敏感的信息（活动详情、天气、新闻、服务更新），手机用户只要同意接收这种信息，信息就会被推送到用户的手机。注意：如果用户没有同意接收这种信息，那么这种提醒就会被认定为垃圾信息。

应用程序（application）：移动营销的商业逻辑层软件解决方案，也被称为"应用程序平台（application platform）"。

程序服务商（application provider）：提供移动营销的商业逻辑层应用程序的组织，其提供的应用程序基于网络或者可下载。

异步（asynchronous）：一种有延时的双向传播，允许参与者在方便的时候响应。

横幅尺寸（banner size）：移动网页中的横幅

（图片）广告的长度和宽度（通常以像素为单位）。

收费整合者（billing aggregator）：为非运营商移动 APP 提供收费解决方案（增值短信、寄送账单、信用卡、PayPal、会员积分、记贷等）的组织。

蓝牙（Bluetooth）：一种通信协议，让装有某种芯片的移动设备可以在短距离内使用 2.4GHz 频段无线收发信息。

行为召唤（call to action）：一种说明或指示，通常出现在印刷媒介、网页、电视、广播、运营商门户等媒体形式上（经常被植入广告中），用以向手机用户解释如何响应才能参加某个营销活动，后面经常会附上活动条款。参见活动条款。

运营商（carrier）：提供无线远程通信服务的公司。

条款说明（clear and conspicuous notice）：跟某项营销活动有关的描述、说明、条款和详情。

点击（click）：手机用户点击广告（横幅广告或文字链接）或屏幕上其他可操作链接的行为。

点击率（click-through rate，CTR）：一种衡量在线或移动广告效果的方式。点击率等于点击一个网页上的广告的人数除以该广告显示（留下印象）的次数。

点击拨号（click-to-call）：一种允许手机用户通过点击移动网站中的链接向某个号码发起语音通话的服务。这种服务通常用在广告中，给用户提供一种直接响应机制。

广告信息（commercial messages）：发送给移动设备的文字或多媒体信息，通常出于广告目的。

公共短码（common short code）：一组简短的数字（通常有 4~6 位），可以接收来自手机的短信。手机用户可以用短信发送某个关键词到公共短码，从而获取各种手机内容。

公共短码管理部门（Common Short Code Administration，CSCA）：管理某个国家／地区的公共短码注册的组织。加拿大、中国、英国、美国都有各自的公共短码管理部门。在其他一些国家，公共短码注册由本国的移动运营商和短码整合者管理。

保密（confidentiality）：对于在信任关系中披露的个人信息的处理方式，要求不得违背个人在披露信息时接受的信息使用方式、未经个人同意不得将信息泄露给其他人。

确认加入（confirmed opt-in）：验证手机用户意图的流程，用来让用户明确同意加入某个移动营销项目。

对价（consideration）：各地法律对对价的定义不尽相同，一般来说，对价的意思是要求参加者购买某样产品或支付一定的金额，从而获得参加游戏的机会。

内容整合者（content aggregator）：和多家内容供应商签订合同、买来内容版权再出售内容的组织。

内容供应商（content provider）：制作并提供内容的公司，其提供的内容包括图形产品、铃声、游戏、新闻、信息、娱乐服务等。

竞赛（contest）：一种包含奖励和一定技术性的游戏，可以用作一种营销手段。你可以要求参加者支付对价，但竞赛中不能包含运气成分。

千人成本（cost per thousand，CPM）：横幅广告的一种计价方式。出售广告的网站可以保证一定数量的广告印象（一则横幅广告被显示，并可能被网站访问者看到的次数），然后用保证数乘以千人成本得出广告成本。

优惠券（coupon）：一种票券、信息或文件，能够用来换取某件产品或服务的价格折扣。

数据采集（data collection）：营销人员收集用户个人身份信息的过程。

专用短码（dedicated short code）：在一定时间内将一个公共短码仅用于一项服务。

直接推送（direct to consumer）：由第三方服务商直接推送给手机终端用户的内容或服务。这类服务的推送不需要经过运营商门户，由内容供应商负责定价和营销等工作。

二次选择加入（double opt-in）：在与手机用户互动前，要求用户进行二次选择加入从而确认用户参加意愿的过程。增值服务以及很多其他移动服务都要求二次选择加入。

终端用户（end user）：访问、使用某种产品的人（例如，使用移动设备观看视频的用户）。

全球定位系统（global positioning system）：由卫星、电脑、接收器构成的系统，能够推算系统内的接收器在地球上所处的纬度和经度。它通过计算信号从不同位置的卫星到达接收器的时间来定位出接收器的位置。

手持设备（handset）：手机、移动设备或移动终端。

图片（image）：能够以各种低分辨率格式（包括 .PNG、.GIF、.JPG 等）被传输到移动设备的照片或图形。移动平台上的图片可以是手机素材 / 产品（墙纸、屏保等）、移动网站的组成部分，也可以被设置成链接、触发某种行为。

印象（impressions）：一种商业指标，用来计算手机用户浏览某个页面、某个移动网站广告或短

信等移动媒体中的广告的次数。

互动式语音应答（interactive voice response，IVR）：一种用电脑识别电话语音和按键音的电话技术。互动式语音应答系统能够用提前录制好的音频或动态生成的音频响应呼叫方，告诉呼叫方接下来如何操作。互动式语音应答系统将用户界面拆分成一系列简单的菜单选项，用途广泛。

插页广告（interstitial ad）：彩信、APP 或移动网页中插入的广告页面。

插页图片广告（interstitial image ad）：插入彩信的广告图片。图片在用户浏览整条彩信的过程中显示。

关键词（keyword）：在利用公共短码的信息服务（如短信和彩信）中，用来区分信息目标的词。

着陆页（landing page）：用户点击广告后打开的二级页面，用来向用户提供额外信息或者购买方式。将用户导向着陆页的通常是广告横幅、链接或其他跟促销有关的信息。

分层说明（layered notice）：分别用短、中、长的形式说明一个项目 / 服务的概况、使用条款和相关详情。

位置信息（location information）：移动营销人员用来识别某个无线设备所处的位置的信息。邮政编码、地区代码提供的地区信息通常不够详细，不能被称为位置信息。但是，全球定位系统（GPS）具备提供位置信息的功能。

基于位置的服务（location-based services，LBS）：基于蜂窝网络中的手机所处的地理位置而向手机用户提供的服务。享受这种服务的手机必须具备定位技术，如 GPS。这种服务可以用来提供驾驶导航和附近目的地的信息，如餐厅、ATM 机、

购物中心以及电影院等。LBS 还可以用来追踪人的移动和位置，这项功能被用于亲子监护和面向家庭市场的移动设备中。

信息（messaging）：发送到移动设备的短信和彩信的总称。这项定义中不包括 WAP 站推送的广告和推送到手游中的广告。参见 WAP（无线应用协议）。

彩信横幅（MMS banner）：插入彩信的广告图片，上面有文字。图片在用户浏览整条彩信的过程中显示。

移动广告（mobile advertising）：一种通过移动设备向消费者／目标人群传播的广告形式。最常见的移动广告有移动网页横幅（页面顶端）、移动网页海报（页面横幅下方）以及等候网页加载时出现的全屏插页。短信和彩信广告、移动游戏广告和移动视频广告也属于移动广告。

移动内容（mobile content）：通过任何无线媒介，以非广告形式传播的娱乐、体育、新闻信息和游戏。移动内容的位置、传播方式和技术都没有限制，既可以走运营商渠道也可以走非运营商渠道。

移动营销（mobile marketing）：组织通过任何移动设备或网络，以互动的、相关的形式与受众展开的一系列交流行为。

移动营销项目（mobile marketing program）：任何通过移动设备传播的营销或广告项目，包括但不限于短信项目、WAP 广告、移动游戏广告等。参见 WAP（无线应用协议）。

移动信息（mobile message）：发送到移动设备的短信和彩信，但不包括 WAP 站推送的广告和推送到手游中的广告。参见 WAP（无线应用协议）。

手机发起的信息（mobile originated message）：从手机发出的短信／彩信。

移动搜索（mobile search）：通过移动互联网、APP 或短信进行的搜索。

手机用户（mobile subscriber）：与运营商签订合约，要求运营商提供无线远程通信服务的消费者。

手机终止的信息（mobile terminated message）：手机接收到的短信／彩信。

移动网页（mobile Web）：一种传输网页内容的渠道，考虑移动情境向用户提供格式适合的内容。移动情境会受几方面因素的影响，包括用户个人信息需求（如更新博客、访问旅游信息、接收新闻更新）、移动设备的限制（屏幕尺寸、输入键区）和某些特殊性能（如位置、连接类型是 3G 还是 WLAN）。

多媒体信息服务（Multimedia Messaging Service, MMS）：用来发送包含多媒体对象（图片、音频、视频和富文本）的信息的通信系统标准。有时可以加入普通文字，有时不可以。

非个人身份信息（non-personally identifiable information）：能够描述一个人／一个账户，但不足以识别这个人的身份、联系方式、位置的信息。

说明（notice）：在采集和使用手机用户的信息时必须给出的，有关数据采集、储存、维护、访问、安全、泄露和使用的政策说明。说明的语言必须简单易懂。

非运营商门户（off portal）：运营商围墙花园以外的，供消费者访问和购买信息、移动产品、内容和应用的移动网络。

运营商门户（on portal）：运营商围墙花园以内的，供消费者访问和购买信息、移动产品、内容和应用的移动网络。

选择加入（opt-in）：用户收到移动营销人员的提示后明示同意的流程。

选择退出（opt-out）：用户收到移动营销人员的提示后撤销同意的流程。例如，用户对一条短信回复"停止"。

选择退出机制（opt-out mechanism）：允许用户行使选择退出权的流程。

页面浏览量（page view）：记录用户加载某个网页、WAP站点或页面的次数的指标。参见WAP（无线应用协议）。

分成（payout）：经过移动运营商和整合者的再分配后营销人员收到的净收入。

普及率（penetration）：拥有手机的人占总人口的百分比。

个性化内容（personalization content）：任何将用户的手机或针对用户的服务变得个性化的内容，通常以用户的个人风格、娱乐偏好为依据。个性化内容包括各种图形（墙纸、屏保、手机主题等）、音频（铃声、回铃音、提示音、问候音）和视频（视频铃声等）。

个人身份信息（personally-identifiable information）：能够被用来识别个人身份、联系个人的信息，包括姓名、地址、电话号码以及邮箱地址等。另外，当匿名标示符、人口统计和行为数据与个人身份信息联系起来，能够被掌握这些数据的主体用来识别个人身份时，这些数据也就成了个人身份信息。对于一个主体来说构成个人身份信息的数据对另一个主体来说可能不构成个人身份信息。

广告位（placement）：发布方的移动内容中用来显示广告的区域。

后贴片（post roll）：移动电视／视频后的广告片段，通常时长10~15秒。

目标受众（potential audience）：对于拉式广告来说，目标受众是广告内容到达的特定用户／设备的总数；对于推式广告来说，目标受众是服务商或营销人员获取过许可，能够向其推送广告的设备总数。

增值收费（premium billing）：在标准短信费之上的收费。

增值内容（premium content）：供应商在网络运营商收取的固定费用之外单独收费的内容。

增值费（premium rate）：在标准短信费之外的服务或信息费用，通常计入用户的手机账单中。

增值短信服务（premium short message service, PSMS）：向手机用户提供移动内容或订阅服务，收取标准短信费以外的费用。

前贴片（pre-roll）：移动电视／视频前的广告片段，通常时长10~15秒。

隐私（privacy）：不受他人窥探的权利。

项目获批（program approval）：向整合者和运营商提交项目，申请他们批准使用公共短码。

发布者（publisher）：提供移动媒体（短信、彩信、电子邮件、语音、移动网页、APP）的空间，有能力通过一种或多种移动媒体渠道传播广告的公司。

拉式信息（pull messaging）：接到用户请求后向用户发送的、一次性的内容。例如，当用户通过WAP浏览器查询本地天气时，系统响应的内容（包括广告）就是拉式信息。参见WAP（无线应用协议）。

推式信息（push messaging）：在用户没有请求的情况下，由广告主、营销者发送到移动设备的内容。推式信息包括音频、短信、电子邮件、多媒体信息、手机广播、图片信息、调查等各种推送的广告或内容。

随机短码（random short code）：一组随机生成的数字序列，由管理部门分配给租用短码的公司。

简易信息聚合（Really Simple Syndication，RSS）：运营商提供的内容发掘和购买模式。这种模式在非运营商渠道也越来越流行，能够在移动端网站复制 PC 端网站的使用体验。

兑换（redemption）：实际享受了优惠的消费者的百分比。

重定向（redirect）：自动将用户导向一个和他点击的网址不同的网址。欺骗性地使用重定向是一种十分负面的策略，重定向的正当用途应该是将用户导向适合他的设备的版本。

网站来路（referrer）：将访问者导向你的网站的网页。

相关性（relevance）：当搜索引擎用户搜索某个关键词时，一个网页让他感兴趣或对他有用的可能性。

收入分配（revenue share）：移动营销背后的各方分割移动营销项目的收入。

收入份额（revenue share percentage）：基于收入分配协议，一个权利主体获得的收入的百分比。这种分配方式适用于内容、程序、服务以及其他营利项目的销售和发行所得。

铃声（ringtones）：手机来电时响起的音频。

铃声可以是设备默认的，也可以由用户设定，以达到个性化的目的。铃声的长短要看运营商的要求。

版税（royalties）：内容整合者、服务商、移动运营商付给内容所有者（音乐发行方、电影发行方）的费用，用来购买内容的使用权。

屏幕特征（screen characteristic）：设备显示广告时支持的像素尺寸和色彩。屏幕特征还涉及对短信字数的限制。

屏幕资源（screen real estate）：广告主能够用来放置广告横幅的区域，受限于设备屏幕的品质和尺寸。

屏幕尺寸（screen size）：设备提供的显示空间，通常以像素、英寸或毫米为单位计算。

二级关键词（secondary keyword）：和关键词相似，但用途是汇集指标、赋予已有关键词新用途、定位。

服务商（service provider）：辅助发挥某项功能或完成某项工作的第三方，代表移动营销人员使用或披露个人身份信息和非个人身份信息。

共享短码（shared short code）：被用来同时运营多项移动服务或营销活动的公共短码。

短码（short code）：公共短码的简略称呼。参见公共短码。

短码项目（short code program）：使用公共短码作为首要参与方式的营销项目。

短信服务（short message service）：允许在不同移动设备之间发送信息的通信系统标准，内容通常仅限于文字。

单次选择加入（single opt-in）：手机用户收到项目条款提示后，主动给服务商发送信息选择加入项目。例如，用户发送短信"加入健康提醒项目"到一个公共短码，就视为他选择加入了这项服务。

智能手机（smartphone）：将手机功能与掌上电脑的功能相结合的手持设备。用户可以使用智能手机储存信息、收发电子邮件、安装程序、接打电话。

短信钓鱼（SMiShing）：一种安全攻击，将手机用户引入下载木马或恶意软件的陷阱。SMiShing 是 SMS phishing 的缩写。

短信（SMS message）：一种通过短消息服务发送的信息。信息长度最多不超过 160 个字符。

标准收费（standard rate）：只通过用户的手机账单收取正常短信费的服务或信息，这种信息也可以计入用户的短信流量包。

用户信息（subscriber information）：有关手机用户的信息，包括个人身份信息和非个人身份信息，人口统计信息（如用户年龄、收入水平、受教育程度）以及偏好信息（如用户访问过旅行类 WAP 站点）。

订阅（subscription）：手机用户主动要求定期接收的内容，通常定期增值收费，不属于一次性的服务。

订阅期限（subscription period）：订阅项目的设定期限，通常不超过一个月。

订阅项目（subscription program）：手机用户选择加入订阅项目，就会在一段时间内收到内容，并被扣除增值费用或标准费用。

抽奖（sweepstakes）：一种合法的运气游戏，有奖励，但不允许收取对价。

同步（synchronous）：一种双向传播的方式，几乎没有延时，参与者实时响应。

精准投放（targeting）：通过各种方式让移动广告的投放更加精准（年龄、性别、地域、时间、家庭收入等）。

短信广告（text ad）：短信开头或结尾处的静态广告。

短信链接（text link）：短信中突出的、可点击的文字。短信链接通常不超过 16~24 个字符，这是一种很有创意的移动广告利用方式。

短消息（text message）：参见短信（SMS message）。

吞吐量（throughput）：一个程序在一段时间内能够处理的信息数量，通常时间以秒计算（例如，每秒 30 条信息）。

监测（tracking）：评估一个移动营销活动的效果的能力。

三次选择加入（triple opt-in）：当用户应付的增值费用超过一定限度时，要求他再次选择加入才能继续使用。

未经请求的信息（unsolicited messages）：没有提前征求用户的同意就给用户发送的广告短信或彩信。

自选短码（vanity short code）：按照特殊要求生成的短码。自选短码通常可以拼出内容供应商的名字、品牌，或者相关词汇（DISNEY = 347639）以及很好记的数字（如 88888）。

病毒营销（viral marketing）：通过短信或其他移动内容（包括铃声、游戏、墙纸）进行传播，在传播过程中，消费者 A 收到原始信息，然后通过一定的步骤（如输入电话号码）将信息分享给他认为可能对此感兴趣的消费者 B。

可见度（visibility）：当有人在搜索引擎中搜

索与你相关的关键词时，你的网站出现在结果中的什么位置。

墙纸（wallpaper）：一种图形素材，格式经过处理，与设备屏幕相匹配。

WAP（Wireless Application Protocol）：无线应用协议，一种移动 Web 格式。WAP 基于 WML 标记语言，通过限定的网络连接向限定的设备高速传输内容。

WAP 收费（WAP billing）：一种收费界面，可以将第三方内容的费用直接计入手机用户的账户（不通过增值短信等中介系统）。运营商通常将这种收费方式作为批发折扣提供给想在运营商平台销售内容的商家。运营商从所有交易中抽取一定的百分比作为收费佣金。

WAP 推送（WAP push）：一种经过特殊编码的信息，其中包含指向一个 WAP 地址的链接，使用这种方式，可以在最少用户干预的情况下向设备推送 WAP 内容。

无线广告（wireless advertising）：参见移动广告。

无线标记语言（WML）：一种专门针对无线应用开发的标记语言，保证最大限度地利用设备的显示能力。它基于 XML，常被用于优化 WAP 内容。

移动垃圾（wireless spam）：在用户未确认加入的前提下向用户推送信息。

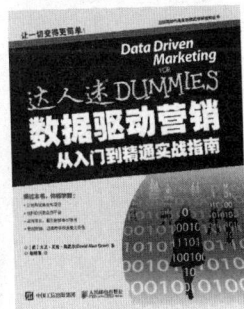